★ ★ ★ ★ ★

Strategic Human Resource Management:

Employment Model and Key Decisions

战略人力资源管理

——用人模型与关键决策（修订版）

王雪莉◎著

中国发展出版社
CHINA DEVELOPMENT PRESS

图书在版编目（CIP）数据

战略人力资源管理：用人模型与关键决策（修订版）/王雪莉著．—北京：中国发展出版社，2010.1（2016.2 重版）

ISBN 978-7-80234-497-6

I.①战… Ⅱ.①王… Ⅲ.①企业管理—劳动力资源—资源管理—研究 Ⅳ.①F272.92

中国版本图书馆 CIP 数据核字（2009）第 203763 号

书　　名：战略人力资源管理：用人模型与关键决策（修订版）
著作责任者：王雪莉
出 版 发 行：中国发展出版社
（北京市西城区百万庄大街 16 号 8 层　100037）
标 准 书 号：ISBN 978-7-80234-497-6
经　销　者：各地新华书店
印　刷　者：北京明恒达印务有限公司
开　　本：710mm × 1000mm　1/16
印　　张：19.25
字　　数：260 千字
版　　次：2016 年 2 月第 2 版
印　　次：2016 年 2 月第 1 次印刷
印　　数：6001—10000 册
定　　价：40.00 元

联 系 电 话：（010）68990630　68990692
购 书 热 线：（010）68990682　68990686
网 络 订 购：http：//zgfzcbs.tmall.com//
网 购 电 话：（010）88333349　68990639
本 社 网 址：http：//www.develpress.com.cn
电 子 邮 件：bianjibu16@vip.sohu.com

写在再版前

接到出版社编辑老师的电话，提到要再版这本《战略人力资源管理》时，我正处于难得的休假期。电话接罢，心绪从休假状态很快调整为工作模式。诸多感慨从心头升起，从此书出版到现在已经过去了六年时间，无论是战略人力资源管理领域的研究还是实践，还是我自己对这个问题的认识，都有了不小的发展和变化。千言万语还是用文字表达吧，于是，我主动跟编辑老师说，这一版做些修改和完善吧，也算是向这本书多年的使用者交一份新的作业。

在修改过程中，我将近年来的一些研究结果做了呈现，也对原来过于学术部分的表达进行了删减。更重要的是，我将过去六年一些系统的思考加入了新版。比如在第六章《绩效与薪酬的战略决策》部分，就对绩效管理中的八组关系进行了全面阐述，这是基于我在国资委董事会董事培训中的授课内容和这些年的一些新案例进行的总结；也是在这一章，又增加了关于全面薪酬的全面管理一节，对于全面薪酬理念下的管理视角进行了综合。在第七章，对于不确定、模糊和变化环境中的人力资源职业生涯发展、培训和组织学习的新理念和新方式也进行了描述。在最后一章，增加了对于战略人力资源管理的新思考，主要是对转型环境中的人才标准的变化和基于价值观匹配的管理系统的价值进行了一些初步的探讨。在全书整体结构保持不变的情况下，希望这些与时俱进的内容能继续获得实践者的共鸣和反馈。管理领域中的一些诸如“去中心化”“自组织”等新问题仍然在激发我的思考、观察和研究，也期待与更多同行者分享交流。

感谢国家自然科学基金创新群体项目（项目编号71421061，71121001）的支持。感谢中国发展出版社李莉、尚元经两位老师多年的支持和鼓励。感谢那些与我坦诚交流和分享管理问题的管理者们，感谢我的家人、朋友和学生。

新年伊始，送给大家我衷心的祝福，顺心顺意，平安康健！

王雪莉

2016 年 1 月于清华园

写在前面

为什么我带的队伍士气不旺？为什么我的企业留不住人？为什么我们的绩效考核制度如此缜密，还是得不到我所要的行为？为什么一个可以通过重重入职考试成绩优秀的应届毕业生在组织内得到的评价很低？总经理和业务经理常有这样的问题。

为什么老板不断地让我们制定方案但总也不满意？为什么公司在人力资源方面，经常是“战略上高高举起，战术上轻轻放下”？人力资源部门如何成为战略伙伴，总经理认为我们是成本中心，而不是价值中心？人力资源经理常有这样的困惑。

而这些问题和困惑，在我十二年的教学生涯中也常被各种管理者问到。是的，随着中国企业的发展和成长，企业的管理体系日趋完善，但是人力资源管理中遇到的问题和矛盾却日益突出。对于上述问题的求解，我一直在思考，思考的结果，就体现在这本书里面，因为我认为，做好战略人力资源管理中的关键决策，也许是上述所有问题的求解领域。

对这个概念的第一次接触，还要回到2000年，我去哈佛商学院参加一个名为《战略人力资源管理》的培训项目，2001年在MIT做五个月访问学者时，我利用这个宝贵的机会第一次系统全面地将西方对战略人力资源管理学术研究进行学习和总结。回来后，开始为MBA开设战略人力资源管理的选修课直到今天。对于这个领域的学术研究动向和在实践中的应用，我一直在关注，在积累。直到去年秋天，有幸获得富布莱特访问研究学者的机会再次到MIT斯隆管理学院访问一年，终于可以将这些积累整理出来，于是就有了这本书。

虽然战略人力资源管理的研究有不同的研究视角，作为一个研究者，我还是很明确地将自己结合权变和解构观的视角融入了本书的写作过程中。

全书分成三个部分，第一章和第二章是对战略人力资源管理的正本清源，包括战略人力资源管理的内涵和分析框架。第二部分则将战略人力资源管理的战略决策特点深入阐述，就人力资源的雇佣模型的选择，以及人力资源管理体系各个职能的重要决策点，分别加以剖析，以体现战略人力资源管理与人力资源管理的不同特点。因此第二部分没有对各种人力资源管理工具的介绍，写作的基本出发点是明确哪些决策点需要考虑，而这些决策点又是受哪些因素的影响。第三部分则是最后一章，介绍了战略人力资源管理的三种实施模式，包括对人力资源管理职能新定位的讨论。

写作当中，我还是秉承一贯夹叙夹议的写作偏好，将过去这些年自己在企业实际调研和与实践中管理者（包括我们的MBA学生）交流得到的素材和案例融入问题的阐述，这些案例涉及的行业众多，企业性质与发展阶段不同，但是面临的问题都具有代表性，对这些问题的分析也希望给面临类似处境的管理者以启发。感谢贡献案例素材的这些企业和管理者。

本书的研究得到了国家自然科学基金的资助（项目编号70672003），基于战略人力资源管理的视角对于目前人力资源管理中的混合雇佣以及员工之间的相互影响进行的研究是过去几年我在学术研究中主要的题目，目前的研究成果在本书的第三章和第四章集中体现。本书的研究得到了过去几年我倾情投入的由国务院发展研究中心、中国企业联合会、清华大学联合发起的《中国式企业管理基础科学研究》项目（DRC－CEC－THU 050310）的资助，这个项目给予我近距离观察中国优秀企业的机会，同时也能够对其战略人力资源管理的方式进行了探查。在此对上述项目的支持深表谢意。

在本书的研究过程中，我的学生尹志远、王天璐、张文清、许宁、骆岷等参与了相关项目的研究工作，他们的勤奋和投入对我是极大的支持。感谢中国发展出版社的尚元经、李莉编辑的宽容和耐心，以及对我的一贯支持和鼓励。感谢我的丈夫和女儿，在本书的写作过程中为我创造的安静的时间和空间。

对战略人力资源管理的研究，我也是个学习者，欢迎学术界的同行和实践界的管理者给予批评指正。在与同行的学习交流中进步，在实践中发掘管理智慧，是我笃信的真知。

期望来自实践界的管理者在读完这本书后，可以找到前面提到的那些问题的答案，或者可以有“原来如此”的豁然，在未来的管理决策中，能够结合自己企业的特点，制定更有效的人力资源决策，那么本书的写作目的也就达到了。

王雪莉

2009 年 11 月于清华园

目　录

CHAPTER

第一章
战略人力资源管理概述

第1节　战略、人力资源与管理：第一组三个关键词

20世纪80年代初期，许多学者试图提出一种人力资源管理的一般理论来解释、预测和指导实际工作者和研究人员的人力资源管理活动，并以此来解决以前在员工关系方面所忽视的一些问题。他们提出把人力资源管理和组织的战略计划作为一个整体来加以考虑，这个战略计划的目的是提高组织的绩效，人力资源管理则成为这一计划中的一个重要组成部分。这就是战略人力资源理论的雏形。

1982年，Tichy、Fombrom和Devanna等人最早提出了这一理论。随后，Baird、Meshoulam和Degive在1983年，Burack在1985年，Dyer在1984年和1993年都相继提出了这一理论。在他们的论著中都提出了较为完整的战略人力资源管理理论并建议人们利用这一理论。他们认为战略人力资源管理和人事管理的根本区别在于人力资源管理活动计划的制定必须和组织的总体战略计划相联系。

最有影响的战略人力资源管理理论是由比尔（Beer）等人于1984年在其《管理人力资本》一书中提出的。他们认为，应在组织中统一管理个体的不同方面，人力资源管理综合了组织行为学、劳工关系以及人事行政管理等学科的特点。他们还指出人力资源管理的研究领域已经扩展为对影响组织和员工之间关系的所有管理决策和活动的研究，因而，人力资源管理的应用领域也更为广泛。同时他们也把工作系统设计作为人力资源管理的一个重要领域而加以讨论。比尔等人认为，在决定人力资源管理政策时应从四个方面加以选择：①员工影响；②人力资源流

动，包括组织内和组织外的流动；③报酬制度；④工作系统。在比尔等人的理论中，主要是强调组织在战略计划中的员工投入和一致性，以及加强不同政策之间的联系，从而形成一个紧密团结的整体。和传统的人事管理特征相比较，比尔等人的理论更注重成本效应和竞争力，甚至将它们看成是人力资源管理仅有的几个产出。

在20世纪的最后10年中，人力资源管理中一个最重要的变化是把人力资源看成组织的战略贡献者。当今人力资源管理已经从行政管理、事务管理向战略管理方向发展，它在组织战略管理中的作用正在取代原有的行政性和事务性管理的作用。人力资源管理正在逐步向战略人力资源管理过渡，从某种程度上讲，人力资源管理已经变成为战略人力资源管理。对于“战略”的解释，一直没有一个可以为大多数人接受的概念。在许多文献中，战略的定义多种多样，一些学者认为战略是一种“关系”，即人力资源管理实践和系统与组织绩效之间的关系，这种关系就是“战略”；还有一些学者认为，战略就是“适应性”，即人力资源管理实践和系统与组织竞争战略之间的适应性。Chadwick 和 Cappelli 在1999年把战略人力资源管理中的战略定义为“人力资源管理实践和政策与组织输出之间的关系”。近二十年来，战略人力资源管理（其英文是 Strategic Human Resource Management，简称 SHRM）已经成为被理论界和企业界广泛接受的概念。

人力资源管理正愈来愈从事务性走向战略性，作为一种新观点、新思想的战略人力资源管理逐步形成，并日益成为企业乃至所有组织进行人力资源管理实践的指导原则。历史地看，人力资源管理理论和实践经历了两次重要的转变：第一次是从人事管理到人力资源管理的转变；第二次是从人力资源管理到战略人力资源管理的转变（Randall S. Schuler，Susan E. Jackson，1998）。人力资源发展的各个阶段如表1.1所示。

表 1.1　　人力资源管理发展的各个阶段

阶段	时间	特征	主要内容
雇员管理	20 世纪 40 年代之前	采用行为科学的理论和方法，通过对管理雇员来解决劳资纠纷	提供福利、建立非工会的雇员组织等
人事管理	20 世纪 40～60 年代	属于辅助职能而非直线职能，主要为被动的行政事务性工作，执行战略而不参与战略的制订	人员档案管理；人员招聘、选拔、委派、工资发放等具体工作；制订人事规章制度、编写人事考评手册、设计薪酬体系等
人力资源管理	20 世纪 60～80 年代	进入直线职能，不仅进行人事管理，还包括人力资源规划和实践活动，影响组织战略	挑选前包括人力资源规划和工作分析；挑选中包括招聘和挑选；挑选后包括培训与开发、绩效评估、薪酬设计、生产力改进方案。此外，还必须解决法律与环境问题，为工作场所提供正义，保证员工的安全和健康，并处理工会带来的影响
战略人力资源管理	20 世纪 80 年代起	人力资源管理是决定企业战略成败的关键，其核心职能是参与战略决策，关注员工目标与组织目标的一致性	将人力资源视作获取竞争优势的首要资源，强调通过人力资源规划、政策及实践来达到一种最佳的人力资源配置，其最终目的是达成企业的目标，强调人力资源管理在纵向上与企业战略相匹配，并在横向上各项管理实践之间相匹配

资料来源：田新民：《柔性人力资源管理——战略人力资源管理研究的新视角》，上海交通大学出版社，2007 年版。

而在研究领域，人力资源管理的研究与实践已经超越员工招聘与配置、培训与发展、工作设计、业绩考评、薪酬设计等这些传统内容，形成了一些新的发展方向。其中，将人力资源管理与组织发展战略目标的实现结合在一起的战略人力资源管理格外引人注目。目前有关战略人力资源管理的研究侧重于分析人力资源管理作为整体同公司战略的关系上。而针对这种关系的研究，又在很大程度上将重点放在人力资源如何同公司战略相契合，继承并发挥公司战略目标，通过人力资源管理内部协调一致、相互匹配的设计与运作，实现公司与企业的战略目标。Randall S. Schuler（1989）曾明确指出，战略人力资源管理是管理者形成战略决策后，通过调整人力资源管理的方式、方法，以适应和促进战略执行的过程。Wayne Brockbank（1999）从人力资源活动与公司战略的关系角度研究了战略人力资源管理的现状与发展方向，根据人力资源活动的战略性和主动性程度将人力资源管理划分为操作反应型、操作主动型、战略反应型、战略主动型等四种类型，将传统人力资源管理与战略人力管理加以区别，开始涉及人力资源管理与公司战略的互动关系。但Brockbank 仅从公司并购的角度探讨了人力资源活动对公司战略所起的作用，这种影响更多地表现为被动的和间接的，涉及范围较为狭窄。

对于战略人力资源管理的学术研究自20世纪80年代开始在西方的人力资源和组织行为的学科体系当中开始出现，而且一直呈现丰富而且多样化的局面。

除了学术界不同的研究视角外，管理实践界对这个概念的认知也是复杂而多样的。其中一种观点认为战略人力资源管理无非是强调人力资源管理的战略意义，因此，不同管理职能为了显示与组织战略的相关度，都可以冠之以战略的前缀，战略××，但其实如果所有职能都战略了，也就什么都不重要了。

在企业管理实践中，一个企业的核心竞争能力究竟在哪里？一个企业能够持续有效的原因是什么？对这个问题的回答可以很好地理解我们对战略人力资源管理的认识。《什么对企业真正有效》的作者提出了4+2的模式，提出了他认为企业要持续有效的四项必修课和四项选修课，当然按照作者的观点，四项选修课里有两项做得好就可以，此之谓4+2。同时也强调说，只有4+2放在一起，互相协调的体系，这个组织才能持续有效。四项必修课包括战略必须清楚专注，执行必须毫无瑕疵，文化要以绩效为导向，结构要扁平迅速。这四项必修课对于中国企业来说，看似公理，但实则并不容易做到。以战略清楚专注为例，诸多中国企业做到战略清楚不是问题，经过市场搏杀这么多年的历练，中国企业管理者非常清楚战略对企业生存与发展的重要性。但是中国企业要做到专注则是相当的不易。因为中国经济环境变化快、成长快，因而带来的市场机会就多。然而有机会就有诱惑，当环境有诱惑的时候企业做到专注就很难。有些企业看到同行业的企业做某个业务得到了市场的反馈，于是纷纷效仿。但是许多产业或者业务的运作方式和管理模式是大相径庭的，因为准备不够充分，自然出师不利，于是又折转回来。这样的仓促决策造成的结果往往是组织的人才流失，资金的浪费，甚至使原有业务的市场份额下降。所以对于中国企业来说，做到专注意味着冷静面对各种机会诱惑，很执着地在企业能做的、擅长的事情上深耕细作。这是个非常不容易的事情。

四项选修课则包括培养优秀人才、保留优秀人才，领导人专注经营公司，创造改变产业面貌的创新，通过兼并和合作实现成长。这四项选修课的后两项可能只在某些产业或者某些类型的企业中存在机会。比如朝阳产业，或者大中型的企业。但是前两项选修课，基本可以适应各个产业各种类型的企业。这里的核心是人才与领导。

4+2模式更可贵地是强调四项必修课和两项选修课是互相联系互相影响的，必须要和谐地整合在一起，要将整个组织的战略、文化、执行(运营)、结构、人力资源和领导整合在一起协调发展。这样一个系统思维的视角其实更符合企业管理的实践。以创新为例，一个企业强调其核心竞争力来自创新，但创新背后需要一系列的要素进行支撑。要有创新的人、创新的流程、创新的文化，要有容忍包容创新失败可能的领导者，而这些要素涉及管理系统的各个部分。

本书采用的战略人力资源管理视角，无论从学术研究的角度还是实践的角度都不仅仅从员工角度看人力资源管理，而是从影响员工行为的整个管理系统出发，来探讨战略人力资源管理。简单而言，是要把一个组织的战略、文化、组织、领导、人力资源等子系统组合成的整个管理系统作为研究和观察的对象。

为了更好地理解战略人力资源管理的内涵与边界，我们将战略人力资源管理这个词拆成三个词：战略、管理、人力资源。这构成了第一组三个关键词，接下来分别从战略、管理和人力资源的视角来明确战略人力资源管理的关注点。

第一个关键词——战略。最早把战略引入企业管理中的是美国学者安索夫，虽然目前还没有统一的关于战略的定义，但是对于战略应该包括战略制定、实施和评价从而保证组织实现目标上已经取得了共识。同时战略也是有关全局的重大筹划和谋略，这其中有科学也有艺术。在管理实践中，中国企业对于战略制定非常重视，但是对于战略实施与评价还缺乏经验。有些企业甚至不惜巨资请国际著名咨询机构帮助制定战略，但是在战略实施中，却发现问题很多，结果是“推行了三年，整个企业鸡飞狗跳。折腾了三年，就没有气力了，我们还是按照原来的方式来吧”。还有的企业，也制定了符合公司实际的发展战略，但是几年之后去审视，发现依然没有看到战略实现的影子。在被问到战略目标可以实现的原因是什么的时候，企业负责人可以列出一长列“我们有这个，我们有那个”，而最终发现恰恰是我们没有的那个，才是造成企业战略无法实现的原因。

正是因为上述原因，执行力的讨论在企业管理界非常热烈。执行力从何而来？许多高层管理者的理解是人的执行力，强调组织成员的执行力是保证战略落地的关键。其实不然，最主要的执行力还是来自企业组织的整个管理系统，这个管理系统的运行必须是协调的，并能够形成一个自发展、自完善的系统。这个管理系统里面包括人力资源、运营流程、领导、结构、文化等等子系统。一个企业是否具备能够将战略目标通过这样的管理系统的互动和加工得以产生，是执行力的衡量方式。因此，从战略的角度来看，战略人力资源管理关注的不是战略制定，而是战略的实现，是组织系统的执行力的问题。

第二个关键词——管理。对于管理的定义，更是多种多样，但是在各种定义中都包含了管理是对资源进行计划、组织、领导和控制以快速有效地达到组织目标这一最为核心的内容。而应对各种变化是管理最为困难的职责之一，充分有效地应对变化，就更需要准确把握没有发生变化的东西。在过去这些年，中国企业的管理变革是丰富多彩的，作为企业中实际执行和实施变革的管理者，也有相当的苦衷。管理变革某种程度上成为一种管理时尚。6S、KPI、BSC、CRM、无边界、扁平化等等，许多新管理概念和工具在组织中迅速推广使用，无论改变的是什么，其核心的变化是对企业成员观念和行为的调整。没有企业员工对目标观念和行为的真正认同和理解，是不可能出现真正期望的目标行为的，管理变革也因此遇到相当的阻力，甚至经历失败。

以组织无边界为例，组织通过流程再造等各种方式在组织内部打破各个部门或者业务单元之间的壁垒，强调无缝连接。但是在实际管理中，根本上是每个人能不能把组织利益放在个人和部门利益之上的问题，如果你的考核体系还是停留在考核部门目标为主的阶段，则很难看到无边界的行为。几乎可以肯定的是会发现大量墙头文化现象，也就是遇到问题，首先快速垒墙，屏蔽责任，然后趴在墙头，看看是谁的问题，等待别人挨板子，庆幸自己跑得快。组织成员不以个人得失为先，而将企业目标作为解决问题的出发点的现象则少之又少。

正因为如此，从管理变革的角度来讲，战略人力资源管理强调变革先锋的角色，主动从组织成员的观念和行为入手，来对企业进行的各种管理变革提供润滑剂和催化剂的作用，这样可以大大减少管理变革实施中的阻力，提高变革的成功率。这是第二个关键词管理的内涵。

第三个关键词——人力资源。从人力资源的视角如何看待战略人力资源管理的内涵呢，下列是与人力资源有关的一些陈述。

人力资源是组织成功或失败的关键。这里使用了关键，而不是关键之一。因为一个组织的成功或失败，无论你认为其核心竞争力是来自知识、资本，还是技术创新、流程，甚至机会，所有这些要素都要靠组织里的人和组织的管理体系来实现。因此，战略人力资源管理中的战略更多的是强调人力资源是组织成功或失败的关键。

要成功地进行人力资源管理，必须要有高层管理者的参与，同时也是直线经理的责任。许多企业管理者认为人力资源管理的责任属于人力资源部，而一些直线经理也觉得，我的下属虽然属于我管理，但是政策都是人力资源部制定的，因此管不好是公司人力资源政策的事。以上这些毫无疑问都是错误的观念和认识。员工对于组织内人力资源政策的认知和解读，来自于与直接领导的互动和感知。这也是为什么“与直线上级的关系”作为员工主动离职的首要原因之一，出现在学术研究的发现和咨询公司的调研报告中。直线经理需要考虑如何在带队伍做业务中去履行真正的人力资源管理责任。而人力资源管理决策中高层管理者的参与，则奠定了人力资源管理的基本前提和假设，使得人力资源管理制度的制定避免盲目性。高层管理者理解人力资源管理中的战略决策点，并结合企业的战略、文化等实际来进行决策，而人力资源管理部门则将这些决策落实为具体的人力资源管理政策，是战略人力资源管理中人力资源杠杆的重要应用。

人力资源管理是组织管理系统的一部分，不能够割裂开来。只是单独去审查某些人力资源管理的方案，毫无纰漏，符合常规常理。但是放到某个具体企业管理系统中去，结合具体企业的组织结构和企业的文化去审查或者实施，则出现极大的反差。这样的事例在管理实践中并不少见。例如：一些高科技企业出于保护公司知识产权和商业秘密的考虑，在裁员时多采用一套快速、理性的裁员流程。不提前通知被裁人员，即刻通知，即刻办理所有离职手续，提供合乎法规的解约金、工作推荐信、心理咨询等。这套流程被证明是有效而且合法的。在一个交易型心理契约的组织中，这套做法不会引起任何问题。但是同样做法，放到一个建立在信任和亲情基础的文化环境中，则就会带来极大的员工心理落差，甚至是强烈的幸存者综合征。

人力资源是资本。对于人力资源的定位，大致经历了资源、资产、资本几个阶段。被叫作资源的时候，有人批评认为没有体现人的价值增长的过程，而且资源是被消耗的。后来又有人力资产的说法。资产就体现了保值增值。但是资产永远体现在组织的资产负债表里，而不是损益表，而且资产有一个折旧的概念。有人会说，“我在这个企业干了20年，最后就剩个残值”，这又出现了人的经验能力增长对于组织价值的衡量问题。现在多数都从资本的角度来看待人力资源。资本回报ROC可以反映在损益表中，资本需要去投资，所以对人力资源的开发就有了名正言顺的理论基础，要去投资它，才有可能获得回报。资本也有成本，投资回报率与资本成本率之间的差值是真正的价值增值。资本也有其风险属性，组织对人力资本的投资也可能遇到“竹篮打水一场空”的结果。因此企业管理者如果承认人力资源是资本的话，第一要真正相信人力资源会增值，会增加组织的价值。第二则要真正投资于人力资本，才能获得回报。对于人力资本的认识，重要的就是不要口头上高高举起，实际中还是将人看作成本，也正因为有心口不一的现象，所以会有企业员工认为企业人力资源管理理念中的“员工第一”只是一句谎言而已。

人力资源管理难以转变和修正。如果开始做的时候，理念、观念不符合实际，等到发现错误再进行调整，就会付出巨大代价。一个组织在进行变革中，组织结构的调整、业务的调整、流程的调整可能都有难度，但是最敏感最难的则是与人力资源相关制度的调整。因为人力资源管理制度和组织成员的个人利益高度相关。正因为人力资源管理制度的转换成本如此之高，人力资源管理制度体系的变革就需要格外的审慎。作者曾经帮助一个企业做薪酬改革的咨询项目，在当地的住所是这个企业内部的招待所。结果负责卫生的清洁人员都会主动和作者聊天，打听具体的改革方案，关注如何改，工资能涨多少，如何能改得符合他的利益。

人力资源是组织成功或失败的关键，这首先应该成为组织高层管理者从战略高度认识与考虑的事情。人力资源管理需要高层管理者参与，又和公司战略决策与实施高度相关。因此从人力资源角度来说，战略人力资源管理关注的是人力资源如何在组织的整个管理体系中成为组织核心竞争能力来源，而组织的战略人力资源管理决策，又是如何影响到人力资源管理制度的选择问题。

第2节　战略人力资源管理研究的三个主要视角

战略人力资源管理的研究兴起以来，有各种各样的研究视角，也有各种各样的研究结论。一些研究者关注人力资源实践与企业绩效之间的关系，寻找哪些是最好的方法（Best Practice），并认为这样的关系如果找到，对企业来讲是战略性的；一些研究者关注企业在竞争环境中的战略选择以及这些选择如何在人力资源管理中得到体现；还有研究者研究企业战略与人力资源管理政策和实践之间的匹配，认为匹配对企业的影响是战略性的。

归纳来看，战略人力资源管理的学者分出了三个不同的视角，即普适观（universalistic perspective）、权变观（contingency perspective）以及解构观（configurational perspective）。

普适观又称为最佳实践观（Best practices approach）。普适观认为，存在一种最佳的人力资源管理实践，这种人力资源管理实践总是要比其他人力资源管理实践更为有效，能够对组织做出更大的贡献，因此所有的组织都必须采用这种人力资源管理实践。学者们将这种人力资源管理实践称为高绩效人力资源管理实践，或称为最佳人力资源管理实践。高绩效人力资源管理实践是一个相对较新的概念，国内外还未形成严格的定义，甚至多种提法并存，如高参与工作系统，高绩效工作系统，高承诺工作系统，弹性工作系统，最佳人力资源管理实践和支持性人力资源管理实践。但总体而言，学者们对高绩效人力资源管理实践内涵的理解是一致的，认为企业存在既定的人力资源管理活动来帮助组织获得竞争优势，它们能够以一种逐项可加的方式帮助企业提高经营绩效，且具有普遍适用性，这些活动被称为高绩效人力资源管理实践。

此观点的代表为 Pfeffer（1994），在对 1972 ~ 1992 五家业绩最佳的企业的特点进行研究后，Pfeffer 提出了可以构建可持续竞争优势的人员管理 13 条原则。Pfeffer 认为只要遵循这些原则并积极实施，便能提升组织绩效。但 Delery（1998）则对此提出质疑，Delery 认为最佳作法是在不同人力资源管理活动之间只具有相加性（additive）的假设下才成立。但不同的人力资源管理活动之间可能还存在替代性（substitutable）、正向联合作用（positive synergistic）以及负向联合作用（negative synergistic）。单就相加性与替代性此两种关系而言，人力资源管理活动对于组织绩效应该会有独立与互动（interactive）两种不同的影响效果，所以最佳做法的概念还有待进一步探讨。

鉴于个别人力资源管理活动之间的关系并非全属于彼此可以相加的看法，有学者提出以整体的概念来看待人力资源管理活动。Huselid（1995）依据员工的技能与能力、积极性、组织结构等三方面所产生的影响提出十三项人力资源管理活动组成“高效能工作活动”（High Performance Work Practices）。Huselid 认为这些活动并非完全彼此独立，个别变项的分析未必具有实质意义。因此，Huselid 将研究中每一项活动标准化得分加以因素分析，萃取出员工技能与组织结构以及员工激励等两个因素代表十三项人力资源管理活动的整体概念。研究结果发现，高效能工作活动对财务绩效有正向关系。但在上述研究中也可以发现，虽然组织确实可以通过某些人力资源活动所组成的人力资源管理系统来提升组织绩效，但以人力资源管理系统作为主要变量的研究无法明确指出哪种管理活动可以明显提升组织绩效。

在三种战略人力资源管理的研究视角中，最佳实践观的视角为许多学者所接受。这种方法是假定组织存在“最好”的非常成功的人力资源管理实践，它对组织在财务方面的贡献不断增加以致无需考虑组织的战略目标。但是在对“最好”的人力资源管理实践体系中应包括哪些实践活动的问题上，几乎没有获得任何研究成果，没有能取得较为一致的意见。许多著名学者，如 Delaney、Lewin、Osterman、Pfeffer、Huselid、Chadwick 和 Cappelli 等人都对此问题进行了研究，并提出了不同的人力资源管理实践的内容和范围。例如，Delaney 等人（1989 年）认为人力资源管理实践包括 8 个方面，即甄选、绩效评估、激励性薪酬、职务设计、投诉处理程序、信息共享、态度评估和劳资关系。Huselid（1995 年）又在此基础上增加了招聘的激烈程度、每年的培训实践和晋升标准等 3 个方面的内容。1996 年，Delery 和 Doty 在其论文中指出，有 7 个方面的人力资源管理实践活动被认为是具有“战略”特性的，它们是内部职业生涯的机会、正式的培训系统、绩效测评、利益共享、员工安全、倾听机制和岗位界定。对于人力资源管理实践的准确范围没有给出一致的定义，同时在是否存在一个有效的“理想型”的人力资源管理系统以及是否依赖于企业的战略等问题上也未形成共识。

但是否存在普适的人力资源管理实践呢？以 Pfeffer（1994）著名的研究结论为例，这些在他的研究中得出的最佳人力资源管理实践应用在不同的企业中就有不同的结果。这一组人力资源最佳实践包括：工作的安全感；选择性招聘；工作团队的自我管理和分权决策；取决于组织绩效的高报酬；大量的培训；减少地位差异和障碍；信息分享。

以工作的安全感为例，中国企业在近年的改革中恰恰是通过制造工作的不安全感，来形成对整个员工队伍的压力激励。著名的梅奥霍桑实验中得到的快乐员工有效率的模型，在我们这里变成了惊吓员工有动力模型。快乐员工有效率模型强调当一个组织中的员工是快乐的时候，他的工作效率就很高（当然这个结论在学术研究中一直有争议）。而我们中国企业在发展过程中，很多时候用“今天工作不努力，明天努力找工作”的氛围塑造形成员工比较紧张的压力环境，从而产生组织所需要的高效行为。

再来看选择性的招聘，不是所有企业都有条件进行选择性招聘的。也就是说，不是你想做到就可以的。知名的大企业招聘具有选择性，而有些企业在人力资源市场上没有那样的声望，因此，也就不可能做到选择性招聘。分权和自我管理团队，信息分享，大量的培训等人力资源政策也与组织的文化价值观有密切的联系。不同价值导向和不同发展阶段的企业会采用不同的政策，正因为如此，应用普适观的研究结果需要对企业的环境条件进行全面审慎的分析。

第二个视角：权变观。权变观认为企业的人力资源管理实践必须根据企业独特的内外部环境而定，如果人力资源管理实践与环境不相契合，则人力资源管理实践不但不会对企业绩效有所贡献，而且会产生负面影响。

早期开创者 Miles 和 Snow（1984）的研究对权变理论的发展产生了重要作用，后来学者在他们提出的人力资源管理实践与企业经营战略匹配模型的基础上相继探讨了不同战略下的人力资源管理实践，即首先对企业战略进行分类，然后再寻找与企业战略相匹配的人力资源管理实践，因此对于任何一个给定的企业战略，总有一个与之相适应的人力资源管理实践。人力资源管理对外必须与组织的战略需求协调一致（externally consistent），对内则必须凝聚不同的人力资源管理活动（internal coherent），两者加以配合，才能使企业所执行的战略得以达到既定目标。这个观点比较符合战略人力资源管理所提出的想通过内外部匹配来提升组织绩效的理念。但战略的概念比人力资源管理活动的概念更为复杂，不同的产业甚至同产业的不同组织在战略上都有极大的差异，因此应该以何种战略与人力资源管理活动搭配以及如何搭配就成了一大研究难题。权变观的代表人物 Schuler 根据不同的战略，提出了相应的人力资源管理体系。例如在企业采用成本战略下，其核心人力资源管理体系具有下列特点：员工在人力资源规划及相关活动中较低的参与度，非常清楚的工作分析，晋升的选择大部分来源内部，提供有限的职业机会，考核中以结果标准、短期标准和大部分个体标准为主要内容，几乎没有职业安全感，几乎没有激励，强调等级差异的报酬，几乎没有培训，员工和企业之间是交易性质的劳工关系。

人力资源管理的重要性日益增强，许多企业已经认识到人力资源是最具竞争优势的资源，这种变化促进了人力资源管理的战略定位研究。战略性要求企业人力资源管理活动必须和企业战略目标与战略需求相统一，强调与组织战略的匹配，这种权变性观点与普适性观点在本质上并不矛盾。普适性强调人力资源管理实践对企业发展的普遍适用性，在相对广泛的情境中有助于促进企业绩效的提升，但其贡献价值的大小与战略的匹配度有关。

基于普适和权变两个视角，笔者和合作者对中国十家成功企业的人力资源管理实践进行了多案例研究①，在具体的样本选择过程中主要遵循了以下选择标准：①企业作为独立的公司不断发展；②2000 年以来，经营业绩（不同行业的经营业绩选用不同的指标衡量，有生产规模、销售收入，市场份额，净资产利润率等）排在行业前 3 位；③存在自主经营的产品（服务）、品牌，并在国内甚至国际市场上具有较强竞争力；④行业处在非寡头垄断状态；⑤企业注重发展创新。

最终，根据这五项标准，选出十家企业作为样本企业进行案例研究，它们是：万科、三一重工、振华重工、国美电器、同方威视、宜宾五粮液、万向集团、深圳航空、云南白药、新希望集团。

---

① 具体研究可参见王雪莉、马琳："中国优秀企业高绩效人力资源管理实践模型探究"，《管理学报》，2005 年第 11 期，1598 ~ 1606 页。

从研究结果可以看出，我国优秀企业在技能增强型人力资源管理实践方面，首先强调甄选过程的人岗匹配，德重于才。人岗匹配帮助员工发挥自身特长，提高工作效率和工作满足感；德重于才有助于搭建高素质团队，塑造企业文化。其次，提倡内部招聘，通过内部选拔机制增强员工对组织的归属感，从而调动员工工作的积极性和主动性。第三，高度重视员工培训，逐步将培训内容和模式形成体系，进一步提高员工工作技能，增强对组织文化的认同。

在动机增强型人力资源管理实践方面，优秀企业主要通过高薪酬待遇、高绩效激励、多发展机会来提高员工工作动机。在薪酬福利上，企业基本采取以岗定薪，密薪制，提供较有竞争力的薪酬水平和形式多样的福利待遇调动员工工作积极性。在职业发展上，企业一要搭建晋升通道，二要提供成长机会，三要建立岗位后备计划，以完善员工职业发展梯队建设增强员工工作主动性。在绩效管理方面，企业既要看重业绩考核，还需看重行为能力素质。业绩考核以量化指标为主，行为能力素质指标则可用测量工作态度、行为规范等主观评价指标。在考核主体选择上，以直接领导作为考核主体的绩效考核相较360度考核的有效性更高。此外，考核周期可以被企业有效利用，以防止分公司或员工个人的短期经营行为。在绩效管理过程中，上级还应注重与下属员工的主动沟通和及时反馈。

在机会增强型人力资源管理实践方面，企业为员工提供机会，让其有发挥才干的平台。在人才应用上，多培养、多锻炼，根据能力特长，将合适的人放在适合的岗位上。同时，努力建立良好的工作环境，加强团队建设，促进信息共享与交流，为员工发挥才干提供环境支撑。

相比国内外已有研究成果，我们的研究首次明确了高绩效人力资源管理实践在招聘方式、甄选标准、培训内容及方法上的表现，将技能增强型人力资源管理实践进一步具体化和详细化。与国外研究不同的是，在招聘甄选环节，我国优秀企业更强调人员的品德，重“德”高于

"才"，这在国外研究中很少涉及。我国自改革开放以来，经济取得飞速发展，但过速的发展也带来了一定的社会问题，如拜金主义盛行，诚信体制缺失，贪污腐败成风，造假制假泛滥等，人口的品德素质已成为制约我国进一步发展的障碍之一，是目前亟待解决的问题。同样，企业离不开有责任心、讲诚信、团结助人的好员工，这也是我国优秀企业在高绩效人力资源管理实践中更为强调"德"的原因。在动机增强型人力资源管理实践方面，国内外研究保持一致，均支持以绩效为导向的薪酬管理，提倡有竞争力的薪酬水平和通畅的沟通机制，为员工搭建晋升通道，提高员工工作动机。在机会增强型人力资源管理实践方面，我国企业相较国外更为重视。如今，越来越多的80后、90后走入职场，独生子女一代独立意识强，对个人在职业中的展示机会较为看中。因此，通过优化人才配置，保障权责一致，致力于建立公平、公正、高效的工作平台和交流空间，为员工提供更多表现机会显得越来越重要。

与高绩效人力资源管理实践领域的其他研究相比，我们还将权变视角引入高绩效人力资源管理实践的分析。从权变观视角看，十家样本企业在发展初期，仅将人力资源部门作为职能部门，从事简单的人事管理工作；随着企业经营规模不断扩大，人力资源部门的重要性逐步凸显，成为重要的职能部门，为各项工作顺利开展奠定基础；当企业进一步发展，这些成功企业均将人力资源部门作为重要战略职能部门，充分发挥人力资源对企业的关键作用，才得以突破发展瓶颈，继续获得竞争优势。人力资源部门是企业创造利润的标尺，只有上升到战略层面，才能统筹全局，以最佳模式、最高效益用对人，留住人，更好地服务于企业战略，支撑企业持续健康发展。此外，基于不同阶段的战略及人力资源部门的职能定位，企业人力资源活动也呈现出不同侧重。从发展初期只关注动机增强型人力资源管理实践开始，企业逐步转向更多技能和机会增强型人力资源管理实践活动，从而可以真正强化和凸显以培养人为核心理念的承诺型心理契约的特征，同时进一步增强人力资源管理各个职能之间的一致性。

第三个视角——解构观源自于权变观，而解构观在验证内部匹配的影响效果上比以往其他方式验证内部效果更为复杂。首先，解构观强调人力资源管理活动之间的整体本质（holistic nature），这表示以解构观验证人力资源管理活动的影响效果应着重了解元素间的型态，而非两两元素间的关系。再者，解构观有着“殊途同归”的特性，认为组织内可达到高绩效的元素组并非唯一，组织内同时存在多组特定的因素可以达到高绩效。最后，可以达成高绩效的因素是理论概念的理想形式而不是实际可以观察到的对象。Delery与Doty（1996）以216家美国的商业银行为对象，试图论证普适观、权变观以及解构观。结果显示，某些特定的人力资源管理活动，如利润导向、工作保障等对绩效有正面的影响，该结果支持了普适观。而研究也发现某些特定组织战略必须配合特定人力资源活动才能获得最佳绩效，这个结果部分支持了权变与解构观。但也有学者（Orton & Weick，1990；Gerhart et al.，1996）质疑解构观所主张的人力资源系统高度复杂，并且系统间各因素高度依赖，可能使组织在面临改变时无法及时完备地调整其人力资源管理系统以适应变化，最终导致整个系统的瓦解。

第3节 适应、匹配、一致：第二组三个关键词

如何定义战略人力资源管理？Schuler（1989）提出战略人力资源管理是管理者形成战略决策后，通过调整人力资源管理的方式方法，以适应和促进战略执行。而Butler（1991）则认为传统的人力资源管理的重

点在组织内部活动的研究，主要是从微观观点（micro - perspective）来探讨人力资源在各管理功能中的效能。战略人力资源管理则采取宏观观点（macro - perspective），从整体环境和组织层面，将员工的需求与目标结合，探讨战略人力资源与各项企业功能之间的相互关系，以及与组织战略管理间的关系。Wright 及 McMaha（1992）也认为战略人力资源管理是以宏观组织方法检视大型组织中人力资源管理角色与功能，是规划人力资源部署与活动的模式，力图使组织达到目标。Wright 及 McMaha 指出为使人力资源管理系统发挥其战略功能，人力资源管理活动必须与组织进行整合，其中包括垂直整合（外部匹配）与水平整合（内部匹配）。垂直整合是指人力资源管理活动与组织的战略规划程序之间的相互整合。水平整合强调规划人力资源管理的行动与步骤，使不同的人力资源管理中的各项子系统相互协调与整合。借由高度的内、外部匹配，人力资源系统得以成为维持组织持久竞争优势的关键资源。

建立在权变观和解构观的基础上，我们认为战略人力资源管理就是对外与企业外部人力资源环境和企业战略适应匹配，对内企业人力资源管理系统各部分统一一致的人力资源管理。在这个定义中，我们从对外对内两个角度提出了三个关键词：适应、匹配、一致。

适应，主要包括两个方面：适应公司战略，适应外部的人力资源市场。许多企业的人力资源市场随着行业变化会出现不同的特点。以银行业为例，随着外资银行在中国业务的全面开展和推进，以及股份制银行或者区域性银行的蓬勃发展，银行业开始形成一个极其集中的专业化人才市场，那些具有高专业附加值的岗位在银行内部就更具有吸引力，这就需要银行在人力资源政策上的相应调整。人力资源市场的供给也会随着时代变化出现一些新特点，新生代员工的行为特征与以前员工的不同就需要用人单位提前做好准备。

匹配则要求公司的人力资源政策要与公司的战略、文化、结构、领导等管理系统的其他部分之间是互相配合的，对于公司战略共同起到支撑作用。

案例 银行不同组织结构对于人力资源管理提出的不同要求

图1.1体现的是直线职能制组织架构，这种组织结构形式是把企业管理机构和人员分为两类，一类是直线领导机构和人员，按命令统一原则对各级组织行使指挥权；另一类是职能机构和人员，按专业化原则，从事组织的各项职能管理工作。直线领导机构和人员在自己的职责范围内有一定的决定权和对所属下级的指挥权，并对自己部门的工作负全部责任。而职能机构和人员，则是直线指挥人员的参谋，不能对直接部门发号施令，只能进行业务指导。

直线职能制的优点是：既保证了企业管理体系的集中统一，又可以在各级行政负责人的领导下，充分发挥各专业管理机构的作用。其缺点是：职能部门之间的协作和配合性较差，职能部门的许多工作要直接向上层领导报告请示才能处理，这一方面加重了上层领导的工作负担；另一方面也造成办事效率低。为了克服这些缺点，可以设立各种综合委员会，或建立各种会议制度，以协调各方面的工作，起到沟通作用，帮助高层领导出谋划策。

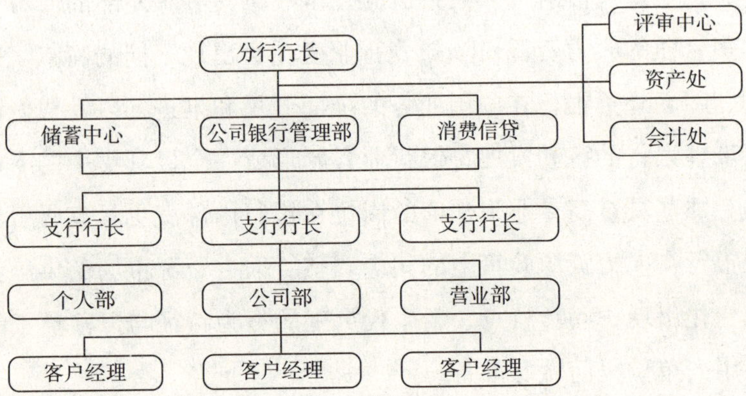

图1.1 银行直线职能制组织结构图

在这种组织结构中，对人员能力的要求是专业化的客户服务能力为主，每个部门的客户经理服务面对目标客户，提供相应的产品和服务。

图 1.2 体现的是产品事业部的组织结构。按照产品或产品系列组织业务活动，在经营多种产品的大型企业中早已显得日益重要。产品部门化主要是以企业所生产的产品为基础，将生产某一产品有关的活动完全置于同一产品部门内，再在产品部门内细分职能部门，进行生产该产品的工作。这种结构形态，在设计中往往将一些共用的职能集中，由上级委派以辅导各产品部门，做到资源共享。

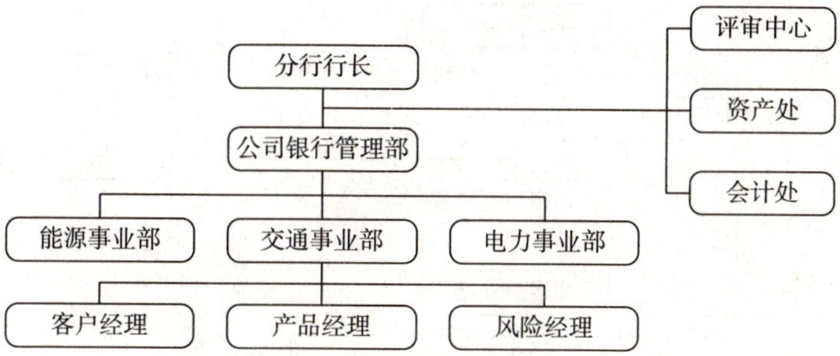

图 1.2　银行产品事业部制的组织结构图

产品部门化的优点是：有利于个人的技术和专业化知识得到最大限度的发挥；每一个产品部都是一个利润中心，部门经理承担利润责任，这有利于总经理评价各部门的政绩；在同一产品部门内有关的职能活动协调比较容易，比完全采用职能部门管理来得更有弹性；容易适应企业的扩展与业务多元化要求。

产品部门化的缺点是：需要更多的具有全面管理才能的人才，而这类人才往往不易得到；每一个产品分部都有一定的独立权力，高层管理人员有时会难以控制；对总部的各职能部门，例如人事、财务等，产品分部往往不会善加利用，以至总部一些服务不能获得充分的利用。

在上面的组织结构图中，对于客户分类更细，有利于银行提供专业化的服务，但是在同一类别顾客服务中，则强调了服务团队的概念，需要更专业化的人才，各司其职，全流程提供服务。

图1.3为区域事业部制，对于在地理上分散的企业来说，按地区划分部门是一种比较普遍的方法。其原则是把某个地区或区域内的业务工作集中起来，委派一位经理来主管其事。按地区划分部门，特别适用于规模大的公司，尤其是跨国公司。这种组织结构形态，在设计上往往设有中央服务部门，如采购、人事、财务、广告等，向各区域提供专业性的服务。

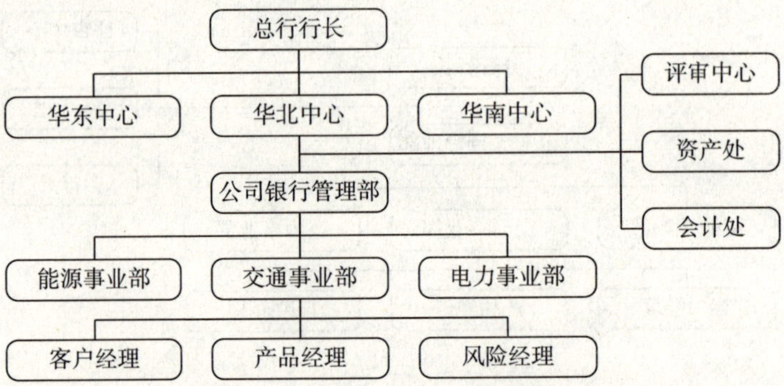

图1.3　银行区域事业部制组织结构图

部门化的优点是：责任到区域，每一个区域都是一个利润中心，每一区域部门的主管都要负责该地区的业务盈亏；放权到区域，每一个区域有其特殊的市场需求与问题，总部放手让区域人员处理，会比较妥善、实际；有利于地区内部协调；对区域内顾客比较了解，有利于服务与沟通；每一个区域主管，都要担负一切管理职能的活动，这对培养通才管理人员大有好处。

其缺点是：随着地区的增加，需要更多具有全面管理能力的人员，而这类人员往往不易得到；每一个区域都是一个相对独立的单位，加上时间、空间上的限制，往往是“天高皇帝远”，总部难以控制；由于总部与各区域是天各一方，难以维持集中的经济服务工作。

由于组织结构运行方式的不同，在组织中同一个岗位上人的任职资格，对于他的考核重点都有所不同，最终培养出的人也具有不同的能力和素质结构。这也说明了人力资源管理政策要与组织结构之间实现匹配，否则某个银行根据战略的需要，仅对组织结构来进行调整，而不对相应的人力资源政策进行匹配，组织结构的变革也无法实现成功。

而一致则包括三个方面的一致：第一是人力资源系统的一致性，也就是说，企业的招聘、薪酬、考核、培养、晋升、职业生涯规划，这些政策相互之间是互相支持的，而不是矛盾的；第二则是对于处于企业同类型岗位的员工，相应的管理政策应该是一致的，而不能出现同岗不同管理政策的现象，也就是公平性的问题；第三个一致则体现为在相当一段时期内，企业的人力资源制度应该保持相对的稳定性，人力资源管理的相关政策不宜变动特别频繁，员工才会有行为适应的时间。

建立在这三个关键词的基础上，我们可以用下图来表示战略人力资源管理的外延，以更清晰地显示战略人力资源管理内容与公司目标、战略、外部环境的关系。

上面的模型是按照四个层次来划分的，整体是一个自行车轮的形状，轴心是企业目标，最外层是开放的企业外部环境，外部环境既影响企业战略的制定，也决定了企业的人力资源环境；第二层是公司战略层面，公司战略决定了企业的目标，也是决定企业直接参与市场竞争方式的层次，类似车轮的外胎；第三层面是影响公司战略能否成功的关键部分，对战略实施起支持作用，类似车轮的内胎，比如人才、文化、结构和领导；第四层面是具体的人力资源战略，也可以说是传统人力资源管理工作的重点区域，这是体现企业内部人力资源系统的层面，这一层面

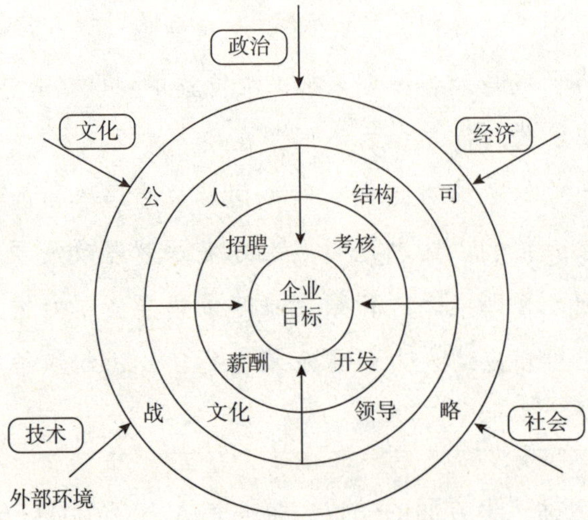

图 1.4 战略人力资源管理模型

类似车轮的辐条，既要对公司战略提供支撑，彼此之间也要互相配合，无论哪一根辐条发生断裂，都会影响车轮前进，久而久之，还会缠住轴心，导致企业目标无法实现或受到损害。战略人力资源管理就是在这样四个层面间发挥作用，但归根结底的目的还是实现企业目标。

战略人力资源管理主要包括以下四个方面的特征：

①重要性，即人力资源是企业获取竞争优势的一种重要资源；

②系统性，即通过人力资源管理活动，包括人力资源规划、政策以及具体实践，可以达到一种最佳的人力资源配置；

③匹配性，企业的人力资源配置在纵向上要与企业的战略规划相匹配，在横向上要与企业内部的其他职能相匹配；

④目标性，即人力资源活动都是目标导向的，要服从于企业的战略目标。

战略人力资源管理与战略管理之间的关系又是怎样的呢？从下图可以清晰地看出，战略管理与战略人力资源管理通过战略目标而有所联系，但是战略人力资源管理更强调执行公司战略，实现战略目标，更强调公司内部管理体系各个部分之间的关系，而战略管理必然要对战略目标的产生负责。

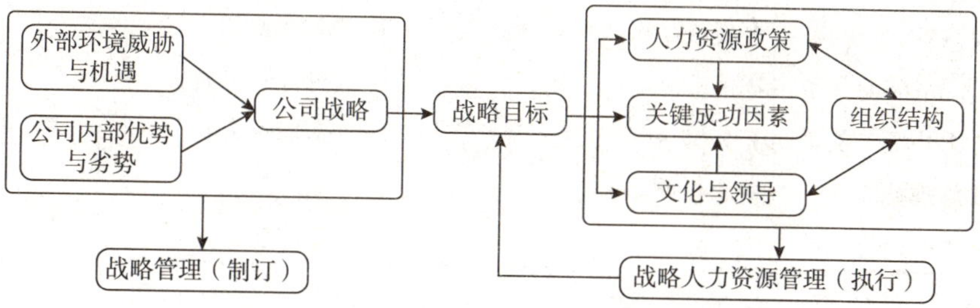

图 1.5 战略人力资源管理与战略管理

战略人力资源管理与传统人力资源管理有什么不同，与人力资源管理战略又是什么关系？下面两个表，具体地显示出战略人力资源管理与传统人力资源管理工作和人力资源管理战略之间的异同。

表 1.2 显示的是战略人力资源管理与传统人力资源管理上的众多区别。

表 1.2 传统的人力资源管理与战略人力资源管理

	传统的人力资源管理	战略人力资源管理
HR 的职责	职能专家	业务管理人员
焦点	员工关系	与内部及外部客户的合作关系
HR 的角色	事务员、变革的追随者和响应者	事务员、变革的领导者和发起者
创新	缓慢、被动、零碎	迅速、主动、整体
时间视野	短期	短期、中期、长期（根据需要）
控制	官僚的角色、政策、程序	有机的、灵活的，根据成功的需要
工作设计	紧密型地劳动部门、独立、专门化	广泛的、灵活的，交叉培训，团队
关键投资	资本、产品	人，知识
经济责任	成本中心	投资中心

资料来源：［美］杰弗里·梅洛著，吴雯芳译：《战略人类资源管理》，中国劳动社会保障出版社 2004 年版，第 77 页。

表 1.3　　战略人力资源管理与人力资源管理战略的比较

	人力资源管理战略	战略人力资源管理
责任人	人力资源专家和部门经理	总经理
主要内容	制定战略	战略决策
与公司战略的关系	职能战略	执行公司战略
与外部环境的关系	充分结合	密切联系
主要管理技能	概念技能	概念技能与人际技能
变革中的地位	主动调整	领导变革

战略人力资源管理将企业战略与人力资源联系起来，基于资源的企业观是联结二者的理论基础，这种理论将企业视作一个行政组织和生产资源的结合，不同企业拥有不同的资源和能力，即企业资源是异质的。对于企业来说，要想获得竞争优势，它们必须具有能够区分于其他企业的关键资源，这些关键资源必须是有价值的、稀缺的，且难以为竞争对手所替代或模仿。而一个协调一致互相匹配的管理系统才是一个企业唯一具有以上所述特征的资源。

已经在管理学界和实践界广为人知的西南航空的案例可以为战略人力资源管理的适应、匹配、一致三个关键词提供最好的证据。作为一家战略清楚（但并不独特）的航空公司，低成本、低票价、高服务的竞争战略也被许多同行所模仿。在人力资源管理体系中，西南航空招聘中注重态度而不是技能，薪酬中赋予年资和实际劳动量格外的权重，虽然薪酬水平不高于行业平均值，但是广泛的员工利润分享计划以及员工对组织的归属（大多数员工用分到的现金购买了公司的股票）以及西南航空持续 40 年盈利的业绩使员工得到了组织成长的收益。西南航空的团队建设和轻松愉悦的组织文化都为其战略目标服务，最终西南航空以其文化、领导风格、组织运营以及人力资源管理体系的充分配合，不仅实现了这个战略（也可以说，西南航空公司的运气好，选择了一个正确的战略，但是拥有正确战略的企业不一定结果正确），而且由这样一个管理系统形成的竞争能力逐步累积，越来越坚实，越来越不可替代和模仿，最终成为西南航空的竞争优势来源[①]。

从理论研究的角度而言，战略人力资源管理强调人力资源管理与企业战略的一致性，即人力资源管理实践应该以提升企业绩效作为目标，在这一约束条件下，对人力资源管理实践影响企业绩效的机制进行研究，就成为战略人力资源管理在企业界得到有效运作的基本前提。

战略人力资源管理的出发点和归宿都在于打造企业未来的核心竞争力，其核心在于如何从企业现有人力资源存量中培养、锻炼出一支具有核心竞争力的员工队伍，其职能主要侧重于企业人力资源管理和企业业务战略的系统、有效的联系及人力资源管理的创新，其工作内容主要是制定人力资源规划和分析人才市场的变动趋势等，所以人力资源管理部门不仅是企业经营战略的一个执行者，它还必须参与甚至主导企业战略的决策过程，同时在战略执行的过程中通过各种人力资源管理政策和制度的设计以及对人力资源管理实践的调整来帮助企业赢得竞争优势。准确地说，人力资源管理职能是以一种战略经营伙伴的身份与直线部门共同确保完成企业经营目标。

① 关于西南航空的管理模式的深度了解，可参考《西南航空案例》（中国财政经济出版社2004年版）一书。

CHAPTER

第二章 战略人力资源管理的分析框架

第 1 节　Schuler 的 5P 模型

5P 模型是由 Randall S. Schuler 提出的，5P 即 HR philosophy（人力资源理念）、Policies（政策）、Programs（计划）、Practices（规划）以及 Processes（流程）。5P 模型用战略需求将各种人力资源活动整合起来。5P 中的这些活动是否是战略性的取决于它们是否与企业的战略需求系统地联结在一起。

通过图 2.1 可以看出 5P 模型联结战略经营需求与战略人力资源管理活动。

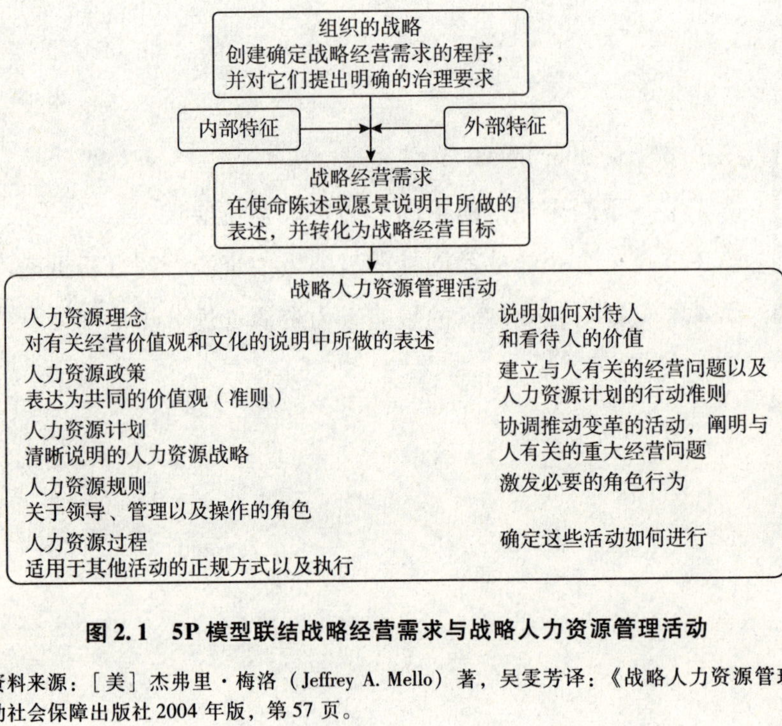

图 2.1　5P 模型联结战略经营需求与战略人力资源管理活动

资料来源：［美］杰弗里·梅洛（Jeffrey A. Mello）著，吴雯芳译：《战略人力资源管理》，中国劳动社会保障出版社 2004 年版，第 57 页。

通过图 2. 1 可以清晰地看出，5P 模型说明了人力资源系列活动围绕企业战略进行。以下将针对 5P 的 5 个基本模块来分别描述它们涵盖的内容。

①人力资源理念体现组织如何看待其人力资源，人力资源在整个企业成功中扮演什么角色，以及如何对待和管理人力资源的说明。这个说明一般是概括性的，可以转化为组织中各层次的比较具体的行动。

②人力资源政策是为了解决与人有关的经营问题以及制定基于战略需求的人力资源计划和规则提供指导方针。其中，与人有关的经营问题是指涉及人并且影响到企业现时和未来成功的问题。他们源于战略经营需求，可能包括招聘有技能的员工，提高员工生产率，或降低保健护理成本等需求。其他与人有关的问题包括从内部管理人员中培养一名最高领导干部，根据不断变化的环境条件建设具有适应性和技能的员工队伍，减少由于传统晋升机会阻碍发展所导致的青年人才过多流失等。

③人力资源计划是根据人力资源政策而形成的，它代表着以发起、传递和支撑战略经营需求所必需的战略组织变革活动为特定目的、协调配合的人力资源活动。这些活动可能开始于组织的最高层次，然后逐级下传；它们也可能开始于别的地方；甚至可以同时在两个地方开始。

人力资源计划可以为各种战略组织变革活动而发起、传播和持续。但是，这些活动有几个共同要素。第一，他们受到来自企业战略意图和方向的推动。第二，他们涉及人力资源管理问题，也就是说他们代表重大的与人有关的经营问题，需要用重大的组织变革活动来解决。他们还有共同的战略目标，可以根据这种目标去衡量计划的效益。

许多一般性问题有助于确定这种计划的基本内容：

——这个公司的文化特性是什么？它是否适应企业的业务？

——该组织是否能以目前的形式适应未来的挑战？

——需要什么类型的人员以及多少人员？

——工作绩效水平是否足以符合提高了的利润率、创新、更高的生产率、更好的质量以及改进了的客户服务的要求?

——对公司的奉献程度如何?

——有没有什么潜在的约束，比如技能不足或人力资源的问题?

在回答这样的问题时所形成的计划通常符合人力资源战略这个术语。说到底，这说明人力资源战略本质上是阐明和解决与人力资源管理相关的基本战略问题、计划和方案。

④人力资源规则是为了提示和强化人在组织中的角色表现。

总的说来，个人在组织中承担的角色分为三类，即领导、管理和操作。在每一类中，与特定角色相应的行为都应当符合战略需求。

领导角色：这包括确立方向、联合人员、调动和激发个人、促成重大而有效的变革。

管理角色：这些角色基本上是传统的，即计划、指挥、控制、组织和协调。

操作角色：是必须提供服务或制造产品的角色。这些角色的内容比其他角色要具体得多。例如，在制造组织中，角色可能是“正确理解设计图”或者“按照质量标准进行焊接”。

角色可以转移，在形成和贯彻新战略目标的过程中，组织通常要评价“谁做什么”的问题。在某些情况下，这会导致角色责任的转移使角色与活动相匹配。

总之，一旦确定了角色行为，就能制定相应的人力资源规则以强化角色。

⑤人力资源活动过程涉及“如何”确定、形成和实施所有其他的人力资源活动，因此，它是一种重要的战略人力资源管理活动。人力资源活动的过程会随着参与程度而变化，从有高级主管及全体员工参与到没有任何员工参与。这两种极端的情形可用来区分制定阶段和执行阶段。例如，在制定阶段参与程度高，在执行阶段参与程度低。但是，这两种过程的尺度需要有一致性。

当然，所有的战略人力资源管理活动都必须有一致性。这是因为所有这种活动都会影响个人行为。如果它们之间没有一致性，比如说，如果不提供有关期望和鼓励人们如何表现一致信息的话，组织就可能成为由不同方向努力的人组成的聚合体。在这种情况下，战略经营需求是很难实现的。

因此，认识这种一致性需求非常重要。这种需求与对战略人力资源管理的其他方面认识一起，形成一种更大的系统需求。战略人力资源管理需要一致性和系统定位。

5P 模型将战略人力资源管理的框架体现为理解和执行企业战略需求的个人努力方面具有影响的各种活动。

第一，战略人力资源管理方面的成功始于对战略经营需求的认识。认清这些需求对于企业的成功非常重要，如果战略人力资源管理可以作为满足这些需求的手段，就应当系统地分析这些需求对人力资源管理活动的影响，包括对人力资源理念、人力资源政策、人力资源规则以及人力资源程序的影响。

第二，由于所有员工都受战略人力资源管理的影响，因此提供参与过程可能有助于巩固战略与人力资源活动之间的联系。

第三，战略人力资源管理依赖于系统分析的方法。首先是确定战略需求，然后设计提示与强化的人力资源活动。这种方法的效果虽未得到正式评价，但市场份额、盈利率以及生产率等指标有相当大的提高。

人力资源部有很大的机会影响组织成功地实施战略创新活动。这主要强调的是人力资源部要参与战略制定的过程，因为企业战略需求的系统分析首先要从对企业人力资源战略需求的系统分析入手。

5P 模型的最后一层含义涉及对战略人力资源管理的正式研究。在实践工作者进行本职工作的时候，人力资源研究人员有机会观察转变中的组织，这是一种真实的学习实验室。5P 模型给予战略人力资源管理提供了一个非常清晰的研究思路，其核心就在于人力资源的系列活动在企业战略的指导下环环相扣。

第2节　不同企业战略下的人力资源角色要求

从权变观的视角看，企业在不同的战略下对员工的需求也是不同的，我们可以将人力资源流程中各部分职能按照下面维度进行区分，以比较不同战略下的员工角色。

表2.1　各项人力资源管理活动

计划	
非正式的	正式的
短期的	长期的
清楚的工作分析	模糊的工作分析
工作简化	工作复杂
低员工参与度	高员工参与度
招聘	
内部来源	外部来源
有限的招聘通道	宽阔的招聘通道
简单的人才梯队	多样的人才梯队
明确的标准	模糊的标准
内部流程	开放的流程
考核	
过程标准	结果标准
低员工参与度	高员工参与度
短期标准	长期标准
个体标准	团队标准

续表

福利	
低基本薪资	高基本薪资
外部公平	内部公平
少量的津贴	多种津贴
标准的、固定的劳动福利	灵活的福利
低参与度	高参与度
没有激励	更多的激励
短期激励	长期激励
没有职业安全	高度职业安全
等级的	平等的
培训和发展	
短期	长期
有限应用	广泛应用
没有计划的、没有系统的	有计划的、系统的
个体导向	团队导向
低参与度	高参与度
劳工关系	
交易的	合作的

按照上面不同职能的维度划分，结合不同的企业战略，可以得出对应不同的战略其人力资源管理工作有不同的侧重点，如表 2.2 所示。

表 2.2　不同战略下的人力资源管理

创新战略下的核心人力资源管理	成本战略下的核心人力资源管理
高参与度	低参与度
模糊的工作分析	清楚的工作分析
外部来源	大部分内部来源
多种职业机会	有限的职业机会
过程和结果双重标准	结果标准
长期标准	短期标准
部分团队标准	大部分个体标准

续表

创新战略下的核心人力资源管理	成本战略下的核心人力资源管理
一定的职业安全感	几乎没有职业安全感
很多激励	几乎没有激励
公平的报酬	等级的报酬
大量培训	几乎没有培训
合作的劳工关系	交易的劳工关系
质量战略下的核心人力资源管理	
高参与度	部分团队标准
清楚的工作分析	一定的职业安全感
一定的外部来源	一定的激励
有限的职业机会	公平的
主要的结果导向	大量培训
主要是短期导向	合作的劳工关系

第3节　结合企业生命周期的战略人力资源管理分析框架

美国爱迪思研究所伊查克·爱迪思（Ichak Adizes）博士对企业的生命过程作过深入的研究。其企业生命周期理论主要从企业生命周期的各个阶段分析了企业成长与老化的本质及特征。爱迪思把企业生命周期形象地比作人的成长与老化过程，认为企业的生命周期包括三个阶段十个时期：成长阶段，包括孕育期、婴儿期、学步期，青春期；成熟阶段，包括盛年期、稳定期；老化阶段，包括贵族期、内耗期或官僚化早期、官僚期和死亡期。每个阶段的特点都非常鲜明，并且都面临着死亡的威胁。

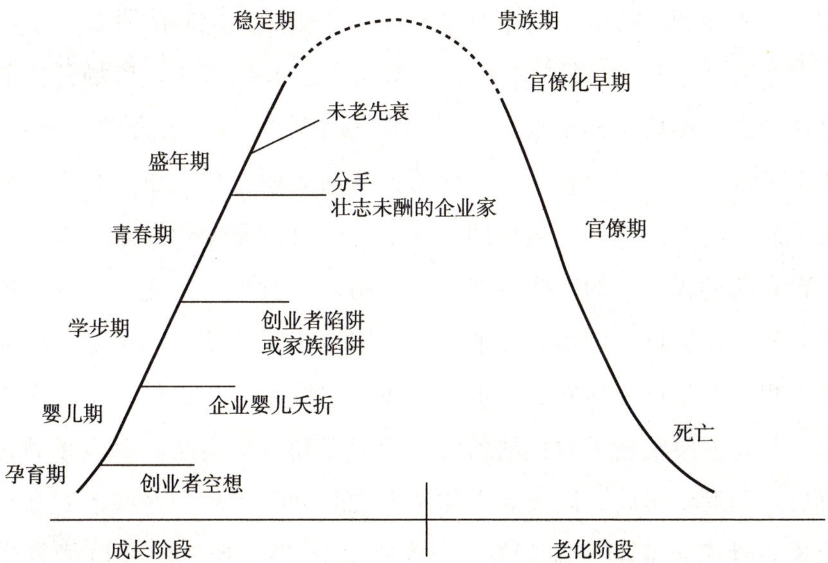

图 2.2　爱迪斯的企业生命周期示意图

孕育期，凡是希望创办企业的人都拥有雄心勃勃的创业计划。一旦他们对风险做出承诺，一个企业就诞生了。但是很多雄心勃勃的人总是不能做出最后的承诺（只是空想），致使企业流产。

企业诞生了，进入婴儿期，此时企业缺乏规章制度，创始人在经营管理上大权独揽，唱“独角戏”，并且常常出差错，因而控制力很弱，往往头疼医头、脚疼医脚，也就是根据危机进行管理。但这还不是婴儿期企业存在的主要问题。这时资金不足才是关键，因为一旦企业失去资金的支持，婴儿期企业将难逃夭折的命运。

学步期是企业迅速成长的阶段。这时创始人往往相信他们做什么都是对的，因为他把所有的事情都看作机会，这常常会种下祸根。他们更愿意按照人而不是职能组织企业。创始人仍然是决策的中心人物。但是学步期的企业控制力很弱成为主要矛盾。表现在三个方面，一是缺乏战略眼光，容易被眼前的机会所驱使；二是缺乏一种系统化的制度，如果说婴儿期是根据危机进行管理，在学步期管理则成为企业的危机；三是仍然以家族成员为管理主体，缺乏一种科学化的授权体系。那些未能建立管理、领导制度的学步期企业将会掉入“创始人家族陷阱”。

青春期是企业成长最快的阶段，规模效益开始出现，市场开拓能力也迅速加强，市场份额扩大，产品品牌和企业的名声已为世人所知晓。在这个阶段，公司采取新格局。创始人雇请职业管理人员，并逐步实现授权管理、制度化和规范化管理。这个时期对企业创始人是个极大的考验。青春期过渡顺利的家族企业产权结构可能发生了变化，股权开始出现多元化或社会化，创始人逐渐从管理层淡化，经营工作逐步由职业经理人承担。但是这一切并非易事。往往是创始人自己仍然参与很多管理工作，与管理层发生矛盾；创始人、管理层和董事会之间发生矛盾，家族成员之间发生矛盾，以及老人和新人之间冲突不断。这些矛盾和冲突成为这一时期企业的主要问题。如果处理不当，企业内部可能发生政变，由职业经理人全面接管，创始人被迫出局（离异），要么职业经理人被赶走（企业倒退到学步阶段），要么家族成员之间反目为仇，家庭破裂等等。

企业度过青春期，终于进入盛年期和稳定期，这是企业生命周期中最理想的状态。在这一阶段的企业得以摆脱创始人的影响而获再生，并不断走向成熟。在青春期，创始人在经历了多次危机后，开始学会了授权。职业型的企业家也开始步入企业。企业也从以量取胜转向以质取胜，从苦干转向巧干。在盛年期，企业的灵活性和可控性达到平衡，出现了一些企业运作的理想化特征：企业的制度和组织结构完善；企业者的创造力、开拓精神得到制度化保障；企业非常重视顾客需求、注意顾客满意度；计划能够得到不折不扣地执行；企业对未来趋势的判断能力突出；企业完全能够承受增长所带来的压力；企业开始分化出新的事业和组织。

处于企业生命周期不同阶段，企业采取的战略不同，因此所需要的人力资源角色也就不尽相同。

以企业生命周期四阶段为例：创业期（孕育期、婴儿期）、成长期

（学步期、青春期）、成熟期和衰退期，通过分析各个阶段企业的主要矛盾和特点，研究制定企业的人力资源发展战略。

1 创业期

创业时期的企业就是一个新企业的诞生过程，这个时期，企业的不利因素很多：产品质量不稳定，花色品种单一，产量低，市场占有率低，产品的成本高、价格也高，竞争对手少，管理水平低，属经验管理，管理不规范、企业缺乏资金，知名度低，企业人员少，人才少，没有明确的分工，常常是以一当十，人才使用的特点是高低配置，即：高级人才低位使用，因为是初创时期，大家不分彼此，名誉、地位、金钱对大家没有过多干扰，激励的主要来源是创业者的极大热情和雄心，极强的创新精神。这一时期人力资源战略的核心是：充分发挥创始人的人格魅力、创造力和影响力，注意利用“外脑”，向他人学习，向外单位学习；在工作中发现一批技术型和管理型人才，为以后企业向规范化、制度化方向发展打下坚实的基础；促进人才组织化，帮助员工设计自己的职业生涯。

2 成长期

这一阶段企业典型的特征是产品有市场，销售量也有增加，企业的生产人员和销售人员也大量增加；企业人员的增长、销售量的增加，使企业的规模迅速扩大，正因为这样的原因，企业的规章开始建立起来，企业的组织机构也开始明确，企业进入规范化管理阶段，企业有一定的创新能力和核心竞争力，顾客、社会开始关注这类企业，企业也开始注意自己的形象；企业在快速发展的同时，也存在大量的问题，结构脆弱，人才短缺，其表现是：低级人才高位使用，主要原因是：新进人员熟悉企业环境慢，不能迅速认可企业文化；技术人员不能赶上技术发展趋势，技术优势减弱；市场人员不能充分了解产品和市场情况，服务能力不足，市场竞争力差；管理人员难以行使有效的职能；开发个人潜能少，难以满足个人发展需要。这一时期人力资源战略的核心是完善组织结构，加强组织建设和人才培养，大量吸纳高级人才，让员工从事具有挑战性的工作，丰富工作内容，承担更多责任；根据市场法则确定员工与企业双方的权利、义务和利益关系；企业与员工建立共同愿景，在共同愿景的基础上就核心价值观达成一致；员工与组织的心理期望达成默契，在员工与企业间建立信任与承诺关系，实现员工的自我发展和管理。

3 成熟期

成熟期是一个企业一生中最辉煌的时期，规模、销量、利润、职工、市场占有率、竞争能力、研发能力、生产能力、社会认可度等都达到了最佳状态，但企业也容易得“大企业病”，即企业易骄傲自满、沟通不畅、滋生官僚主义、创新精神减弱。人力资源方面，出现高高配置，即高级人才高位使用。这一时期的人力资源战略核心是激励组织的灵活性，具体措施是建立“学习型组织”，提供企业发展远景规划，建立人力资源储备库，采取比竞争对手更为优秀的人才垄断战略；组织岗位设计分析，明确人员职责；加强针对性培训，解决老员工知识老化问题；激励手段多样化，吸引、留用企业所需人才；制定关键人力资源“长名单”（即企业在关键岗位上制定的二到三个层级的后备接替人名单），以防止关键人力资源跳槽或突发事件的发生。

4 衰退期

企业在衰退时期，管理不善，销售和利润大幅度下降，设备和工艺落后，产品更新速度慢，市场占有率下降，负债增加，财务状况恶化，职工队伍不稳定，员工士气不高，不公平感增强，对自己职业生涯发展期望值降低，敬业精神弱化，人才浪费严重，企业缺乏激励上进的组织气氛。企业的人力资源是低低配置，即低级人才低级使用。此时的企业有两种前途：要么衰亡，要么蜕变。此时的人力资源战略核心是人才转型，对职工后期发展出路给予指导，在新的领域进行人才招聘和培训，实现企业的二次创业。

企业在生命周期的不同阶段有不同的矛盾和特点，应采用不同的战略。概括而言，一般可将战略分为三大类：差异化、高质量、低成本。因此，相应人力资源战略的重心也会不同，采取的措施也有所不同，企业必须根据自身的条件，不断地解决这些矛盾，采取不同的人力资源战略，才有可能实现可持续发展。因此，我们可以将企业生命周期与企业战略和人力资源管理实践结合起来，作为对一个企业发展过程全面梳理的分析框架，也可以更清晰地展现战略人力资源管理的作用和角色。具体而言，如表 2.3 所示。

表 2.3　　与竞争战略一致的人力资源管理实践

初创期/成长期—创新战略—培养	
核心人力资源管理实践	相应的员工角色需求
高参与度	高度的创造性
模糊的工作分析	长期关注
外部来源	相对合作和相互依赖感
广泛的职业机会	适度地关注数量
过程和结果导向	适度地关注质量
长期导向	关注过程和质量
相同的团队标准	高度的风险承担性
部分职业安全感	接受不确定性
很多激励	
公平的报酬	
外部培训	
合作的劳工关系	

续表

转型时期—高质量战略—聚集	
核心人力资源管理实践	相应的员工角色需求
高参与度	相对的重复和可预见性
清晰的工作分析	长期关注
部分的外部来源	相对合作和相互依赖感
有限的职业机会	高度关注质量
主要是结果导向	适度关注产量
主要是短期标准	高度关注过程
相同的团队标准	低风险承担
部分职业安全感	对组织目标承担
部分激励	
公平的报酬	
外部培训	
合作的劳工关系	
成熟期/衰退期—成本战略—实用	
核心人力资源管理实践	相应的员工角色需求
低参与度	相对重复和可预见性行为
清晰的工作分析	相对短期关注
主要是内部来源	主要是自主的、个体的行为
有限的职业机会	适度关注质量
主要是结果导向	高度关注数量
主要是短期标准	主要关注结果
主要是个体标准	低风险承担
几乎没有职业安全	喜欢稳定
几乎没有激励	
等级的	
几乎没有培训	

借助5P模型更为概括的对于人力资源实践的分析框架，我们可以采用这样整合的分析框架，如表2.4所示。

表 2.4　整合的战略人力资源管理分析框架

企业生命周期	战略	人力资源				
		理念	政策	计划	规则	流程
初创型/成长型	创新	培养			领导角色	计划 招聘
转型	质量	积聚			管理角色	考核 福利
成熟型/衰落型	成本	实用型			操作角色	培训 开发

按照前面所描述的企业生命周期、企业战略与5P模型结合起来的分析框架，我们以对××单位的成长期分析作为一个示范。

××单位成长期的企业战略①：处于这一时期××单位不得不采取一切办法学习国内外的先进技术从而提高自身的技术水平。同时为了避免竞争，××单位开始试图尝试所处技术领域中国内尚无人问津的领域。另外，为了吸引客户，××单位的产品价格仅为国外相同产品价格的一半。

××单位成长期的人力资源状况分析

人力资源理念方面。技术水平有待提高的现状使得××单位意识到了人才的缺乏。而人员的流失使得××单位人员结构非常不合理，这时候××单位意识到留住人才的重要性。

人力资源政策方面。这一时期，××单位经历了无数坎坷，经过市场激烈地竞争，使得××单位更加迫切地需要技术人才。重视人才开始被××单位认同。

人力资源计划方面。每年××单位可以从一些重点院校分配到许多专业对口的优秀大学毕业生、大中专技术人才。期间，××单位还曾跟某中等专业技术学校定向培养了一百余名中专技术人才。

人力资源规则方面。这一时期，领导、管理和操作角色开始明确。

① 此处删去了与行业分析有关的部分。

××单位的最高领导也由上一时期的国家统一指派转变为了内部培养。

人力资源活动过程方面。这一时期，××单位每年都能从一些重点院校分配到许多专业对口的优秀大学毕业生、大中专技术人才。分配来的员工基本上是哪里有空缺就安排到哪里。由于人力资源理念的出现，××单位也开始了绩效考核，薪酬体制改革。根据员工的绩效在工资的基础上增加了奖金的发放。但由于××单位主要是以研发为主，可以被支配的奖金数额有限，所以这一时期奖金在员工收入中所占比例较小。为了留住人才，××单位也开始将本单位部分有突出贡献的员工家属调动至本单位工作，这可以算是当时最直接的留人政策。

匹配性和一致性分析：××单位是一家以研发为主的企业，所以技术人才是××单位人力资源理念中最重要的。××单位一贯认为只有技术人员才能使企业的研制水平得到提高，得到发展。

为了吸引客户，××单位的产品价格仅为国外相同产品价格的一半。但是这种价格的优势主要是由于我国原材料市场价格相对于国外较低实现的，通过人力资源管理方面来实现价格优势在这一时期并没有特别明显的体现。

这一时期，××单位意识到了人才对企业发展的重要性，并采取调动家属到本单位工作的方式来留住人才，这种措施在当时的确起到了一定的效果。但是仅仅靠这一政策来留住人才是不够的。

基层部门的整合也使得××单位在人员配置上避免了不必要的浪费。将医院、宾馆这类配套服务的后勤部门社会化，减轻了××单位的负担，使得××单位的人员结构更加合理，更适合××单位发展的需要。××单位的这一举措减少了××单位一些不必要的支出，为××单位能以低于国外同类产品一半价格出售给用户作出了贡献。

由于技术人才的缺乏，在招聘方面××单位逐渐开始重视学历的要求。但是，××单位的这种招聘造成了严重的“只重学历，不重能力”的倾向。而且××单位也一直没有人力资源规划和岗位、职位分析，哪里有空缺就把分配来的毕业生安排到哪里。

这一时期，大量外企的进入、私企的出现使得人才市场开始出现了竞争。加上下海的诱惑，一些技术人才面对××单位毫无竞争力的薪酬待遇选择了辞职。这一时期，××单位人才流失严重，人员结构也变得极其不合理。但是，××单位并没有根据市场的变化采取相应的人力资源管理措施。

第4节　针对企业现状的战略人力资源管理分析框架

结合企业生命周期的战略人力资源管理分析框架更强调在时间维度上纵向对企业的战略人力资源管理工作进行梳理，而针对企业管理现状，如何进行战略人力资源管理的分析呢？或者说，如何检验或评判当下企业的战略人力资源管理工作呢？我们建议分三个步骤：

第一，根据公司战略确定企业的关键成功要素，也就是影响战略能否成功的核心点。例如，以一家高级商务酒店为例，公司战略要提供特别的、全面顾客满意的服务，其关键成功要素就包括：直接提供全面服务的人（私人管家），无缺陷服务，声誉，团队合作。

第二，梳理公司在组织结构、人力资源、文化和领导方面的管理特点，分析这些特点与关键成功要素是否配合。其中人力资源管理方面可以按照不同职能进行更为具体的实践特点总结，而其他方面则相对比较概括。对于匹配一致程度的判断则以正负或者具体评价数值代替。仍以上述酒店为例，可以作出图表来帮助分析（见图2.3），其中，一致程度是指相应的人特点对关键成功要素的影响，正号代表有促进作用，0

代表无影响，负号代表阻碍作用，每一纵列代表对一个关键成功要素的影响，需要注意的是，当用数字来进行表示的时候，一定要包括负数和零，例如从 -3 到 3 这样的 7 刻度区分法，因为只有这样才能表现出所分析具体实践与关键成功要素之间三种情况（促进，阻碍，不相关）。

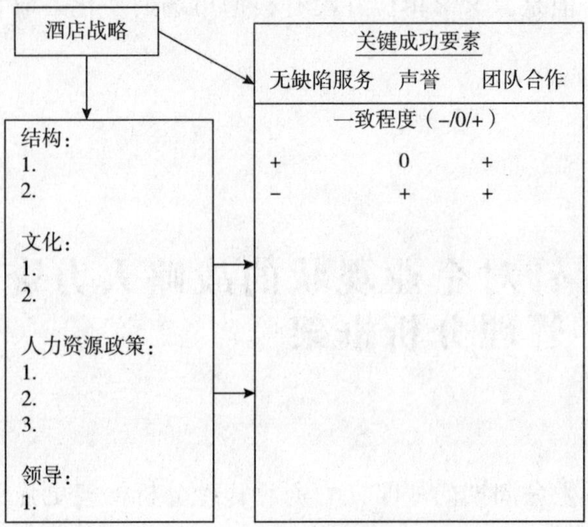

图 2.3 战略人力资源管理匹配程度分析图

第三，主要研究一致程度的衡量结果，从三个方面来进行分析。首先对每一纵列进行分析，如果负号多，说明公司管理体系对这一关键成功要素没有很好的支撑，这预示着战略成功将受到相当的阻碍，这一关键要素会成为最短的木板；再横向来看某个具体实践与不同关键成功要素之间的匹配性，如果某一横行负号多，则说明公司急需对这一实践进行改革，否则对战略实施也会有相当大的影响。最后，还可以将不同管理子系统按照模块为单位进行分析，比如人力资源管理模块，如果在这个区域内符号既有正号，也有负号，则说明子系统内部存在不一致的现象，也要及时修正和调整。这样综合起来，我们就可以结合公司战略来评价战略人力资源管理工作了。

无论是从权变观出发的纵向战略人力资源管理分析框架（结合企业

生命周期的整合的5P模型)，还是从解构观出发的针对企业现状的战略人力资源管理分析框架，都是对企业战略实施的一次系统体检，这种分析特别适合在组织出现战略、价值观和高层管理者的重大变化时进行，系统分析的根本目的是找出存在的不适应、不匹配、不一致的地方，从而有针对性地进行调整，继而实现整个管理体系的协调运行。战略人力资源管理的结构化分析，还可以为组织的战略人力资源管理决策提供依据，结合公司的战略和文化价值导向，在基本战略人力资源管理决策方面有效决策，从而为具体的人力资源政策和手段奠定基础。

CHAPTER

第三章 人力资源用人模型

第1节 人力资源三种用人模型

美国管理学家 D. Lepak 和 S. Snell（2002）从工作特性以及雇佣模式的角度对人力资源策略类型进行了划分。雇佣模式可以分为组织对于某类人力资源是自我投入加以培养，还是从外部采购，或者还是与其他组织共享等。第一种可以看作是内部化，而后两种则可以看作是外部化。公司和内部员工应该努力发展一种关系型心理契约，而对外部员工应该努力发展一种交易型的心理契约。关系型心理契约的特点是长期导向、相互忠诚，员工的组织承诺高、感情投入高；交易型心理契约的特点是短期导向，员工的组织承诺低，而流动性较高。

内部化或外部化的雇佣模式选择要与企业的战略相符。美国马里兰州大学学者 David Lepak 和 Scott A Snell（1999）从企业的战略角度出发，对不同类型的人力资源（知识性员工、贡献性员工、一般性员工、特殊性员工）采用了不同的雇佣模式，构建了人力资本混合雇佣模型。即按照人力资本的价值性和独特性将企业的雇佣模型分为了四类：知识型雇佣、基于工作型雇佣、合同型雇佣和联盟/伙伴型雇佣。

企业在雇佣市场上挑选雇佣对象时必然会考虑其对企业的价值贡献。如果某人力资源对于实现组织目标十分重要，那么组织就有动力进行内部化；相反，如果某种人力资源对于实现组织目标并非十分重要，那么组织进行内部化的动力就会减少，转而从事外部化。

另外，这种雇佣对象在雇佣市场上是否是稀缺的，即他的独特性，也在很大程度上影响组织的雇佣模式。如果雇佣对象在雇佣市场上是充足的，那么对于企业而言就没有自我投入资源加以培养的动力；相反，如果雇佣对象在雇佣市场上是稀缺的，那么企业就会有更强的自我投入资源加以培养的动力。

根据 Lepak & Snell 的研究，依照雇佣对象工作对组织目标实现的价值性和独特性，可以将组织的人力资源类型划分为四种：高独特性/高价值性，高独特性/低价值性，低独特性/高价值性，低独特性/低价值性。

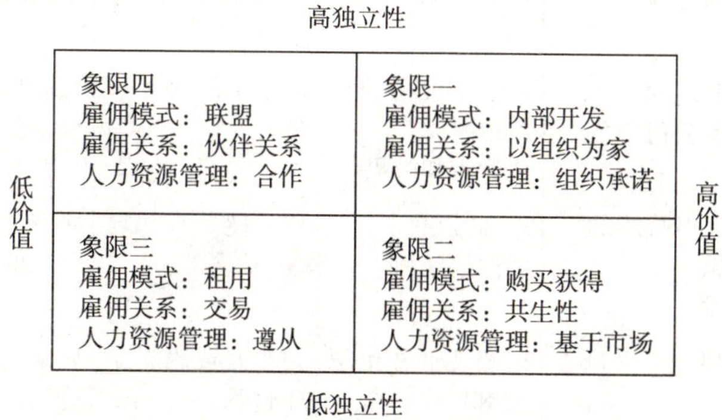

图 3.1 人力资本雇佣四种模型

在雇佣和开发实践中，企业可对上述四种不同类型的人力资本采取不同的雇佣模式，建立不同的雇佣关系，并且对他们进行差别化管理，具体的管理模式如表 3.1 所示。

表 3.1 对不同人力资本的差异管理

内容	核心人力资本	通用型人力资本	辅助性人力资本	独特的人力资本
价值	高价值：直接与核心能力相关	高价值：直接与核心能力相关	低战略价值：操作性角色	低战略价值：与核心价值间接联系
独特性	独一无二：掌握了公司特殊的知识和技能	普遍性：普通知识和技能	普遍性：普遍性知识和技能	独一无二：特殊的知识和技能
雇佣方式	知识工作	传统工作	合同工	伙伴
雇佣关系	组织为核心	以工作为核心	交易	合作

续表

内容	核心人力资本	通用型人力资本	辅助性人力资本	独特的人力资本
人力资源管理系统	以责任为基础的人力资源管理系统	以生产率为基础的人力资源管理系统	以服从为基础的人力资源管理系统	合作的人力资源管理系统
工作设计	授权、提供资源 因人设岗	清晰定义 适度授权	准确定义 圈定范围	团队为基础 资源丰富/自主
招募	根据才能 内部提升	外部招募 根据业绩	人力资源外包 为特别的任务招聘	能够合作 根据成绩
开发	在职培训 具有公司特色	局限于公司的具体情况 关注短期效果	局限于规章、流程	在职培训 根据公司具体情况
考核	关注对战略的贡献 开发	培训效果 关注绩效	服从性	团队为核心 目标的完成情况
薪酬	外部公平（高工资） 为知识，经验、资历付薪 持股	外部公平（市场比率） 为绩效付薪	按小时或临时工作付薪	团队为基础的激励合同，年薪，为知识付薪

资料来源：来自彭剑锋的《战略性人力资源管理》讲义。

如果从企业用人哲学的差异进行区分，在管理实践中，可以总结出三种人力资源用人模型：即承诺模型、交易模型和混合模型。

劳动力承诺模型：在员工关系上比较长远并注重在企业内开发社会和智力资本；劳动力交易模型则通过在组织内最小化工资和福利开支，维持最低的交易和雇佣水平；混合模型则对企业员工区别对待，核心员工采用承诺模型，非核心劳动力采用交易模型。承诺模型在相当长一段时期是中国企业人力资源雇佣的主体，但是随着市场经济的引入和发展，交易模型开始在中国企业出现，由于不是从无到有的一个诞生过程，在这种变化过程中，许多企业的用人模型体现了混合的特点。

劳动力承诺模型和交易模型的不同如表 3.2 所示。

表3.2　不同人力资源用人模型的比较

内容	承诺模型	交易模型
哲学	培养 MAKE	购买 BUY
目标	最大化员工授权、质量、工作分配的灵活性	通过最小化“所有”形态最大化雇佣灵活性
人力资本开发责任	企业和员工共同承担	员工自己承担
外包选择	非核心的工作	大量的外包和流动
雇佣关系重点	长期，员工是企业运作的资源	短期、工作导向、成本
产品市场波动的经济风险	共同承担	员工自身承担

两个模型最大的不同体现在用人哲学的差异上，培养哲学和购买哲学导致了对人力资源态度和管理方式的截然不同。有一些知名企业就将“来了就为我所用”作为自己的用人理念，这就是典型的交易模型的态度。所以在企业界也曾经出现某个企业为了获得最需要的员工，出钱买下那位员工所在企业的特殊事例。

在承诺模型下，由于企业和员工是长远的共同开发资本的关系。所以它可以最大化员工的授权，在工作分配的灵活性上非常好，一些企业工作职责内容相对模糊的工作也可以找到愿意并且能够完成的人。但是在交易模型下，通过最小化所有的形态提高了雇佣的灵活性（可以随时到人力资源市场上寻找自己需要的人才），但是工作分配的灵活性不好，经常出现“购买”回来的人才在工作职责和内容上斤斤计较，格外强调边界意识的现象。

在承诺模型下，人力资本开发是员工与企业共同承担，企业会做很多的员工培训开发工作。而交易模型下，员工自己就需要不断地学习以使自己增值，因为自己的使用价值越高，在人力资源市场上的价格就越高。

在交易模型下，企业能外包的工作会尽量外包，而承诺模型下，只可能将边缘工作外包。以前提到非标准化员工的时候，一般都指低层次的，技术含量较低，简单操作的岗位才会使用非标准化员工。但今天很多企业把研发工作都进行外包，他们将研发的大系统拆分成小模块外包出去，或者从人力资源中介机构租赁技术人员进行研发工作。

承诺模型在雇佣关系方面强调长期，但不是终身。而交易模型则是短期的、你买我卖、你来我用的关系。交易模型是典型的任务和工作导向、成本导向的雇佣关系。

一旦外部市场有波动，行业遇到了经济周期的不景气，承诺模型由企业和员工共同承担风险，交易模型是员工自己来承担，也就是企业会通过直接裁员的方式来做出反应。

这个特点在某些行业非常明显，如果将行业中企业的销售数字曲线和员工人数曲线画在一张图里，经常可以看到有一年时滞的非常相近的两条曲线。这就是典型的交易模型的特点。在遇到不景气的时候，采用承诺模型的企业则是另一种截然不同的反应方式。

例如，安捷伦自2001年经历了两次较大规模的裁员，员工的士气和敬业精神却没有受到大的影响，相反公司因其人性化的裁员在业界赢得了声誉。安捷伦（Agilent）最出名的故事刊登在2002年2月号的美国《财富》杂志上：2001年10月，已于三周前接到了解聘书的安捷伦员工谢里尔·韦斯，在正式离职前的最后一天晚上却仍然在加班，直到晚上9点半才依依不舍地离开了办公室。在这篇报道的导语里，《财富》提出了一个所有公司领导人都希望获得答案的问题：如何在削减工资并裁员8000人的情况下仍然使员工热情不减？答案就在于公司处理裁员问题上体现了公司以人为本的企业价值观。裁员前安捷伦公司采取了很多挽救经营下滑的举措，让员工体会到裁员是公司不得已但又不得不做的下策。安捷伦作为一家高科技跨国企业，在整个经济下滑的市场环境中也受到相当大的影响，其销售业绩开始大幅度下跌。当“裁员风暴”开始席卷全球的时候，全球拥有4.8万名员工的安捷伦为了避免裁员而实行了“全员减薪”，全球安捷伦员工降薪10%。同时为了压缩成本，还减掉了50%的差旅费和70%的打印机与计算机采购费用。但是，尽管采取了这么多措施，还是没有抑制住安捷伦持续下滑的经济形势，裁员似乎就成为了最无奈的解决方法，安捷伦不得不走上了裁员这条路，决定裁员8000名。对于具体部门的裁员标准，在具体确定某个部门的裁员名单的时候，不是由各地区的人力资源部或者各地区的老板决定，而是根据电子档案来决定，人为的因素几乎没有。安捷伦在进行人力资源管理的时候，是实行电子档案管理。每一位员工的基本资料以及能力测评和工作状况，都是由部门的业务经理同员工一起完成后输入电子档案的。因此裁员的标准就显得公正、公平。而对被裁人员的尊重与关爱是全方位的，安捷伦给裁减员工丰厚的补偿；公司不把即将离职者的消息告诉外界，公司的主管甚至会将此事瞒着其他员工，以免即将离职而在同事当中被另眼相看；积极为离职员工写推荐信，并与著名的人力资源咨询公司DBM签了一份合约，为全球所有即将离职的安捷伦员工提供就业指导，帮助员工迅速重建信心和能力。

安捷伦公司采取的方式符合承诺模型的哲学导向，也诠释了承诺中承诺的真正含义。

也许有人会说，承诺模型更以人为本，对员工有更多的关注，在管理实践中，承诺模型的确可以为组织带来员工较大的忠诚度，较大的工作分配灵活性和加班的意愿。而且在管理中，激励更容易起作用，培训成本也得到组织智力资本和社会资本增加的回报。但其实两种用人模型并无好坏之分，企业选择不同的用人模型的根本是源于其人力资源的理念不同。

承诺模型本身也有不能回避的缺点。首先是对劳动力多样需求的风险。由于长期雇佣的导向，企业在成长过程中随着业务成长会有更多种技能和更高技能的需要，尤其是进入新产业新领域的时候，这时，现有人力资源队伍的技能差距或者技能缺失就不能为企业的发展提供必要的人力资源。如果冒着危险实施外部配置，还有外行指挥内行的风险。同时在承诺模型下，那些技能跟不上组织发展的员工，组织又很难处置。而承诺模型下，员工对组织的忠诚，也可能带来影响组织成长和发展的阻碍。由于忠诚，不愿意也不承认组织存在的不足或缺陷，从而使组织的创新受到限制。如果组织的上上下下都不去发现组织的问题，都不愿意正视组织的问题，这个组织的自发展机制就被人为的切断了。

中国的企业在改革开放前多数都是承诺用人模型，但是改革开放中变革的环境和需要使得承诺模型的缺陷更多地显现出来，因此，许多企业就走向了交易模型。但是交易模型对于组织长远发展的约束，以及传统文化价值观中对忠诚的需要又使许多企业不适应交易模型的思维方式。但是激烈的竞争要求企业的人力资源系统既要具备应对环境变化的弹性，又需要维持核心员工的稳定性，这促使许多企业除了以传统方式雇佣员工外，逐渐更多地使用外部临时员工，形成了混合雇佣的现实。这些企业试图获得混合人力资源管理的两种基本用人模型——承诺模型和交易模型的综合收益。在具体实践中，承诺模型通常通过标准雇佣的方式来加以实现，而交易模型则通过非标准雇佣的方式来实现。

标准的雇佣（通常为全职）被描述为：对于持续雇佣和被雇佣者的工作以及考核是相对稳定的，有一个固定的进度表，被雇佣者与组织共同开发社会及智力资本；非标准雇佣（合同工或者临时工）则通过以市场为基础的人事代理机构雇佣或者租赁临时工来实现成本节省和雇佣的灵活性。许多组织使用非标准化的雇佣来适应环境的动荡。许多学者分别研究了这两种模型的各自优点，比如 Quinn（1996），Snow，Miles 和 Coleman（1992）对交易模型的优点进行的分析就指出，降低管理成本，增加人力资本的灵活性，以及满足了组织对劳动力的需求和在员工类型和数量方面的处置权，而 Hamel 和 Prahalad（1994）则对承诺模型的优点总结为可以拥有更稳定的技术和能力储备，有更强的对人力资源协调和控制的权利，员工的社会化程度高，内部交易成本较低。

混合模型的优点非常直接，第一是节约成本，通过对非核心员工的非标准化雇佣，节省劳动成本。第二是风险规避。通过非标准化雇佣的用工形式形成一道防火墙，规避有可能产生的劳动风险和法律风险。

对员工混合雇佣时候的分类标准，许多企业采用的是核心员工和非核心员工的语句。这个语句明显具有价值导向内涵。也正因为核心二字，许多企业的混合模型引起了士气问题。因为中国人归属感比较强烈，很在意自己是不是在一个组织里，并成为组织中真正的一员。当被说到自己是非核心员工的时候，给人感觉是被边缘化了，是游离在这个组织之外。因此，与组织之间的关系就变得微妙起来。

在混合雇佣中，又存在着水平混合和垂直混合两种形式。垂直混合是以组织的层次作为划分的边界，某一层次之下都是非标准化，之上都是标准化员工。有些企业对这种情况使用岗位分工来进行区分，也就是某些岗位是标准化员工，而另外一些岗位是非标准化员工。水平混合则是指在同一岗位上，既有标准化员工，又有非标准化员工。这种混合，就容易出现冲突。同一个岗位，不同的身份，工资、福利、待遇都有区别，引发冲突。

例如国内某家企业采用的水平混合雇佣的用工方式，在某年年底过节前单位决定给员工发一桶油作为福利。在发油的时候所有标准化员工都去领，而非标准化员工按照规定没有这个小小的福利，非标准化员工感觉很不舒服。后来管理者意识到这是个问题，干的是一样的活能不给吗？第二年改进了，标准化员工领两桶油，非标准化的员工领一桶。情况肯定没有得到改观，原因是什么，根本上在于管理者依然没有岗位管理的意识，还是身份管理的思路。在这个案例中，身份不是制约待遇的因素，而是管理者的思维方式造成了那样尴尬的结果。

第2节 中西方人力资源管理混合雇佣形式的比较

20世纪70年代至今，由于经济的全球化、技术的快速变革、竞争环境的日趋激烈，环境对组织柔性能力的要求使人力资源在当代成为组织最重要的资源。在动态不确定的环境中，伴随着组织形态的多样性演变和人力资源管理相应的创新，组织的人力资源雇佣模式在发生着深刻的变化。传统以内部化为主导的人力资源雇佣模式渐渐失去了其原有的成本和效率优势，而逐步被多样化的雇佣模式所取代。随着改革开放和全球化的进程，中国企业正面临着前所未有的激烈竞争，因此能够提高效率，并能顺应市场的雇佣形式就显得日益重要。许多中国企业逐渐打破了传统的终生雇佣的模式，并伴随着外部宏观上人力资源市场的形成，大量中国企业逐渐地进入了混合雇佣模式。

1 混合雇佣的内涵

传统雇佣形式（又称内部正式雇佣形式）是指企业对各类用工都采用合同形式作正式的长期雇佣，并发生所有的如工资、福利、培训开发和管理等相关费用，受雇人员认同自己为企业的正式一员，并产生相应的工作行为。新的雇佣形式出现于20世纪80年代后期，随着技术的日新月异、消费者需求的瞬息万变，以及各国经济环境时好时差，出现了大量的企业重组、兼并或调整活动。美国许多企业开始更多地雇用临时工（又称应急工）或租赁员工，以备偶然或临时之需，这一方式逐渐成为企业人力资源使用的正式途径。应急工成了美国人数增长最快的劳动力，其数量增长比全部劳动力增长快3倍，1992年新增的就业机会只有一半是全日工。这种雇佣形态被称之为雇佣外部化。

标准的雇佣（通常为全职）被描述为：对于持续雇佣和被雇佣者的工作以及考核是相对稳定的，有一个固定的进度表，被雇佣者与组织共同开发社会及智力资本（Kalleberg，Reskin，and Hudson，2000）；非标准的雇佣（雇佣外部化）则是通过以市场为基础的人事代理机构雇佣或者租赁临时工来实现成本节省和雇佣的灵活性。许多组织使用非标准化的雇佣来处理环境的动荡。

Quinn（1992），以及Snow、Miles和Coleman（1992）等人讨论了外部化雇佣的好处：①降低管理成本；②满足组织对劳动力的需求；③增强组织人力资本成本的可变性；④强化组织在使用员工的类型和数量上的处置权。

由于内、外部化雇佣形式互有利弊，且企业在实践中很少单一采取某种雇佣形式，也因此形成了混合雇佣的形式。混合雇佣在全世界的迅猛发展是有其深刻原因的，在中国，尤其是改革开放以来，它的迅速发展还有其制度层面的深刻原因。首先，由于历史因素，再加上中国处于经济转轨时期，它在解决城市居民就业农村剩余劳动力转移以及缓解城市贫困方面发挥了积极的作用。其次，灵活的雇佣机制顺应了市场经济对劳动力市场的需求，是劳动力市场中劳资供需双方均衡的结果。下岗失业人员数量的变化、进入城市的外来经济活动人口决定着提供大量的劳动力供给，同时新增许多工作岗位的需求，这使多种就业途径与岗位得以结合，形成了人力资源管理实践中的混合雇佣形式，也有称之为双轨制的人力资源雇佣形式。

2 西方混合雇佣形式分类

西方的雇佣形式非常丰富，而且很多情况下难以用统一的定义将各种雇佣形式加以划分。尤其是对“暂时性雇佣”（contingent employment）和“备选雇佣”（alternative employment）的解释更是众说纷纭，但是，众多解释背后蕴涵的基本意义是相同的。

在 Daniel G. Gallagher 和 Magnus Sverke（2005）的文章中，将西方的雇佣形式分为传统或者核心员工（traditional or core workers）、暂时性员工（contingent workers）和备选员工（alternative arrangement）。根据 David Nemark 和 Deborah Reed 对 2001 年美国人口普查的分析，被调查人口中有 7.9% 的暂时性用工和 9.36% 的备选用工。

标准员工：标准（核心）员工是指那些有约定或者有理由认为自己的工作是可持续的一部分员工，这部分员工中有长期的全职员工，也有长期兼职员工。虽然兼职员工往往被认为是暂时性雇佣的一部分（Feldman，1995；Tregaskis et al.，1998），但是大多数兼职工作都以长期的雇佣关系为基础（Barling，Gallagher，1996）。

非标准员工：在标准或核心员工的研究上，学者们分歧很少。但是在对非标准员工的研究上，由于各国情况不同以及时代差别等因素，不论在用工模式的词汇上还是具体涵义上都有所差别。例如，仅仅关于非标准雇佣的称谓就有很多种，如非传统雇佣关系（Ferber & Waldfogel，1998），弹性雇佣安排（Abraham，1988；Houseman，1997），弹性工作实践（Brewster et al，1997），非典型雇佣（Cordova，1986；Delsen，1995；DeGrip et al，1998），外围雇佣（Summers，1997），弱势员工（Tregaskis et al，1998），不确定雇佣（Treu，1992），一次性工作（Gordon，1996），新型雇佣（Bronstein，1991），暂时性雇佣（Polivka & Nardone，1989；Belous，1989）等等。

对全球非标准雇佣模式的分类研究较为细致深入的是 Arne L. Kalleberg，他将非标准雇佣模式雇佣分为兼职就业，劳务中介，临时雇佣，暂时性雇佣和独立的合同工。

①非全日制雇佣。由于各国法定周工作时间不一，故对非全日制就业的界定略有差异。

例如日本、美国、瑞典、澳大利亚等国规定周工时不满35小时为非全日制就业；挪威则是周工时不满37小时；芬兰、马来西亚为周工时不满30小时为非全日制就业；在法国，非全日制指其工作时间与法定周或日工作时间相比至少少1/5；西班牙的定义则是，每日或每周工作的小时数或天数之和少于正常工作时间的2/3。

国际劳工组织对非全日制就业的定义为：非全日制就业是指其正常工作时间少于可比性全日制正常工作时数。其对非全日制就业的注释则很有概括性，即：非全日制就业是指少于法定的、集体合同规定的或惯例的工作时间的就业。

鉴于每个国家对非全日制就业都有自己的界定，所以经合组织为其成员国开展了协调数据的工作，使用30小时这一切点作为界定分界线，以便于对非全日制就业情况的国际比较。

值得注意的是，在国外，选择非全日制就业的劳动者并非皆是用人单位的非正式雇员，有相当一部分是正式雇员。

②兼职雇佣。兼职工作的定义方式在不同国家有所不同，在美国、加拿大、英国、德国等西方国家多是以工作时间长短来定（Thurman & Trah，1990）。

兼职就业在法国、澳大利亚居多。即劳动者在同一时期与几家单位签订工时长短不一的劳动合同，将工作时间分配使用于各单位。兼职就业人员主要是白领阶层，多为高级管理人员，专业技术人员，而其周工时普遍能达到甚至超过法定全日制就业标准，所以基本享有与全日制就业劳动者同等的法律权利与义务。

Houseman & Osawa在1998年的调查研究表明，20%～30%的所谓兼职工作在工作时间上与全职工作是相同的。兼职工作在大部分西方国家中成为非标准用工的主体，如美国每5个工人中便有一个兼职工人（Arne L. Kalleberg，2000）。

③劳动中介雇佣。劳动中介雇佣指员工只和劳务中介签订合同，并

不和用人单位发生直接关系。劳动中介可以分为临时工中介，劳务租赁和承包公司。

其一，临时工中介雇佣。临时工中介并将其派遣到客户工作地点完成工作，临时工中介的角色是招募选拔员工，有些提供培训，支付员工工资，担当社会保险等企业责任。临时工中介机构在 20 世纪 70 到 80 年代有了飞速的发展。同时，很多临时工中介机构演化成为企业人力资源系统的外围机构，其员工的临时性工作也向签有长期合约的临时性工作转变（Arne L. Kalleberg，2000）。临时工中介公司包括 Accountemps，艺珂（Adecco），万宝华（Manpower），Office Team，任士达（Randstad）等等。Accountemps 是专门提供金融会计领域专业员工的中介机构；艺珂、万宝华等提供全方位人才招募以及人才派遣服务，涉及高层管理人才、行政管理、财务金融、工程科技、长短期劳务派遣等各个领域。

其二，劳务租赁。劳务租赁又称劳务派遣，劳务派遣（租赁）是用人单位根据工作需要，通过专业劳务派遣机构租用人才的一种新型的用人方式，也是一种全面的高层次的人事代理服务。专业劳务派遣机构与用人单位签订劳务租赁协议，与派遣人员签订劳务派遣协议和合同。又有相关文献提到，在发达的市场经济国家，劳动派遣公司实质就是短期就业的中介机构，与众多的企事业单位建立劳务代办合同，为其输送急需或所需人才（袁铁铮，2001）。

派遣就业又分两种形式：雇用型派遣就业劳动者与派遣公司签订就业合同，属派遣公司的正式员工，不断地被派往公司的客户单位，为其提供相应的劳务服务。这种形式的派遣公司必须手中握有一定人才，因此成本较高，但为了能及时满足客户单位的用人需求，即便成本较高也要酌情而为。登记型派遣就业劳动者不是派遣公司的正式员工，但登记在册，当有合适工作被公司派往客户单位时，按用人单位的使用时间与派遣公司签订劳动合同。这虽也是一种临时性的短期就业，但劳动者在派遣公司登记备案，就业概率大。很多劳动者就是通过派遣公司达到自己间断性短期就业目的的。

以上两种类型的派遣就业，劳动者皆是派遣公司的员工，与派遣公司发生劳动关系，派遣公司按法律规定对其承担雇主的大部分义务，主要是工资、社会福利等方面的非生产性义务。其他如工作场地、生产工具、生产安全等生产性职责由客户单位承担。派遣劳动者与客户单位员工一道工作，在日常工作方面接受客户单位的生产指令、监督及管理。

其三，承包雇佣。承包雇佣指一个或几个劳动者承包一项工作，与发包单位签订承包合同，以工作量定报酬，工作地点或在发包单位或在其他地方，生产工具、原材料多由承包方负责。这种就业不发生劳动关系，只是劳务的提供，劳动者不接受发包单位的劳动人事管理和生产指令。承包公司则由过去单纯的工程外包演化而来，它的员工可能在客户方工作，也可能仍在承包公司工作而只向客户方交付成果（Purcell & Purcell，1998）。

④临时雇佣。企业直接雇用临时工的形式包括与雇员签订固定期限合同，或者“随叫随到”形式的雇佣（on - call basis），也有学者认为（Summers，1997），如果如此定义临时工的话，那么美国几乎所有的雇佣都可称之为临时雇佣了。

其一，固定期限合同雇佣。用人单位根据生产、经营情况与劳动者签订有一定雇佣期限的短期劳动合同，亦称有期劳动合同。合同期间劳资双方必须遵守有关法律规定和合同内容。劳动报酬基本是参照同类工作的正规雇员水平而定，并在生产、业务方面在与同类工作的正规雇员一道接受雇主的生产指令与监督管理。为保护劳动者利益，防止雇主利用短期就业频繁解雇员工以降低人工成本，国外政府普遍对短期就业有时间规定。例如，德国政府规定：短期就业的时间上限为 24 个月，如合同期限合计为 24 个月，允许更新两次；法国政府规定短期劳动合同的时间上限原则为18个月，如合同期限合计不超过18个月，允许更新一次；1998年前，荷兰对短期就业合同无时间限制，1998年有关法律修订后，规定短期就业合同期上限为3年，合同终止后三个月内允许更新两次，但合同期总计不得超过三年。

其二，季节性就业。在国外，林业、渔业、运输业、旅游业、餐饮业等业务量受季节影响的行业为降低人工成本，大量雇用季节工，而很多劳动者也愿意每年集中一段时间就业，其他时间自由支配。劳动报酬由劳资双方协商而定，但季节工一般劳动强度大，工资较高。

其三，待命就业。以这种方式就业的劳动者多属蓝领阶层，在美国、英国最常见。即劳动者与用人单位在半正规的基础上，就工作内容、劳动条件、劳动报酬等签订一份协议，协议对工作时间不作明确规定，劳动者不是每日去单位，而是随叫随到，完成临时交付的任务，主要是在企业繁忙期或为顶替因病缺席的员工提供数日或数周的劳务。这种就业方式也称作传呼就业。

其四，内部临时工。还有一种内部临时工（In－house temporaries），指由用工企业直接雇佣，以满足短期或者可变的工期需要。企业采取这种雇佣形式主要是出于雇佣弹性和劳动力成本考虑，但内部临时工也可以成为未来正式员工的来源（Parker et al.，2002）。

⑤暂时性雇佣。暂时性雇佣的定义还多是采用Polivka和Nardone在1989年的定义，即指员工从事的工作既没有事先约定的又没有心理预期上的长期持续性，同时最低工作时间没有系统化规定的雇佣形式。它与临时雇佣和兼职工作等非标准用工形式都有交叉点。

⑥独立合同工。独立合同工（independent contractors）。独立合同工所涵盖的职业非常广，包括从体力劳动者到软件和工程应用的诸多领域里都有独立合同的用工形式。（Ang，Slaughter，2001；Carnoy et al.，1997）。独立的合同工实际上不属于雇员的范畴，他们在工作上有较大自主权，但同时也承担一定的风险，他们只对最终提交的产品或者成果

负责（Rebitzer，1995；Summers，1997）。

⑦备选雇佣。备选雇佣是指一种“弹性”的用工安排，包括劳务外包（outsourced work）、劳务分包（subcontracted work）、顾问合约（consultant firm）三种形式。

外包是指将过去由本公司完成的工作交由外包合约的另一方完成（Greer et al.，1999）。分包是指工作被转移给另一个组织完成，这时具体的工作既可能在客户项目所在地也可能在其他地方完成（Purcell，Purcell，1998）。顾问合约是指为完成某一特定项目而与专业的顾问公司签订的顾问合同，其中顾问公司包括埃森哲（Accenture），Capgemini，普华永道（PricewaterhouseCoopers）等等。

⑧远程雇佣。这是一种因信息技术和电子通信技术飞速发展应运而生的崭新的就业方式。最初（20 世纪 90 年代）是英国的施乐、ICL，美国的 IBM 等实力强大的计算机数据处理公司为吸收和留住那些尖端人才，为他们提供能在居住当地或家里工作的终端设备，让其远距离为公司服务而开创了远程就业先河。之后，日本的富士通、法国的数据设备公司、美国的数据公司等也纷纷效仿这种做法。但当时这些大公司对远程就业地域利用范围很有限，也只是在公司活动中心外围。然而，随着全球经济一体化进程的加快，市场竞争日趋激烈，一些跨国公司为了降低成本，开始利用卫星网络、海底电缆和光缆技术将其一部分工作分散到人工成本低的发展中国家，进一步扩展了远程就业的距离范围。根据国际劳工组织的一份研究报告，远程就业可以这样界定：“利用综合服务数字网、计算机、传真机、可视对讲机、便携式电话、打印机等现代通信工具在远离中心办公室或生产场所完成工作，劳动者与其他的同事没有面对面的接触，但能通过使用新技术进行交流。”

综上所述，可以看出，国外对混合雇佣形式的界定不很清楚，各分类中出现了重叠的现象。以上雇佣合同类型可用如表 3.3 总结。

表 3.3 西方混合雇佣形式总括

企业员工类型	雇佣形式	雇佣形式分类	合约关系
核心员工	标准雇佣	长期全职	公司正式员工，同公司签订
暂时性员工	非标准雇佣	长期兼职	公司非正式员工，同公司签订
		非全日制雇佣	公司非正式员工，同公司签订
		兼职雇佣	享有正式员工的权利和义务，同公司签订
		劳动中介雇佣	非公司员工，同中介公司签订
		临时雇佣	公司非正式员工，同公司签订（其中待命就业不签订合约）
备选员工		独立合同工	非公司员工，独立合同
		劳务外包	非公司员工，同外包公司签订
		劳务分包	非公司员工，同分包组织签订
		顾问合约	非公司员工，同顾问公司签订
—		远程雇佣	—

3 中国混合雇佣形式分类

国内对混合雇佣模式的研究还比较少，对混合雇佣模式的研究主要集中对混合雇佣模式的理论述评（陈丽君、沈剑平，2002），在按照人力资本的独特性和价值高低区分核心和非核心员工（陈丽君、沈剑平，2002）或者称之为内核员工与外圈员工（陈晓波，2003）后，提出了差异化人力资源管理的各种建议（詹婧、朱必祥，2005），包括薪酬方面具体不同策略的采用（石金涛、陈琦，2003），也有一些对于“同工同酬”的混合模型下两类员工的公平薪酬问题的实践性分析（渤颂，2006）。对非标准化雇佣模式在文献中被称为灵活就业和非正规就业，研究主要集中于非标准化雇佣模式的劳动关系探讨方面。

概括我国学界对非标准化雇佣模式的理解主要有以下几种。

①正规部门里的各种短期临时性就业、非全日制就业、劳务派遣就业、分包生产或服务项目的外部工人等，即“正规部门里的非正规就

业”（胡鞍钢，2001；许经勇，2002）。

②以季节工、临时工等多种多样的方式从事社会经济活动的灵活就业人员（刘燕斌）。

③“非正规就业相对传统典型的就业形式而言的，它不同于正规的全日制的工作、与用人单位建立有稳定的劳动法律关系、获有工资福利和收获保障的就业。是指未签订劳动合同，无法建立或暂无条件建立稳定劳动关系的一种就业形式”（杨宜勇，2002）。

④非正规就业者包括：其一，未与现就业单位包括所有正规用工单位、个体工商户、社区、居民家庭等建立正式劳动关系，但在现就业单位中以各种形式实现就业的人员；其二，作为劳动关系民在企业或劳务中介组织的派出人员，到用工单位以多种形式实施就业的人员；其三，已与现就业单位建立了正式劳动关但以多种就业形式实现就业的人员（乔健）。

中国企业的雇佣形式非常多样化，也非常复杂化，存在许多具有中国特色的用工形式和新词汇。根据员工和企业的关系（劳动关系和劳务关系），中国组织中混合雇佣的主要形式可以分为四类。

（1）劳动关系

如合同工、事实工、小时工、劳务工这些用工具有时间段不确定性大的特点，一般被泛指为临时工。这些雇佣关系都是劳动关系，虽然被称为“劳务工”，但构成了事实劳动关系。

我国所谓的临时工，本是计划经济时期的产物，是与固定工相对的一种用工形式，一般是指使用期限不超过一年的临时工、季节性用工。劳动法实施之后，临时工作为一项用工的形式已经失去了继续存在的法律依据。种种迹象表明，临时工在国有企业中的构成、地位和作用在发生着演变。

第一，主体构成已经从单纯的农民工和城市中受教育程度较低者向多元化的混合群体发展；第二，出现了跨区域以及行业临时就业者，其中奇缺临时工的总体收入水平超出了本企业正式员工收入；第三，总的来说，国内企业对低端人才的临时工需求比较大，对高级临时工需求比较少。

但是目前人力资源管理对待临时工缺乏切合实际的手段和理论基础，因而暴露出了许多问题：前社会保障制度主体构架下的临时工社会保险在企业尚难以有效实施；同工不同酬；培训机会不均等；提职升迁无望等等。

目前企业正确聘用临时工、季节工、短期工有三种合法途径。第一种方式：签短期合同，属于全日制用工。目前，我国劳动法及相关法规规定了以下几种社会保障制度，即养老保险、工伤保险、失业保险、医疗保险、生育保险等，这些社会保障制度覆盖范围包括城镇所有的用人单位，惠及对象是社会的全体职工，并不区别是长期合同还是短期合同。所以绝大多数企业都会规避这一种途径。第二种方式：如果只是突然性的用工可以签订完成一定工作任务的合同，这种方式适合承包雇佣方式。第三种方式：小时工。由于临时工属于全日制用工，需要上社保，小时工则可以不上社保，但是小时工一天只能干四个小时，一周不超过 24 个小时，所以企业在采取小时工时需要大量用工，把一个班变成两个班，实施两班倒。

（2）劳务关系

另一类用工形式具有明确的劳务关系，如派遣工、租赁工、借调工、返聘工等。

①派遣工（租赁工）。人才租赁又称人才派遣，是人为中介机构所有，才为用人单位所用的一种新型用人方式，其具体实现方式是：具有人才租赁资格的人才中介机构通过与人才签订劳动合同，取得人才的占有权，同时与用人单位签订租赁合同（派遣协议），将人才的使用权转移至用人单位，并收取租金。

人才租赁包括两种模式：人才中介租赁模式和企业互租模式，简言之，人才中介租赁模式下，被租赁人才与用人单位之间的桥梁是人才中介机构（或租赁公司），企业互租模式下，被租赁人才与用人单位之间的桥梁是人才所属单位。企业互租模式主要适用于一些服务性公司，如家政服务公司、翻译公司等。两种人才租赁模式中，目前国内外人才中介租赁模式均居于主导地位。这是由人才中介自身优势、人力资源管理的战略发展等因素决定的。

②借调工。借调是指一个部门或单位从另一个部门或单位借用临时、编外人员的做法。借调合同是指为了将某一用人单位职工借调到另一用人单位事从短期性工作，而由借调单位、被借调单位和被借调职工三方当事人依法签订的，约定借调期间三方当事人之间权利义务的合同。

借调的特点是：第一，三方当事人，即借调单位、被借调单位和被借调职工；第二，被借调职工在借调期间，属于借调单位的劳动者，但其与被借调单位（原工作单位）的劳动关系保留，当借调合同终止后，被借调职工仍回被借调单位工作；第三，借调单位与被借调单位对被借调职工均应承担相应的义务，也可以双方约定由某一方承担。

③返聘工。是指离开工作岗位之后被原单位接着聘用的雇佣方式，这种方式由于不需要交纳保险，聘用人员又有经验所以被广大企事业采用。

（3）尚未明确的劳动关系

代理工、产品直销员、保险推销员、承包雇佣等用工方式仍然没有统一的法律标准，如果遇到法律纠纷，一般按照有利于劳动者的原则仲裁，即按劳动关系处理。

由此可见，中国混合雇佣形式和国外相比较其定义不够不明确，具有明显的“中国特色”，根据法律划分为劳务形式用工和劳动形式用工，而且对于员工分类与国外相比较也不够规范。表3.4是对中国目前混合雇佣形式的总结。

表 3.4　　中国混合雇佣形式总括

企业员工类型	雇佣形式	雇佣形式分类	合约关系
核心员工	标准雇佣	全日制长期合同员工	劳务关系，同公司签订
	非标准雇佣	一部分派遣工	劳务关系，同中介签订
非核心员工		派遣工	劳务关系，同中介签订
		借调工	劳务关系。借调单位、被借调单位和被借调职工三方签订
		返聘工	劳务关系，同公司签订
		合同工	劳动关系，同公司签订短期合同
		事实工	劳动关系，同公司签订短期合同
		小时工	劳动关系，同公司签订短期合同
		劳务工	劳动关系，同公司签订短期合同
		季节工	劳动关系，同公司签订短期合同
		代理工	尚未明确的劳动关系，独立合同
		产品直销员	尚未明确的劳动关系，同公司签订
		保险推销员	尚未明确的劳动关系，同公司签订
		承包雇佣	尚未明确的劳动关系，同中介签订

4 中西混合雇佣形式的主要区别

混合雇佣的发展状况是与各国不同的社会经济发展阶段相联系的。就业形式的变化，综合反映了各国当前的经济和科技发展水平、劳动力供求关系和市场化程度、企业管理思想和劳动组织方式的变革、政府就业政策的导向、人们择业取向和生活方式的转变等诸多相关因素。因而，混合雇佣在处于不同发展阶段的国家中存在着不同特征。

第一，从从业者选择非标准化雇佣的从业者的目的来看，在我国多是出于谋生需要，因找不到正规就业岗位而进行的非自愿性选择，以低文化技能和以从事体力型劳务为主；在西方发达国家，非标准化雇佣就业者虽然同样要面对就业权利受限制，工资福利、社会保障、参与培训和更新技术的机会不如标准雇佣就业等问题，但他们中仍有相当一部分是出自于自愿选择，而且随着知识经济的发展，掌握信息技术和各类专长的知识阶层正越来越多地加入灵活多样的非标准雇佣就业的行列。

第二，从企业选择非标准化雇佣的动因来看，一般而言企业都是从最小化成本的角度出发，实现弹性成本的目的。但是在西方由于相关法律规范，约束了公司的某些不道义行为，促进了混合雇佣市场的正确健康发展。而在中国缺少相关法律制约，很多情况下劳动者的合法权益不能得到保障，表面来看节约成本，但不同员工混合在一起，员工对公平感的要求更高，无形中增加了管理成本，到最后企业往往得不偿失，陷入恶性循环的怪圈。

第三，从员工分类来看，西方国家很明显的把员工分为了核心员工和非核心员工，采用非标准雇佣主要是非核心员工，而中国研究界对员工分类不明确。特别是全日制员工，在西方一般都为标准员工，而在中国，同一企业的员工由于雇佣主体的不同导致身份不同，同企业签订合同的为标准员工，同第三方签订合同的为非标准化员工，甚至在某些公司，两类员工的职责和头衔上也并没有明显区别。造成很多非标准员工担当的是标准员工的职责，得不到对应激励政策，为组织公平性、安全性埋下了很多隐患。

关乎劳资双方切身利益的新劳动合同法于2008 年1 月1 日起正式实施，预示着中国企业人力资源管理理念的变革性挑战，使中国企业用工真正做到了有法可依。新劳动法细化了不同劳动合同期限和试用期的期限；员工派遣形式受抑制；扩大并提高了经济补偿金的支付范围和金额；限制了违约金；把企业应负的法律责任提上日程；非规范劳动关系向劳务关系转变的导向等等，种种迹象表明，国家对弱势群体的保护力度加大了，相应的用人企业的人力成本便增加了。在这种情况下，在法律允许的情况下如何处理好不同用工形式以及他们之间的关系势必成为企业要考虑的重要问题，这直接关乎企业与员工的切身利益，同时也只有依法遵守才可以达到双方利益的平衡与和谐。

第3节 混合用人模型与战略人力资源管理

1 战略人力资源管理的首要决策：人力资源用人模型

为什么对于企业人力资源用人模型的决策是战略人力资源管理的第一个重要决策呢？在用人哲学不明确的情况下，企业的人力资源手段往往不能带来预期的收益，甚至会起到相反的作用。而对于大多数中国企业来说，在人力资源管理方式和手段的变革中，忽略了人力资源用人模型的变化实质上是用人哲学的不同，而两种哲学的差异是这种从承诺模型转向交易模型的变革中必须要考虑的问题。

案例　A银行的《后备干部库计划》引来的风波

阳春四月，接二连三的《员工辞呈》从重要的利润贡献部门，如公司业务部、国际业务部、风险资产管理部等核心部门签出被放到了A银行某市分行行长B先生的文案前待签，让他的心一下不那么温暖起来。

B行长对集中辞职很重视，通过人力资源部门迅速了解到这批辞职的员工多是大学毕业后到岗工作5~6年，年龄在28~32岁，精力充沛、有思想有抱负，已经积累了本业务工作经验的青年员工。同时行长还了解到他们辞职的主要原因是：目前A银行严密的层级体系、复杂的裙带关系、深奥的人际关系、无人问津的个人职业生涯设计、多内耗少创新的经营管理模式，使得这些正值壮年的员工“无法呼吸”，他们看不到自己的希望和未来，不想再晃个三五载后，等丧失市场竞争力时成为“刀板上的鱼肉”，薪资、劳动合同、工作年限、各种福利等方方面面都没有了谈判议价的能力，在A银行的大牌子下了此一生。而且这两年因“内退制度”而离开工作岗位的“老大哥、老大姐”们也在离别时有了告诫。有鉴于此，与其坐以待毙，不如争取主动，这些“壮年”偷偷制订了个人成长计划，利用在A银行工作的几年时间刻苦学习进修，考取职业资格证书、积累业内的信息和资源，为明天的“腾飞”做了最充足的准备。

B行长不愧是千军万马中胜出的高手，行事雷厉风行，迅速召集人力资源部出台《A银行关于建立“后备干部人才库”的管理办法》，并且根据“公开、公平、公正”的原则，外聘了著名的人才中介机构。HR部门根据A银行的人才战略，与中介合作制定出科学严密的选拔中层、基层干部的笔试、面试的题库和选拔考核办法。不久，“后备干部人才库”（以下简称“后备”）的管理办法和首次选聘报名的通知下发到全行。

首次选聘后备报名截止后的第三天，符合本次选聘中层（处级）后备资格的100多名员工被紧急通知到A银行郊区的培训中心进行为期两天的首轮淘汰考试。本次考试完全由中介组织，A银行HR部门的任何人员不得介入参与。

是非第一波：一周后，受聘的中介机构向北京分行人力资源部提交了一份“初筛”名单，共60人，并附有行为能力测试、职业导向测试等各种科学流行的考试成绩。但是这两页纸却引起了由“后备干部人才库”激起的第一次风波——许多支行行长都找到自己的上级领导——B行长，反映本行某位经验丰富的中坚骨干因为在这次激烈严格的选聘考核中落选而情绪低落、工作积极性受到严重影响，甚至出现了不稳定因素，严重影响了本支行的业务经营。

是非第二波：首轮胜出的“准后备”们通过各种非正式渠道听

说“分行行长对此次中介提交的名单有想法，为平衡各方利益，可能会在总人数不变的条件下进行微调”。这条不知被演绎了N遍的消息在“准后备”们及相关利害人中间引起了不小的猜疑和骚动。不夸张地说，那段时间，无论是“准后备”还是普通员工，无论是“准后备”的领导还是“落选骨干”的领导，无论是分行行长还是人力资源部，无论是相关利益的裙带们还是毫不相干的行里人都在心头压了一块重重的石头。即使在工作时间，人们讨论最长最热烈的话题莫过“后备干部人才库”的选聘了。

一些曾经在年初递过辞呈，但对行里新出台的后备机制存有一丝幻想的“壮丁”们对此也是各有各的计划：一方面继续不动声色地参加其他银行的招聘考试，另一方面继续A银行的后备选拔考试程序。他们只待时机成熟便会亮出“底牌”。比如，有1人在初筛名单刚刚产生时，就已经拿到了中国进出口银行的Offer，毅然决然地离开了A银行，就像歌里唱到那样——“不说一句话就走”。

是非第三波：分行的党委班子和人力资源部紧锣密鼓在行内紧急举办了第二轮的考核——行长和现任中层高管面试，以确定最后的后备名单。同时，之前被初筛出去的“基层骨干”在人们的众说纷纭和众目睽睽之下，最终没有参加这次面试。

由于A银行一直都传承的是培养的用人哲学，年轻的领导都是领导推荐、群众支持、高层同意，再完成干部选拔考核程序走上领导岗位的。因此，面对完全市场化、突如其来的“现场抽题、自述演讲、回答考官提问”考核模式，不免有些忐忑不安，谁也没有把握。

也许是个人心理素质的原因，有些有市场资源的“准后备”在现场表现得差强人意，自述的10分钟不知道经历了何种煎熬，几乎就是3个字一断，气短心虚，面色潮红，紧张得令听者都感觉到快要窒息了。诚然，也有一些应试者发表了自己的“就职演说”，对于考官提出的问题更是侃侃而谈，满是成竹在胸、踌躇满志的架势。

也许是这次选手的表现“方差”太大，对敲定最终的后备名单提出了极大的挑战。也许高管和HR吸取前次考核结果公布引发的是非风波的教训，这次面试后就杳无音信了。很明显，这次高管选择了不公布结果的方式结束考核，并且加强了保密工作。但总是“世事难料”，这次不公开发布结果引发了全行上下3000多人各个层级员工更大范围的猜疑，与此同时，也产生了N多种不同版本的“后备名单”，并附以各位“准后备”最终上榜或是不上榜的“真正原因”。这堪称更大一次范围的是非风波。

是非第四波：无论怎样，在接下来的半年到一年时间里，中层干部中添加了很多“助理级”人物，比如行长助理、处长助理等。其中也包括在初筛中被淘汰没能进入最终面试的“基层骨干”。人们传说这就是后备名单的“正版”，是A行的干部储备，用以保证中层干部的流动性和及时的补给。

这一举动加“解释”一方面令现任的中层干部有了紧迫感和压力，面对这些受过比自己高的学历教育、精力和体力比自己更旺盛健壮的“小老虎”们，谁知道哪天醒来自己会被拿下或淘汰，而被身后的“后备干部”取而代之呢？

另一方面，参加了全程的选拔考核但没升到“助理”位置的“壮丁”们，希望尽快换到一个安全的环境中，回避周围猜疑的目光，为自己的心理落差找回平衡。而且他们更郁闷的是不知道自己哪些方面有待改进，改进了还有没有希望等。也许有五六年工作经验的他们还不知道：“悟性”和“潜规则”一样至关重要。因此，他们选择了辞职，换到一个被认可、有希望的新单位、新岗位上，给自己郁闷失落许久的心灵一点点阳光。

得到“助理”头衔的后备们真的认为自己有希望吗？不！相反，他们觉得自己成了众矢之的，严重的危机意识使他们同样感到不安。他们中的许多人同样希望换到一个安全并有发展前景的新单位、新岗位去。因此，他们顶着中层助理的头衔忙于私下的应聘。从这个意义上讲，头衔带给他们的只是增加了自己的市场价值而已，对个人职业发展实在没来得及发挥任何积极作用。

最终，A银行希望通过建立“后备干部人才库”留住人才的“天使计划”却不经意间伤害了很多人，其中不乏现任的“中流砥柱”和未来的“有为之士”，最终遗憾地以“流产”宣告结束。

——根据清华大学MBA王玉蓉报告改编。

这个令人深思的案例的确很有代表性。建立“后备干部人才库”本无可厚非，是人力资源管理中一项积极的政策，但由于在决策时忽略了整个管理体系中其他因素的作用，结果就不如人意了。

具体来说，金融行业是一个充满智慧的行业，银行的大部分员工都是聪明、敏感的知识型员工。因此，金融行业的企业战略和人力资源政策应关注该群体的特点，并施以有效的管理手段。

比如，知识型员工的需求呈现多样性，非常关注自己在企业的地位，价值感很强。因此，在企业的人力资源政策上要体现出对知识型员工的重视和尊重，对他们个人价值的认可。认可的方式除了在仕途上晋升之外，还可以提供与工作有关的个人培训计划、休假计划、薪资的提升和奖金的意外奖励等等多种方式，目的只有一个：对他在企业中表现出的价值给予明确的认可，同时为他指明一个个人发展的方向，这个方向是与企业的期望和发展战略相一致的。案例中的A银行没能作出及时的人力资源政策调整，让这些“未来的金牛”觉得自己在组织中受忽视，没有发展前途，因而出现种种与企业战略不匹配的想法和行动，最终这些想法和行动达到企业不可控的局面，为企业带来巨大的损失。

再如，知识型员工有活跃的思想和个人的见解，因此，企业不能妄想通过简单的说教培养企业自己的知识型员工。因此，当辞职现象越来越突出时，如果出台“后备干部人才库”的管理办法，很容易被自认为具有智慧和分析辨别能力的知识型员工认为是“权宜之计”，“安抚人心”，这就是一种企业管理者和知识型员工在认识和心理上的错位。最终的结果是，既没有建立购买文化的“显性契约”，也打破了培养文化建立的“心理契约”，造成企业和员工之间的联系变得松散而不可控制。

人力资源政策的前后不一致也给员工带来猜疑和不安。案例中的A银行传统上是培养哲学的承诺模型，但在市场经济转轨过程中吸收了一些交易模型的购买哲学，二者融合的结果使企业的人力资源政策在不经意间出现前后不一致。这必然引发企业内部员工运用各自的想象力和分析力，形成各种版本的猜疑和不同程度的不安。

比如，在首轮选拔北京分行的“后备干部”时，共经历了两轮考试。第一轮是中介机构根据用人单位管理者期望中的年轻后备的描述，进行的“行为能力测试”、“职业导向测试”、“心理和个人特质测试”等严格的筛选，并公布了筛选结果。值得注意的是，公布结果的假设前提是企业内部是开放的企业文化，团队之间的相互依赖性非常低。而事实上，银行在业务条线上有着千丝万缕的联系，前、中、后台共同组成银行严密科学的安全防范体系，各部分是缺一不可的。同时，银行是典型的传统行业，信息的流动性和公开程度不高，在这样根本不开放的企业中公布如此敏感的结果，由此造成的负面影响也是“意料之外，情理之中”的。

再如，在第二轮以行长为首的高管考核团队对“准后备”进行最后筛选时，并未正式公布其最终的结果。这在裙带关系严重、保密性较低的国有银行内部不公布如此重大的考核结果是“弄巧成拙”。因为，在内部人看来，越是重大的考核越会存在不公开性，暗箱操作的可能性就越大。而恰恰不公开最终结果，必将激发人们“无尽的遐想”，因此在一定意义上放大了事件的瑕疵。

缺乏有效的沟通，是造成猜疑与不安的“催化剂”。在整个案例的过程中，除了紧急通知报名的人员去考试、面试外，其他关于考核结果等重要的信息几乎都是通过小道消息得到的。非正式的、秘密的沟通渠道多会在“递接力棒”和“接棒”环节随意加入个人主观的评论和主观臆断，造成信息的失真。尤其是当信息经过若干环节传递后，失真程度就会更高，甚至会面目全非。试想经过这种“地下加工厂”出来的“产品”会是何等的低劣，完全超出了管理者的期望空间和可控范围。因此，案例中发生的各种令人遗憾的结果也是不可避免的了。

从这个案例中，我们可以看到人力资源政策应与企业文化相匹配的重要性。在人力资源管理中，首先，对员工、干部的选拔、培训、考核、聘任和留用，每一个环节均应与企业文化相匹配。

具体地说，如果一个企业是承诺模型，即培养的用人哲学，那么就应该在人力资源管理的各个环节清晰地贯彻“培养”的用人哲学。最大化员工授权，提高工作分配的灵活性，在管理者和员工之间形成一种“心理契约”。比如通过内部培训、考核、晋升等培养自己的干部和骨干。为企业的员工，至少是核心员工，都应制定明确的个人职业发展计划，通过更趋人性化的反复沟通，灌输给员工培养的企业文化精髓，使处在企业不同层级的干部员工均将培养文化融入实际工作中，以同样的方式培训他们自己的下属，以高度的忠诚汇报自己的企业，将自己的工作视为自己毕生奋斗的“事业”。如此在企业内部形成一个良性循环，并在行业内（企业外部）赢得良好的口碑。

如果一个企业是交易模型，即购买的企业文化，那么就应该从始至终围绕“购买”哲学，以成本导向最小化雇佣水平：一切问题和矛盾都以冷静理性的方式处理；一切都“条件”形式，通过劳资双方的商业谈判，使之成为显形的契约合同，并在后期中不折不扣地执行这份显形契约。采用交易模型的企业，通过人力资源政策、文化、结构清晰地告诉世人其购买的企业文化，打消一切与购买哲学相悖的“期望”和“幻想”，在企业内、外部环境中均实现高度的一致。

如果是以上两者的混合模型，像案例中提到的A银行一样，情况就会变得比想象还糟。因为培养和购买这种截然不同的企业文化和用人哲学并不会集两者的优点于一身，相反，更可能汇集二者的弊端和缺点，并经常在实施人力资源政策时被极端地放大企业混合哲学的文化缺陷，“无端”制造出意想不到的矛盾，进而严重影响到企业中员工的工作态度和企业经营业绩。更不用提行业内造成的形象“阴影”了。

其次，企业人力资源政策之间应保持一致性。显然，培养哲学的公司人力资源政策和购买哲学的公司人力资源政策是大相径庭的。因而在与企业文化相匹配的前提下，公司的各项人力资源政策之间应始终保持高度的一致性。因为恰恰是这些“关系民生”的人力资源政策的制定和实施的过程中，不断反复地传递给公司上下这种鲜明的企业文化。通过一次又一次关系企业个体自身利益的政策执行来强化企业的哲学理念。如果在企业系统内部出现了人力资源政策的不一致，就会混淆人们的认识，使企业所期望传达给外界的文化信号变得模糊不清。因此，在企业文化混沌一片的环境中，企业员工自然无法明确地知道公司未来的发展方向，自己的职业生涯和进步的途径等等公众关注的焦点。

当然，从根本上讲，公司的战略应与外部的人力资源环境相适应。公司的战略及人力资源政策应随外部环境的变化而做相应的调整，以实现企业战略与外部人力资源环境之间相适应。诸如本案中的A银行一样的“百年老店”，应该随时代潮流的变化而赋予企业新的意义。事实上，顺势而为、与时俱进不会扭曲企业经过历史的洗礼而传承下来的企业文化，相反，只会进一步巩固和强化。按照达尔文“进化论”的观点，自然环境中的各种生物都会遵循“适者生存”的自然规律。同理，在社会环境中也适用。只有能适应外部环境的公司战略，才能长久地存在，并活化于企业内部，进而影响企业的经营战略。最终反作用于企业所处的外部环境。相反，如果违背这一社会法则，就会因陈腐而被时代所淘汰。

例如，案例中随着中国改革开放步伐的加快，国内金融市场发生了新的变化。不断涌进的外资银行和本地新生的股份制银行和地方性银行在不断细分这个原本只属于国有“四大”的市场。这些“外来户”和“新生儿”的企业战略不断冲击着这个原本“一成不变”的金融市场。并且，他们为了生存和发展，必然会牺牲“四大”不曾付出的利益吸引市场中的各种资源，其中包括重要的人力资源。因此，作为A银行，就应该敏感地注意到市场在人力资源环境方面的变化，进而及时调整自身的人力资源政策和结构，避免成为这些同业竞争者的人才“培训基地”。

试想，如果A银行北京分行及早发现外部人力资源环境的变化，发现人才流动性日趋增高、更多的年轻员工接受购买的用人哲学，比以往40岁及以上干部员工更注重自身价值的认可和实现时，相信A银行人力资源部一定会采取积极的措施，比如与这些有抱负的年轻人沟通，了解他们的思想动态，以开放的方式接受他们的合理化建议，为他们拨开在个人职业发展道路上遇到的种种迷雾，“自幼”培养他们的“培养”哲学，很有可能就不会上演前面案例中描述的那层层的是非波澜了。

2 混合模型中的人力资源服务公司

随着混合模型的广泛使用，为企业提供非标准化员工的各种类型的人力资源服务公司越来越多。据北京外企人员服务公司（FESCO）的报告，1979年中国从事人力资源服务的公司只有FESCO一家，而现在则有27000多家，从业人员15万人。各种类型人力资源服务公司在混合雇佣的大潮中，既获得了业务增长的机会，同时，作为人力资源供应商，对于其提供的人力资源的管理也面临着一些困境。下面B公司的案例就很有代表性。

案例 B软件服务外派公司对外派人员的管理

外派性质的工作是近年来兴起的一种软件外包模式，在国内有很多公司从事此类业务，每家软件巨头，例如IBM、微软、Oracle、HP等在中国的研发机构都以自己为核心，即客户、几家外包公司作为服务商而形成了一个一个的小圈子。这种模式是由客户提出需求，提供商将工程师派到客户方做项目。

这种运作方式的基本情况是服务提供商从客户得到需求后，再进行招聘，选择目标外派人员。不过，在招聘方面普遍存在一些问题。

首先，是需求没有规划；因为这些客户在其组织内部又是国外总部的提供商，实际上是内部离岸外包，竞争也很激烈，某个项目能否拿到有很大的变数，所以一般是项目拿到了，才开始组建项目团队，向外包公司提出需求，但是对人的需求又比较急。外包公司面对这种毫无规划的需求，往往是手足无措，所有的公司几乎同时在几家大的招聘网站投放广告，同质性竞争很严重，完全一样的岗位描述、工作环境，不一样的只有薪酬。市场无法在如此短的时间内满足这么集中的需求。

其次，招聘资源效率极低；几家外包公司往往同时给客户同一个人的简历，表面看起来大家都很忙，实际上没有效率。

再次，成本偏高，由于同质化竞争严重，有经验的应聘者可以谈判到比较高的薪资，导致这类工作比传统软件从业人员薪资高10%~20%。但由于外包公司是按照人数和时间收费，风险很小，这个问题似乎并不严重。

最后，客户需求和人力资源市场实际供给之间的不一致。客户希望应聘者有相当的经验、高学历、熟练的英文水平。这样可以缩短培训周期，降低培训成本。实际上有足够学历和经验的应聘者一般不会选择此类工作。

面对这样的市场，至今为止，还没有一家公司能有好的解决方案。有的与培训机构合作，有的投入大量人力做网上招聘，有的跟大学合作，有的找到了猎头，甚至有的公司到武汉、西安等有较多著名大学的二线城市开展招聘。除了网上招聘这种直接、快速的方法外都是收效甚微，这样就导致了市场的枯竭。这种竞争的方式形象地说，就是比谁铺设的网更细，谁捞得更勤，谁就能在有限的人力资源池子里捞到更多的鱼。而这类外派公司一般招聘团队庞大，工作压力很大。

而从人力资源的使用方面来讲，外派工作模式下，工程师被派到客户方工作，大家被分散在各项目组中，同一公司的同事互相不认识的情况很普遍。甚至有的工程师从加入公司以后再没有回去过，归属感很差。另外，工作环境普遍比较恶劣，外派工程师不属于客户正式雇员，跟正式雇员的工作环境有很大差别，有些知名企业还曾因工作环境恶劣被投诉，而被环保局调查过。工作大部分是重复性劳动，外包人员普遍感到自己是二等公民。而且一旦加入这样的项目，升迁的机会几乎没有，因为每一个工程师按月给公司提供收入，公司不希望把某个工程师调回。唯一的希望就是客户可能从外派工程师中挑选一些技能高、表现好的人录用为正式员工，但这个几率是微乎其微的。外派工程师心理上有两种倾向，一种是把这份工作当成一种无奈的选择，一份养家糊口的工作，当一天和尚撞一天钟，毕竟具备了一定经验之后，还是比较稳定的。另外一种是想增加经验，抱着学习的态度从事这份工作，这类人在一到两年之后，一般会离开，争取别的工作机会。

在这种大环境下，针对外派人员的管理，B公司做了一些改革的尝试。

将外派工程师按照空间和项目就近分成一个一个小组，任命一个小组长，称作项目经理，以小组的形式进行管理。然后向公司管理层提出，给每个成员按月少量的预算用作活动经费，每个小组可以一起自行决定如何花掉这笔钱。将报销审批权下放到项目经理，让他对小组的开支负责。

设立季度绩效奖和全勤奖，季度绩效奖是请客户方的项目负责人给外派工程师打分，然后以此为标准评选出获奖人，公布获奖名单，以此作为激励。实际上这个打分很难说是科学的，严谨的，因为首先是指标设置比较简单，包括工作质量如何、数量多少、本人技能进步幅度、出勤率等一共六个指标；其次由于打分的人很多，大家对指标的理解不一样，分值的差异非常大。再次，打分者把这个当成额外的负担，并不是很配合。但即使这样，仍然是一个创新，因为其他公司几乎完全不了解外派工程师的工作。全勤奖则是给月出勤率100%的人，标准是完全客观的。

将每个小组变成项目组，用项目方式来管理，项目从每年的第一个工作日开始，到当年的最后一个工作日结束。每月提交损益表，项目经理对项目的盈利情况很清楚。如果盈利较高，年底有额外的奖励。

每周固定时间，请外派项目经理回公司开会，说明每个成员的工作情况，了解公司的最新动态，并向大家传达。

招聘了几位几乎没有工作经验的女生作为服务人员，负责在外派工程师和公司之间传递文档，传达信息，组织活动。

后来B公司的人力资源部门还针对每个职位设计岗位说明，起草出了员工手册，并增加了一些关系到员工切身利益的福利，例如将每年5天的带薪年假增加到8天、每年7天带薪病假、一年一次免费体检、每年春天集体旅游等等。

在这个行业中，B公司具有比较突出的文化特征：稳健和守信，在这样的文化特征下，B公司对员工的承诺一般都能兑现。通过对外派人员加强管理和改善福利，B公司外派的员工对B公司的满意度还是相当高的，有很多其他外包公司的工程师希望能在不离开原来岗位的情况下加入B公司。

作为一家软件行业的外包公司，B公司在招聘和用人中遇到的问题几乎是所有从事提供非标准雇佣员工的人力资源服务公司所面临的共同问题。非标准化雇佣员工在实际工作单位的身份模糊，而在实际归属的人力资源服务公司也面临归属缺失的感受，长此以往，无论是实际用工单位（员工的绩效表现），还是人力资源服务公司（员工的继续合作），都会受到相应的影响。人力资源服务公司能够从长远出发，主动地进行外派人员的管理，从一定程度上，可以弥补这种管理和开发缺位的状况。如果实际用工单位也进行有针对性的有效管理，就可以双管齐下，改善非标准化雇佣员工的心态，提高其工作绩效，也是多赢的结果。

在采用混合模型的企业，对于非正式员工的管理方法和手段差异很大，采用混合模型企业的初衷基本上都是减少用工成本，规避风险。但承诺模型与交易模型在同一组织中使用所带来的人际冲突是目前中国企业混合雇佣实践中表现出来的最突出问题。由于存在同工不同酬的现象，以及福利、待遇、升迁等方面的差异，造成组织中的非标准化员工们巨大的心理不公平，并由此产生工作不积极主动，以及对标准化员工的不配合、组织忠诚度低、人员流动高等问题。因此在实际管理中，企业管理者经常发现，使用混合模型后，人工成本并没有减少，反倒是冲突出现频次增加，管理成本实际增加。如何衡量混合模型的成本收益，不同管理者根据企业的特点也会做出自己的选择。

案例　C公司对非正式员工的管理

在一家从事国际贸易业务的C公司，“非正式员工”主要可分为两类。一类是在执行工程项目过程中根据需要短期聘用的技术人员、专家、翻译及其他业务人员，随着项目收尾结束，项目组宣布解散，这些人员则要么解除聘任协议离开公司，要么申请加入公司成为正式员工。另一类是公司在较长时间内都需要设置的一些岗位，由于这些岗位与一般的业务或职能管理岗位相比又有些特殊性，因此采用了托管的方式引进“非正式员工”。目前在C公司这类员工共有4人（甲乙丙丁）。甲是公司财务部的出纳，今年五十多岁了，是从其他单位退休后来公司的，到现在已经在C公司工作5年，由于工作量比较大，最近正在提出离职。乙任职于出口业务部门的综合统计岗位，主要职责是统计业务数据，及时为部门经理提供业务数据分析，控制出运、付款、报销等流程，及时记录，协助部门其他业务员做一些文秘工作，包括接送客户、安排会议室、订机票、组织小型团体活动等等。这个岗位的“乙”目前是一个大专毕业的年轻人，但由于他的工作态度不积极，部门经理对他不太满意，鉴于托管协议马上就到期了，现在已经决定不再与他续签，而是用相同的聘用模式在人才市场上重新寻找一个更合适的人，通过筛选、面试等环节后，已确定了一个有北京户口的、本科毕业一年的年轻人。丙和丁是C公司的两名前台，要担负会议室管理、收发信件报纸、员工咖啡厅的管理等职责，前台保证来访客人或来访电话总会有人接待或接听。

C公司作为一家国有企业，尤其是一家效益还相当不错的国有企业，当在薪酬激励方面由于受到工资总额的限制而无法实现大量的货币性激励的时候，往往就会采取比较好的福利措施。C公司的福利状况也比较不错。主要体现在：每个员工报销部分物业费和供暖费，根据职务级别不同从每年8400元至14400元不等；每年组织去外地旅游3~5天，费用人均3000~5000元左右；每年或每两年定做或购买正装（司服）和运动服各一套，价值4000元左右；逢年过节总会发一些购物卡等等，价值3000元左右，有时会发水果、月饼等物品，价值几百元；公司还为员工办理健身卡、组织日常的羽毛球、足球、篮球的训练，报销相关费用。

对于这些“非正式员工”，虽然在协议中是明确规定了（除了公司负责给他们上的三险一金以外）不享受任何公司福利，但在实际操作中，除了金额比较大的项目如物业费、司服等不给予他们外，一般的福利也照常给他们一份，因为毕竟人数不多，花费不大。比如过年过节发的一些食品、日常用品等等。有时，甚至公司的旅游也让他们参加，除非上级公司明确说明不允许非正式员工参加。

久而久之，由于没有一个明确和统一的标准，每次下发福利时公司都不得不考虑是否同样给予这些“非正式员工”以及是否下发的额度与正式员工有所区别（下降），有时也会造成前后政策上的不一致——去年有今年未必一定有，使得这些“非正式员工”的心理容易产生不公平的感觉，甚至是低人一等。因为工作上面大家是比较平等的，公司的氛围也比较轻松活泼，可是到了分配福利的时候却与正式员工有所区别，这让他们心中难免产生挫败感。

在C公司的上级公司中，也存在一些托管方式管理的“非正式员工”，但情况却与C公司有所不同。主要体现在：总公司的前台是签订了正式劳动合同的“正式员工”而非托管方式，因此公司的福利她们都可以享受。尽管在收入上还没有C公司的前台高，但由于工作内容并不完全一致，而且能够享受各种福利待遇，因此在心理上似乎更加稳定一些。另外，总公司财务部的出纳也是采用了外聘和托管的方式，虽然与C公司的出纳同属于“非正式员工”，但由于两个公司在处理福利问题上，尤其是一些比较小的福利措施上面并没有及时通告情况，因此经常出现待遇不一致的情况，比如参加旅游、费用额度报销等等，造成了他们之间互相攀比，有时会影响工作的情绪，甚至造成两个公司中层管理者或高层管理者的矛盾和冲突。

——根据清华大学MBA王威报告改编。

在这个案例中，可以发现，这些“非正式员工”虽然与岗位是匹配的，但与C公司却是不匹配的。C公司出于工作（岗位）上的需要来招聘，但却忽视了公司历来传统是自己培养人，努力营造平等、宽松的工作氛围，让每一个员工都有发展的空间，在人力资源模型上属于承诺模型。而采用托管的方式聘用人员，则更加偏向于交易模型，这与公司的文化是有一定冲突的。在企业实践中必然会产生一定的矛盾。

C公司人力资源政策之间存在不一致的地方。比如，既然在聘任合同中有严格的规定就应该遵照执行，并且在入职之初就向这些“非正式员工”详尽地进行宣讲和解释，这样可以尽量避免让他们产生不公平的感觉；在总公司和C公司之间的人力资源政策也应该协调一致，不留有互相攀比的空隙。

在入职培训的过程中对待“非正式员工”没有像对待正式员工那样认真和投入，使得他们融入组织中的速度比较慢，其效果也自然受到了影响。通过观察新入职员工融入组织的过程发现，他们融入组织、接受公司文化的最主要的作用力来自于培训。比如在入职培训过程中，通过灌输组织文化、先进员工传授经验等多种形式使其认同组织的价值观；比如通过师傅带徒弟的形式手把手地传授做事的方法，实际上这些方法也是组织认同的行为规范；再比如通过组织各项活动使其感受到组织的氛围，更愿意融入其中等等。而对于“非正式员工”，除了可以参加一些公司组织的活动以外，在入职培训和薪火相传方面，公司下的功夫明显不够。在某种程度上，公司也把这类人视为了“另类”，从而在行为上也趋向于交易雇佣模型而不自觉地与其他正式员工有所区别。

混合模式在很多企业中都有应用，而且也不乏应用较好的范例。在一些企业，由于人员编制的限制，企业中存在大量的“非正式员工”，他们的职位和工作职责与正式员工没有什么区别，但是在福利上却无法享受与正式员工相同的待遇。在这种情况下，有的企业采取了在工资收入上补贴的方式使其感到心理平衡，有的企业给他们提供畅通的职业发展通道使其有工作的动力，总之，不会让他们产生较多的心理阴影。

同时，在采用混合模式比较成功的企业中，往往在聘用之初就明确告知这些“非正式员工”在福利待遇上的不同，使他们有一定的心理准备；加上这些“非正式员工”的比例相对比较高，由于人数众多，在人的心理感受上就没有那么强烈的“低人一等”的感觉，这也是这些企业采用混合模式能够获得成功的因素之一。

C公司案例的后续发展是这样，管理层对目前的非正式员工岗位也进行了分析，比如前台，每天都要与内部员工和部分外部客户进行接触，其行为举止影响着很多公司的文化甚至是经营活动。再比如乙这个岗位，他所提供的数据和分析对于部门业务的风险控制和业务发展起着至关重要的作用。出纳的岗位也一样，每天都要跟公司各个部门的人员打交道，其行事的风格对其他人都有较大的影响。最终C公司还是决定将在未来，在这些岗位上招聘正式的劳动合同制的员工。

C公司最终的决策对于那些非正式员工非常少的企业来说可能是个借鉴，但是对于那些大量岗位都是非正式员工的企业来说，就难以办到了。

混合模型下，标准化员工和非标准化员工是如何相互影响的，哪些因素影响到他们的行为，非标准员工与标准化员工之间到底有怎样的差异，这些问题，将是下一章的研究主题。

CHAPTER

第四章 人力资源混合雇佣模型的研究与实践

第 1 节　混合雇佣中不同类型员工之间相互影响的研究
第 2 节　同与不同：标准化员工和非标准化员工的认知差异研究
第 3 节　混合雇佣模型研究的实践意义
第 4 节　形神和谐的混合雇佣人力资源管理：以振华港机对蓝领工人的管理模式为例

第1节　混合雇佣中不同类型员工之间相互影响的研究

在战略人力资源管理领域，对员工在混合雇佣模式下其态度、行为和工作成果的研究逐渐兴起。例如，Ang和Slaughter在2001年研究了信息系统和软件开发方面专业人员的标准和非标准员工在混合雇佣的工作环境下工作态度、行为和工作成果所表现出来的差异性。这种组织环境和管理上的特征对非标准员工影响的研究已经日渐成熟，但是在混合雇佣模式下，非标准员工和标准员工之间的相互影响成为比较新的课题。

非标准雇佣员工对于标准化员工的影响的研究已经很多。对非标准化员工对标准化员工影响的研究目前在西方学术研究中主要是通过对忠诚度、沟通、工作不满意的表达、工作责任变化以及心理契约（以往认为非标准化员工的使用会保护标准化员工免受环境波动影响）等方面，Geary（1992）和Smith（1994）报告说管理者将培训和监督临时工的责任交给与他们一块儿工作的标准化员工。类似的，Smith（1994）和Pearce（1993）发现，混合雇佣的情况下，管理者要求标准化员工接受最复杂的工作，并且让他们为临时的或合约的同事所犯的错误负责，Davis-Blake（2003）也发现，当标准化员工的常规职责中不包括对同事的培训和监督时，他们实际上担负起了对于非标准化员工的培训和监督的任务，而这个任务是无偿的，从而会产生不公平感，心理契约违背的感觉会很强。相对地，当标准化员工常规的职责包括对同事的培训和监督时，他们将对非标准化员工的培训和监督理解为工作职能扩充的可能性会减少。于是，当他们对非标准化员工执行这部分职能时，不公平和心理契约违背感会降低。Barnett 和 Miner（1992）提出临时工的使用降低了低层次员工的内部流动性，增加了高层次员工的内部流动性。Hirschman（1970），Rusbult，Farrell，Rogers 和 Mainous（1988）提到，当雇员意识到工作环境恶化时，会通过下面三种举措中的一种给予回应：离职，发表言论（尝试改变工作环境，有时通过工会这样的第三方来做出反应），或者是忠诚度下降。而 Davis - Blake 等（2003）的研究则将混合雇佣模式的影响从同事之间扩展到了员工和管理者之间，并发现不同类型的非标准雇佣下的员工，如临时工和合同工的使用所带来的影响是不同的，而以往学者通常从一种类型的非标准化员工的影响类推到各种情况。

对混合雇佣模式下两类员工另一个方向的作用关系（标准化员工对非标准化员工的影响）则研究得更少，这些作用关系又是如何影响组织的绩效，如果混合雇佣模式是增强组织弹性的一种方式，那么从战略人力资源管理的匹配和弹性视角来分析，混合雇佣模式又是如何影响到组织的竞争优势，都有进一步研究的空间。

在混合雇佣对员工的行为影响方面，研究较多的是混合雇佣模式对员工的满意度、组织承诺和公平感的研究。其中，在混合雇佣模式下的员工满意度研究方面，学者们所得到的结论也各不相同。例如，Bergman（2002）指出，非标准员工与标准员工相比工作的满意度较低，但同时也指出，心理上所认可的工作地位与客观上的雇佣地位相比对工作态度的影响更大。Galup，Saunders，Nelson 和 Cerveny（1997）的研究以及 McDonald 和 Makin（2000）的研究得出的结论都认为临时工比长期员工有更高的满意度。而 De Witte 和 Naswall（2003）的研究以及 MacNamara（2003）的研究指出，工作满意度很大程度上受到工作稳定感（job security）的影响。另外，很多混合雇佣情况下工作满意度的研究认为，员工对工作的正向评价往往与他们自愿选择非标准工作还是出于无奈选择非标准工作有很大关系（例如，Krausz，Brandwein 和 Fox，1995；Ellingson，Gruys 和 Sackett，1998）。

关于混合雇佣模式下组织承诺的研究主要内容集中在非标准员工与正式员工相比是否有更低或者更高的组织承诺上。国外的研究结果没有得出统一的结论。一些研究表明，非标准员工的组织承诺水平显著地低于标准长期员工。另一些研究则得出相反的结论，如 McDonald 和 Makin 在 2000 年的研究。而也有一些研究（如 Pearce，1993）表明，正式工和非正式员工的组织承诺水平基本相同。而在混合雇佣的组织承诺领域，这些看似矛盾的结论比比皆是。造成这些结论差异的原因有很多，其中一条重要原因是学者们对混合雇佣中非标准员工的分类不尽相同，甚至差别迥异。另外，在一些中介临时工相关行业中，组织承诺既涉及临时工所在中介公司又涉及其工作所在公司（客户公司），这使得组织承诺量表变得非常复杂，相关研究如 Connelly，Gallagher 和 Gilley 在 2003 年的研究和 Liden，Wayne，Kraimer 和 Sparrowe 在 2003 年的研究。在上述中介临时工相关的领域中，“二重承诺”也成为很多学者研究的问题，即员工问卷中所得到的其对中介公司和客户公司的组织承诺之间呈现出很强的相关性。同时 Liden et al. 也指出一个非常有趣的事实，即员工自我感受到的对中介公司的组织承诺与客户公司经理感受到的工人对客户公司的组织承诺之间呈负相关关系。

已有的关于组织公平的研究中比较一致的结论是组织公平感对组织承诺的形成具有重要影响。Liden et al. （2003）的研究表明员工感知到的组织支持在很大程度上受到员工的组织公平感的影响。另外，一些学者则将研究重点放在程序公平、人际公平以及信息公平上。这些研究聚焦于组织公平如何与企业的混合雇佣安排相联系。但是，对组织公平和员工态度、行为方式的关系上则缺乏实证研究。

国内对混合雇佣模式的研究主要集中于对混合雇佣模式的理论述评（陈丽君、沈剑平，2002），在按照人力资本的独特性和价值高低区分核心和非核心员工或者称之为内核员工与外圈员工（陈晓波，2003）后，提出了差异化人力资源管理的各种建议（詹婧、朱必祥，2005），包括薪酬方面具体不同策略的采用（石金涛、陈琦，2003），也有一些对于“同工同酬”的混合模型下两类员工的公平薪酬问题的实践性分析（渤颂，2006）。

从目前的国内外研究来看，学者们对混合雇佣中非标准员工对标准员工的影响作用有所研究，但是相关研究内容较少，在未来有进一步研究的余地。而在标准员工对非标准员工的影响方面，相关研究更是乏善可陈，在这个领域的研究将成为混合雇佣研究中的新亮点。另外，目前虽然很多学者已经将视角由基层员工转到专家和管理者中的混合雇佣研究，但是其实质仍是将标准、非标准类型的管理者作为被雇佣主体，对其自身的研究，未来的一个可行的研究方向是探讨这种混合雇佣模式与一般模式相比，对其管理者的工作量、工作复杂性和管理成果等方面的影响。而本章的研究会将研究这种管理者影响变量的一个方面——领导风格变量，加入到模型当中。

领导风格与满意度、组织承诺、组织公平的关系研究比较丰富，如刘益等（2007）研究了领导和下属情商对领导行为和组织承诺的影响，发现高领导者情商同时有助于交易型和变革型领导行为的实施而获得下属的高组织承诺，高下属情商有助于员工识别交易型领导的实质而指导他们对组织的情感性承诺。王颖（2006）针对杭州 IT 卖场内的样本对领导方式与满意度、组织承诺关系进行研究，认为领导方式与员工工作满意度及组织承诺水平均存在正相关关系。其中，交易型领导方式与员工工作满意度及组织承诺的正相关程度高于变革型领导方式。陈永霞、贾良定等（2006）对变革型领导与组织承诺关系进行中介变量研究，发现变革型领导与员工组织承诺是正的相关关系，并且心理授权在两者间起完全中介作用。除将领导风格影响作为研究主体变量之外，将领导风格作为调节变量的研究也有很多。例如，梁巧转、马宪文等对上司领导风格对分配公平感与组织公民行为不同维度之间关系的调节作用进行了分析，发现上司的创制维度对组织公民行为的不同维度产生独立于分配公平感的显著影响，对分配公平感与组织公民行为各维度之间关系没有显著的调节作用；而上司关心维度的这种独立解释能力要弱一些，对分配公平感和忠诚维护之间的关系没有调节作用，对分配公平感与组织公民行为整体以及另外三个维度（人际帮助、个人主动性、个人勤奋性）之间的关系有显著的调节作用。从对领导风格的研究来看，大多数是与组织公民行为、领导风格传递机制等有所关联，但全面分析领导风格与满意度、组织承诺、组织公平关系的文献较为少见，同时，将领导风格与混合雇佣模式相结合进行的研究也非常罕见。

另外，随着混合雇佣模式的普遍化，非标准化员工所从事的工作也发生了很大变化。在混合雇佣早期，非标准员工所从事的主要是与核心业务关系较小的边缘业务，对组织的运行起到辅助作用。随着混合雇佣模式的更广泛应用，非标准化用工已经深入到企业运营的方方面面，在有些企业中甚至将其作为核心业务的主导雇佣形式。由此，非标准化员工所从事的工作与公司核心业务的关联程度也日渐复杂，与此同时，过去主要从事核心业务工作的标准化员工也同样面临业务关联度的多样化。由此，我们认为业务关联度应该成为混合雇佣模型中的一个重要变量。而在实际调研过程中，将认知到的工作重要性（perceived job significance）作为业务关联度的衡量可能将更有实践意义和可操作性。

台湾科技大学学者 Su - Fen Chiu 和 Hsiao - Lan Chen 对工作特征与组织公民行为（OCB）进行了研究。在工作特征因素中，文章涵盖了工作多样性（job variey）、工作重要性（job significance）、工作性质（job identity）、工作自主性（job autonomy）、工作反馈（job feedback）和工作连带性（job interdependence）对组织公民行为的影响。其中，工作多样性和工作重要性对员工的组织公民行为有正向作用，而工作满意度，尤其是内部满意度对这种作用具有中介效应。而美国学者 Hunter，Philip

Edward 在 2008 年发表的研究表明，工作重要性等工作特征因素对员工的工作满意度产生显著影响。在工作重要性的影响因素上，Dore 和 Timothy Lee 在 2004 年对软件开发人员的研究表明，管理行为会显著地影响到包括工作重要性的工作特征因素。目前对工作重要性的研究一般是作为工作特征（job characteristics）研究的一部分，主要考察工作特征与满意度或组织公民行为等的作用关系。而对组织承诺和组织公平感方面，针对工作重要性的相关研究较少。同时，专门研究混合雇佣模式下不同身份员工对工作重要性的认知以及受到工作重要性影响的研究尚未见到。

在领导理论的发展历史中，主要有以下几种主要定义：最早是 20 世纪 30 年代提出的领导特质理论，认为成功的领导者应该具备他人所不具有的独特技能，这些技能是先天具备和后天学习所共同形成的；20 世纪 50 年代，领导行为理论开始盛行，当时的主要代表人物有 Kenny, Zaccarp 和 Hous 等，领导行为理论认为，领导者不是与生俱来就是领导者，领导者个人素质特征是通过领导者后天的培训、发展，使其具备了有效领导能力的一种行为模式；20 世纪 60 年代，由于领导特质理论和领导行为理论的研究没有取得令人满意的效果，领导权变理论兴起，领导权变理论认为，领导与领导的有效性关系主要受到情境的影响，领导在企业管理和决策的过程中必须根据具体情境来选择或确定最好的领导行为，领导权变理论的形成考虑到了外部因素，对领导理论本身就是一种极大的贡献。变革型领导理论则成为 70 年代末期领导理论研究的新热点。

变革型领导理论具有很大的包容性，它对领导力的作用过程进行了广泛的描述，包含了领导过程中多层次多角度已有广泛基础的观点，是一门很有理论和实践意义的领导学理论。

总的来说，变革型领导理论把领导者和下属的角色相互联系起来，并试图在领导者与下属之间创造出一种能提高双方动力和品德水平的过程。拥有变革型领导力的领导者通过自身的行为表率，对下属需求的关心来优化组织内的成员互动。同时通过对组织愿景的共同创造和宣扬，在组织内营造起变革的氛围，在富有效率地完成组织目标的过程中推动组织的适应性变革。

“变革型领导”作为一种重要的领导理论是从政治社会学家伯恩斯（Burns）的经典著作《领导论》（Leadership）开始的。在他的著作中，伯恩斯将领导者描述为能够激发追随者的积极性从而更好地实现领导者和追随者目标的个体，进而将变革型领导定义为领导者通过让员工意识到所承担任务的重要意义和责任，激发下属的高层次需要或扩展下属的需要和愿望，使下属视团队、组织和更大的政治利益高于个人利益。Bass 等人最初将变革型领导划分为六个维度，后来又归纳为三个关键性因素，Avolio 在其基础上将变革型领导行为的方式概括为四个方面：理想化影响力（idealized influence）、鼓舞性激励（inspirational motivation）、智力激发（intellectual stimulation）、个性化关怀（individualized consideration）。具备这些因素的领导者通常具有强烈的价值观和理想，他们能成功地激励员工超越个人利益，为了团队的伟大目标而相互合作、共同奋斗。

交易型领导（Transactional leadership）系 1978 年贺兰德（Hollander）所提出。Hollander 认为领导行为乃发生在特定情境之下时，领导者和被领导者相互满足的交易过程，即领导者借由明确的任务及角色的需求来引导与激励部属完成组织目标。这与激发下属实现自我的目标是不同的，它是一种短期的交换结果。他认为交易领导为下属提供的是纯粹的交换，例如，用下属的工作来交换选票等，是基于社会交易的观点，强调成员与领导者之间的关系是互惠的、基于经济的、政治的及心理的价值互换。而更加具有结构性的交易型领导的理论，是 Bass 在 1985 年的《领导与超越期望的绩效》（Leadership and Performance Beyond Expectation）一书中建构而成的。Bass 认为交易型领导是由领导—成员交换理论（Leader - Member Exchange Theory，LMX）和途径—目标理论（Path - Goal Theory）为基础所发展而来的，认为交易型领导是指通过在奖酬基础上的即时交换来影响追随者。

根据我们对上述问题的探讨，我们提出一种可行的整体研究框架，从理论和实证研究两方面深化目前对混合雇佣模式下两类员工的相互作用关系的研究，主要从工作满意度、组织承诺、组织公平三个方面双向分析标准化雇佣员工和非标准化雇佣员工之间的相互影响，如图 4.1 所示。

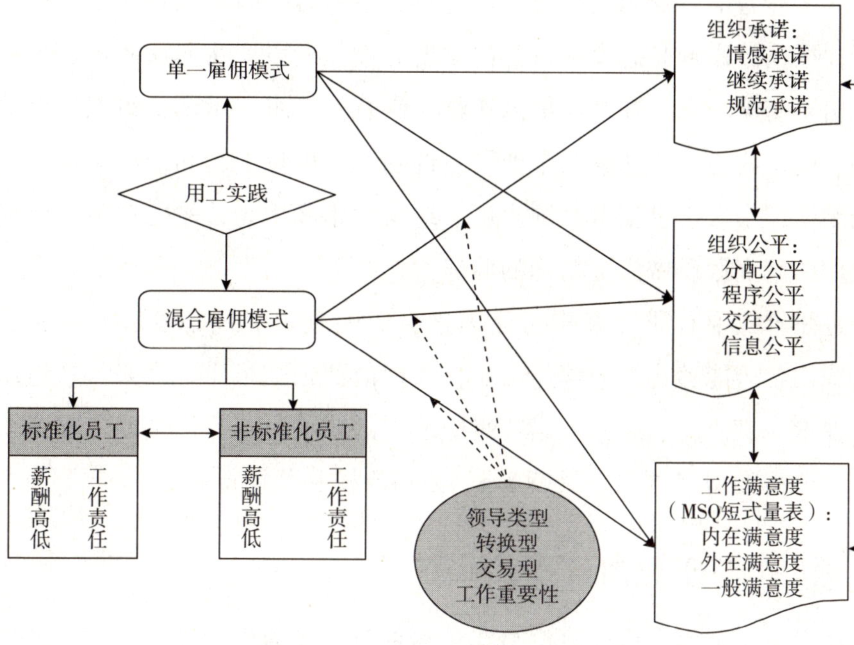

图 4.1　混合雇佣研究初始假设模型

通过对上述研究模型进行实证研究，可以发现，混合雇佣模式对组织成员的态度和认知影响是否存在不同，混合雇佣模式中不同类型员工之间的相互影响是怎样的，不同的领导方式和业务关联度是否对不同类型员工的态度和认知产生影响，以及员工性别等个人信息变量、所在组织的特征对不同类型员工的态度和认知又有何种作用，这些研究结论是相应人力资源管理对策的产生基础。

模型中包含的假设在本章中希望研究证明的有：

假设一：混合雇佣模式下员工身份对员工的整体满意度具有显著影响，其中，领导风格、工作重要性对这种影响起到调节作用。

假设二：混合雇佣模式下员工身份对员工的整体组织承诺具有显著影响，其中，领导风格、工作重要性对两者的影响起到调节作用。

假设三：混合雇佣模式下员工身份对员工的整体组织公平感具有显著影响，其中，领导风格、工作重要性对两者的影响起到调节作用。

除了模型中涉及的混合雇佣环境中的各种影响因素之外，员工自身因素往往也是影响其态度和行为的重要方面。所以，我们加入了员工的个人信息变量考虑。在个人信息变量对满意度、组织承诺、组织公平的影响方面，我们主要考察三个变量：性别、本单位工龄和最高学历。旨在控制三类个人信息变量对满意度、组织承诺和组织公平的影响，以便对我们的研究假设做出更精确的验证。

过往研究中有研究表明行业因素会影响到员工的态度和行为，所以，我们希望能够将行业等员工所在组织的特征变量考虑进来。在组织特征变量对满意度、组织承诺、组织公平的影响上，我们主要考察三个变量：公司类型（国有、民营等）、公司规模和公司行业。

1 实证研究对模型的修正

在实证研究中，目标单位是存在水平混合雇佣模式的企业。问卷发放涉及 9 家企业，问卷回收 309 份，其中有效问卷 264 份，有效回收率 85.4%，其中，9 家企业的信息概括如下。

表 4.1 被调查企业情况总结表

公司类型	国有企业（含国有控股及国有上市企业）	3	家
	民营企业	2	家
	港澳台或外资企业	2	家
	政府机关或事业单位	2	家

续表

公司规模	101～500 人	2	家
	501～1000 人	1	家
	1001～5000 人	1	家
	5000 人以上	5	家
公司行业	电力、燃气及水的生产和供应业	2	家
	信息传输、计算机服务和软件业	2	家
	金融业	3	家
	科学研究、技术服务和地质勘查业	1	家
	文化、体育和娱乐业	1	家

在所有 264 个样本中，标准雇佣的员工样本有 117 个，非标准雇佣 147 个。除此之外，员工个人信息还包括员工的性别、本单位工龄和最高学历，将这部分个人信息填写完整的样本有 241 个，占所有样本的 91.3%。员工的个人信息分布情况如表 4.2 所示。

表 4.2　　被调查员工情况表

	总人数	性别分布		本单位工龄		最高学历	
标准雇佣	106	男	63	1 年及以下	28	初中及以下	0
		女	43	3 年及以下	21	高中或职业学校	5
				3 年到 10 年	34	大专	35
				10 年以上	23	本科	49
						研究生及以上	17
非标准雇佣	135	男	77	1 年及以下	64	初中及以下	6
		女	58	1 年到三年	38	高中或职业学校	33
				3 年到 10 年	28	大专	36
				10 年以上	5	本科	46
						研究生及以上	14

从表 4.2 中可以看到，在性别分布方面，所调查样本中的标准员工和非标准员工非常相似。而在本单位工龄分布方面，所调查样本中的标

准员工和非标准员工出现明显差异。其中，非标准员工中1年以下工龄的员工占比非常大，超过40%，而在标准员工中，这部分员工只占不到30%。另外，10年以上本单位工龄的员工中，标准化员工占比明显高于非标准员工。这也非常符合中国企业混合雇佣模型的应用特点。在学历分布方面，所调查样本中的标准员工和非标准员工出现明显差异。其中，非标准员工中有初中及以下教育程度的员工，而标准化员工没有。高中或同等教育程度的员工在非标准员工中的比例远大于标准员工，占到了总人数的将近30%。而高学历员工占比标准员工高于非标准员工，但差异不甚明显。

在选择量表时，由于本研究不着力于量表的开发，所以主要选择比较成熟的量表。其中，满意度使用的是Weiss et al. 明尼苏达满意度短式量表（20道题），组织承诺使用的是凌文辁等针对中国员工开发的五维度组织承诺量表（25道题），而公平感量表则引用Colquitt，J. A.（2001）研究开发的量表（20道题）。这些量表都经过作者严格论证，同时已被广泛运用，所以，本章中将不对量表的信度、效度等自身指标再做赘述。另外，领导风格分类方面，没有采纳过长的量表，而是参考多因素领导问卷Form10（Bass，1990；Howell & Avoilo，1993）、MLQ 5X（Bass & Avolio，1993）、MLQ 5R（Bass & Avolio，1995）修改剔除放任式领导因素后，以变革型领导五因素——理想化的特质影响、理想化的行为影响、鼓舞式激励、智能的启发、个别的关怀——与交易型领导三因素——论功行赏、主动式例外管理、被动式例外管理——来探讨领导形态，共15题。

在我们的初始研究模型中，将员工类型作为主变量，而领导风格和工作重要性作为调节变量。为研究这样的假设是否合理，我们对三个变量对满意度、组织承诺和组织公平的影响程度做进一步研究，作为模型建立前的预研究。

员工身份变量和工作重要性变量我们不做变更，但对领导风格变量需要做一定处理。在调查问卷中，领导风格的得分我们分为变革型得分和交易型得分。对于每一位领导者来说，都具有一定的变革型和交易型属性，由此，我们不是简单地将领导风格分为交易型和变革型领导，而是以均值为界，将其按照得分高低划分为四个维度，即高变革高交易的双高型领导风格，高变革低交易，低变革高交易，以及低变革低交易的双低型领导风格。如图 4.2 所示。

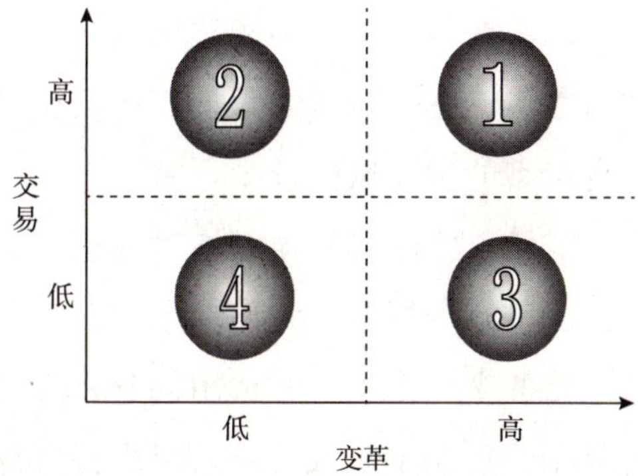

图 4.2 领导风格类型图解

根据我们对领导风格的定义，首先我们分别对全体样本和两类员工身份分别对应的领导风格情况作了统计如表 4.3 所示。

表 4.3 样本中上司领导风格分布情况表

	全体				标准				非标准			
直属上司领导风格	1	2	3	4	1	2	3	4	1	2	3	4
样本数	72	44	53	72	25	23	18	40	47	21	35	32
百分比（%）	29.9	18.3	22.0	29.9	23.6	21.7	17.0	37.7	34.8	15.6	25.9	23.7

需要做出说明的是，虽然领导风格本身是客观变量，但是在我们的数据收集过程中，领导风格各维度得分是由员工作出，即我们所研究的领导风格实际上是员工感受到的领导风格。从表 4.3 看到，在我们的样本中，两类员工所感受到的领导风格情况是有所差异的。

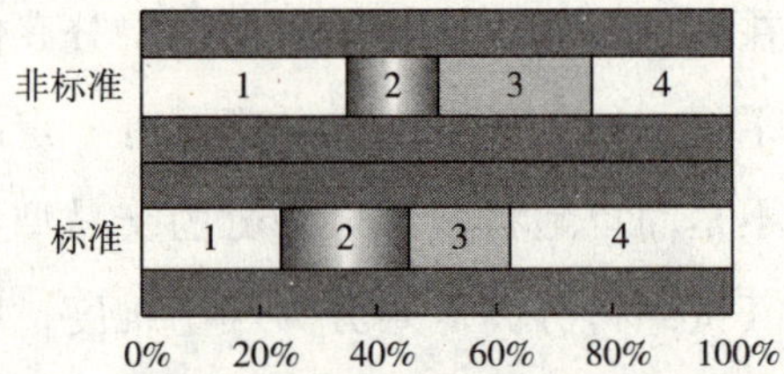

图 4.3　两类员工感知到的领导风格情况差异图

图 4.3 显示，所研究样本中的非标准员工更容易感受到高变革高交易的双高型领导风格和高变革低交易的领导风格，低变革高交易型的领导最少。而在标准员工中，感受最多的是低变革低交易的放任型领导风格，而且总体来看变革型的领导风格较少。

在对员工类型、工作重要性和领导风格对满意度、组织承诺和组织公平各维度的影响情况进行分析时，我们考虑到各变量影响时也考虑到了员工类型和领导风格的交互作用。所选用的分析方法是多因素协方差分析（mancova），其中，控制了个人信息、组织特征变量。由于 mancova 用于分析分类变量间的差异，而我们定义工作重要性变量为连续变量，所以此处将工作重要性变量作为协变量处理。具体的分析过程由 SPSS 中一般线性模型中的多因素分析选项来实现。三类变量及其相互作用中，每类变量对各维度自身变化情况的解释能力在 SPSS 中由 Partial Eta Squared 来观察。该指标表示各因素对因变量方差的解释力。我们此处定义解释力越大，该变量对因变量的影响越大。下面是 SPSS 输出结果统计表。

表 4.4　员工类型、工作重要性和领导类型对满意度、组织承诺和组织公平各维度的影响

Partial Eta Squared	工作重要性（%）		领导类型（%）		员工类型（%）		员工类型与领导类型交互作用（%）	
内部满意度	8.53	☆	23.93	☆☆	0.03		1.01	
外部满意度	3.70	☆	33.40	☆☆	0.02		1.04	
一般满意度	7.14	☆	29.26	☆☆	0.01		1.05	

续表

Partial Eta Squared	工作重要性（%）		领导类型（%）		员工类型（%）		员工类型与领导类型交互作用（%）	
感情承诺	7.74	☆	19.38	☆☆	2.06		2.47	
规范承诺	6.85	☆	24.24	☆☆	0.63		0.47	
理想承诺	10.55	☆	21.65	☆☆	0.53		0.96	
经济承诺	2.96		10.57	☆☆	0.26		4.47	☆
机会承诺	0.07		9.30	☆☆	0.00		0.70	☆
程序公平	14.10	☆	24.09	☆☆	0.48		1.47	
分配公平	7.45	☆	18.79	☆☆	0.70		1.87	
交往公平	0.22		23.34	☆☆	0.40		6.59	☆
信息公平	7.07	☆	28.12	☆☆	1.79		5.29	

注：☆☆表示在所有影响因素中影响最大，☆表示影响仅次于☆☆。

从表4.4中可以看到，领导类型对所有12个维度的解释能力都最强，在除了经济承诺、机会承诺和交往公平的其他九个维度中，工作重要性的影响也很强，仅次于领导风格，而员工类型的解释能力则最小，所以认为该变量对各维度的影响最小。但发现员工类型与领导风格的交互作用在经济承诺、机会承诺和交往公平三个维度上的影响仅次于领导风格本身。

最终我们的目的虽然是研究混合雇佣对整体的满意度、组织承诺和组织公平的影响，但是上述分维度的讨论为我们后面研究整体模型提供了参考。我们发现，最初模型中，将员工身份作为主变量，而领导风格和工作重要性作为调节变量的假设是不成立的。同时，我们进一步猜想各影响变量之间应该有交互作用关系。结合上面的结果，我们重新提出假设模型为：

假设1B：领导风格、工作重要性对员工的整体满意度具有显著影响，且具有交互作用；其中，员工身份对两者的影响起到调节作用。

假设2B：领导风格、工作重要性对员工的整体组织承诺具有显著影响，且具有交互作用；其中，员工身份对两者的影响起到调节作用。

假设3B：领导风格、工作重要性对员工的整体组织公平感具有显著影响，且具有交互作用；其中，员工身份对两者的影响起到调节作用。由此，我们最初的假设模型得到初步修正如下。

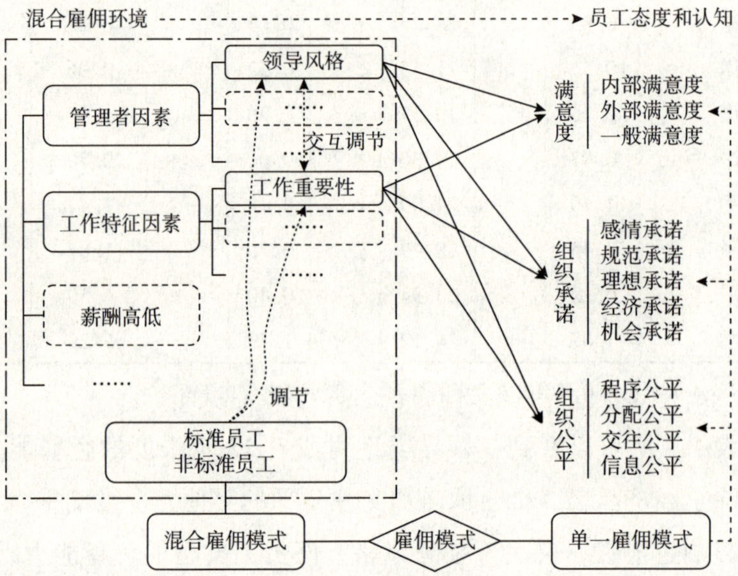

图4.4 初步改进后混合雇佣研究模型

2 整体满意度、组织承诺和组织公平回归模型

在研究满意度、组织承诺和组织公平的影响因素模型中，我们使用的方法和工具是SPSS分步回归方程分析。在分析过程中，将各影响因素进行分类，其中，个人信息变量（性别、本单位工龄和最高学历）和组织特征变量（公司类型、行业、规模）作为控制变量，员工类型、工作重要性和领导风格作为自变量，最后，为了考察自变量之间是否有相互作用，我们加入了三类交互作用变量——员工类型和工作重要性的交互作用、员工类型和领导风格的交互作用，以及领导风格和工作重要性的交互作用。通过分布回归我们发现，员工身份类型自身对其整体满意度、组织承诺和组织公平都没有显著作用。但在组织承诺上，员工身份

通过对领导类型的调节作用起作用，而在组织公平感上，员工类型则分别通过对领导类型和工作重要性的调节作用影响组织公平。另外，在组织承诺和组织公平方程中，可以看到领导类型和工作重要性都具有交互作用，其中又以组织公平中的交互作用更为显著。为了更加清晰地展示我们的结论，作出表 4. 5 以供参考。

表 4. 5　　三因子影响因素模型结论示意表

影响因素 / 被影响因素	领导风格	工作重要性	员工类型	员工类型交互作用		领导风格与工作重要性交互作用
				领导风格	工作重要性	
满意度	☆	☆				
组织承诺	☆	☆		☆		☆
组织公平	☆	☆		☆	☆	☆

注：☆表示影响因素对被影响因素有显著影响。

首先，我们考虑上述结果对整个混合雇佣研究模型的改进有何建议。从结果来看，没有证据表明员工类型对满意度有所影响，而在组织承诺和组织公平方面则都有或多或少的影响。这为我们对混合雇佣模式的进一步研究提供了重要指导。在我们上面建立的修正模型中，满意度、组织承诺和组织公平都作为混合雇佣研究的重要目标变量，但从上面回归方程分析中我们没有发现满意度与混合雇佣员工身份的明显关联，所以，在下一步研究中，建议可以去掉满意度问题的研究，将更多精力投入到组织承诺和组织公平的研究中去。另外，在对混合雇佣模式下组织承诺研究中，员工身份类型与工作重要性的交互作用也可以不作考虑。由此，我们的总体研究模型得以简化。

除此之外，我们从结果中得以进一步考虑各影响变量的作用方式。首先，员工身份虽然没有直接影响到组织承诺和组织公平，但是，它与领导风格和工作重要性的交互作用表明，员工身份的不同会影响到领导风格对组织承诺和组织公平的影响程度，并影响到其认知到的工作重要性对组织公平的影响程度。

同时，在对员工整体组织公平的影响上，我们发现，领导风格和工作重要性之间具有交互作用。从具体的工作环境中考虑，员工所认知到的工作重要与否很难影响到他所感知到的领导风格如何，例如，一个认为自身工作很重要的员工并不为此而改变他对直属上司是变革型还是交易型领导的看法，即上司的领导风格相对于认知到的工作重要性来说是客观的。所以，此处我们在研究组织公平影响因素时，认为领导风格对工作重要性具有调节作用，而工作重要性对领导风格没有作用。

在上述两类调节变量——员工类型和领导风格——中，员工类型是客观变量，而领导风格则具有更大的可塑性，所以，我们认为进一步研究领导风格如何作用于工作重要性将会对企业的领导实践具有直接意义，同时兼顾混合雇佣因素又会对混合雇佣模式下的企业管理具有指导意义。

综合以上递进式研究，我们提出最终改进的混合雇佣研究模型。在该模型中，主体是研究混合雇佣环境中的因素如何影响员工态度和认知。混合雇佣环境中的因素我们用实线和虚线框来表示。实线框表示本研究中得到研究的影响因素，虚线框表示我们维持假设，但是本研究中尚没有涉及的因素。在影响路径中，实直线表示直接影响，弯曲点状线表示调节作用，虚直线表示尚未被证实的影响路径。与最初的研究假设模型相比，改进后的研究模型在员工态度和认知因素中做了简化，去掉了对混合雇佣模式影响不大的满意度因子；在混合雇佣环境中的各因素中，没有变化，但对影响路径的改变较大。领导风格和工作重要性由开始的调节变量转变为影响员工态度行为的主变量，并且领导风格对工作重要性具有调节作用。员工身份的不同对领导风格的感知具有调节作用，同时，在研究组织公平时，员工身份对其认知到的工作重要性具有调节作用。

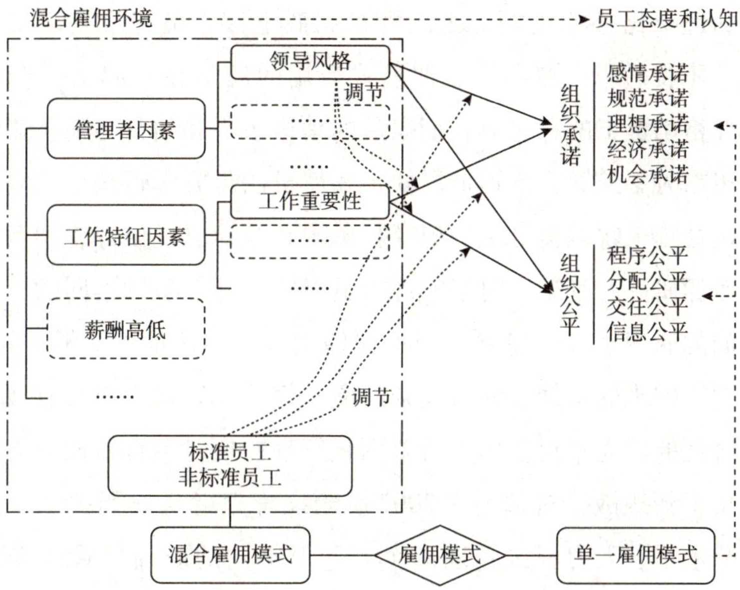

图 4.5　改进后混合雇佣研究模型

第 2 节　同与不同：标准化员工和非标准化员工的认知差异研究

混合雇佣的动态性为企业持续开发人力资本和最有效地利用人力资本提供了参考。雇佣模型中关于促使不同象限中人力资本向更有价值和更为独特的方向转化的建议，对管理实践有很大的借鉴作用（陈丽君、沈剑平，2002）。但同时它降低了雇员的雇佣安全，增加了雇佣风险，另一面，导致雇员的工作满意度降低，这可能会对员工工作绩效有负面影响。更为不利的是，它会导致雇员对其所在组织的忠诚度下降，引起员工流动率过高的问题。而从宏观角度看，混合雇佣模式可能造成非正式员工的边缘化（非正式员工工资福利低于核心员工且缺乏工作稳定性）这一不良后果。按不同雇佣模式雇用的雇员在一起工作会相互影响，比如租用员工的存在对长期雇员的承诺水平和信任有消极影响；同时，雇用临时工经常会推迟低层次正式雇员的提升，也减少了高级雇员的提升机会。了解两类员工如何互相影响和差异以便更好管理两类员工是混合雇佣研究的基础。对于管理人员而言，针对各种不同的人力资源采取不同的雇佣模式，建立不同的雇佣关系，并使他们能够协调一致，是一件相当困难的事情。针对复杂的混合模式，管理者应具有战略性人力资源管理的眼光，对他们进行差别化管理。这对混合雇佣的人力资源管理提出了新挑战。肖倩兰（2007）建议管理者从雇佣关系、雇佣时间、薪酬水平、人力资源管理四个方面对不同的雇佣模式（知识型雇佣、基于工作型雇佣、合同型雇佣和联盟/伙伴型雇佣）进行差别化管理。

赵曙明提出一套差别化管理的基本思想：对于价值性低/独特性低的人力资源类型，组织应该采取基于契约的人力资源策略。因为该种人力资源对组织目标实现只提供较少的贡献，而且在雇佣市场又是比较容易取得的，因此组织就可以用一份规定详细的合同契约来规范双方的关系。雇佣对象只需要完全按照契约上的规定来履行自己的义务，而雇佣方则可以按照契约来决定是否随时更换雇佣对象。由于雇佣对象本身的特点，他完全是处于一个被动的地位。对于价值性高/独特性低的人力资源类型，组织则采取主要侧重于雇佣对象的劳动能力上的人力资源策略。因为对于组织而言，该种人力资源类型对于实现组织目标意义重大，但是又可以很容易地从雇佣市场取得，因此可以用激励等措施来吸引并引导其努力工作。对于价值性低/独特性高的人力资源类型，一方面组织认为其价值不足以由组织自身投入取得，另外在外部市场又并非很容易获得，所以组织倾向于采取联盟的方式来取得这种热力资源。因为一方面联盟能够帮助组织取得该项人力资源的贡献，另外又可以同其他组织分担所需的成本。对于价值性高/独特性高的人力资源类型，组织倾向于以知识作为人力资源策略的核心。因为此类人力资源主要是依靠自身具有的独特知识来为组织服务，同时组织在与其处理相互关系时，也必须从考虑知识本身特点的角度出发。

影响两类员工行为差异因素可以分成两个方向的研究。

（1）外部原因（主要是管理者）

目前对管理者的研究又可以分为三个层次：第一种，将标准、非标准类型的管理者作为被雇佣主体，研究他们行为的不同。第二种，把管理者的领导行为当作一个变量，研究领导行为对整体员工行为的影响。如，Davis - Blake 等（2003）的研究将混合雇佣模式的影响从同事之间扩展到了员工和管理者之间，管理者选择不同的管理方式对员工的满意度的影响不同。第三种，同样把管理者的领导行为当作一个变量，研究领导行为对不同类员工的影响以及影响强弱的不同。但这类研究成果比较泛泛而谈，要不没有明确领导的类型，要不只是提出需要差别化管理两类员工。没有研究表明究竟何种领导风格分别适合混合雇佣模型下两类员工，也没有研究表明不同领导风格对混合雇佣模型下两类员工影响的大小如何，在这个方面还有很大的研究余地。

Geary（1992）和 Smith（1994）报告说管理者将培训和监督临时工的责任交给与他们一块儿工作的标准化员工，不利于非标准员工的工作热情。对于混合雇佣中不同层次的员工的管理，目前研究基本同意采取差别化管理，Emmott 和 Hutchinson（1998）提出，组织中存在不同雇佣形式时，需要依据战略制定不同的管理方法，为员工制定共同的愿景，为组织加入合作的氛围，janice Johnson（2004）建议在一个用工形式灵活多变的组织中，管理者采用“变色龙”式的管理，Daniel goleman（2004）指出在强迫式领导（Coercive leader）、专制式领导（authoritative leader）、附属型领导（affiliative leader）、民主式领导（democratic leader）、领头式领导（pacesetting leader）、教练式领导（coaching leader）六种领导方式中领导掌握了四种或更多，将它们运用到日常管理，有助于提高混合雇佣模式下的公司氛围和公司业绩。

（2）员工主观感受的原因

Bergman（2002）指出，心理上所认可的工作地位与客观上的雇佣地位相比对工作态度的影响更大。而 De Witte 和 Naswall（2003）的研究以及 MacNamara（2003）的研究指出，工作满意度很大程度上受到工作稳定感（job security）的影响。另外，很多混合雇佣情况下工作满意度的研究认为，员工对工作的正向评价往往与他们自愿选择非标准工作还是出于无奈选择非标准工作有很大关系（例如，Krausz，Brandwein 和 Fox，1995；Ellingson，Gruys 和 Sackett，1998）。

在差异研究中，我们致力于解决的三个问题分别是：第一，标准雇佣和非标准雇佣员工在满意度、组织承诺、组织公平之间的差别，即用员工类型分组，三个变量的均值差别，同时需要考虑领导风格和工作重要性会对均值差别带来怎样的影响；第二，工作重要性对标准雇佣和非标准雇佣员工满意度、组织承诺、组织公平的影响，即工作重要性与员工类型共同作用时三个变量的差别；第三，领导风格对标准雇佣和非标准雇佣员工满意度、组织承诺、组织公平的影响，即领导风格与员工类型共同作用时三个变量的差别。在研究中，根据企业调研发现和文献研读，形成了如下假设。

假设 H1：标准员工和非标准员工在满意度、组织承诺、组织公平上存在显著差异，且标准员工高于非标准员工。

假设 H2a：工作重要性与满意度、组织承诺、组织公平关系显著且正相关。

假设 H2b：工作重要性对两类员工的满意度、组织承诺、组织公平的影响有显著差别，且对非标准员工影响大于标准员工。

假设 H3a：不同领导风格对的员工满意度、组织承诺、组织公平的影响显著不同。

假设 H3b：领导风格对两类员工的满意度、组织承诺、组织公平的影响有显著差别，且对非标准员工影响大于标准员工。

在对假设 H1 进行验证时，经过对实证数据（与第一节相同）的统计分析和检验，我们发现，在满意度、经济承诺、机会承诺、程序公平、分配公平、交往公平这几个维度上两类员工并没有明显差异。这涉及一个员工的心理期望的问题，可以说对于非标准员工而言，他们本身的心理期望并不是很高，对工作以及工作所带来的生活状态、给予的待遇、工作氛围、和同事之间的相处以及升职的机会等等还是符合他们的预期希望的。

感情承诺（T = -2.640**）、规范承诺（T = -2.472**）、理想承诺（T = -2.153**）和信息公平（T = -2.743**）这四个变量上标准员工和非标准员工差异显著，就数值而言，非标准员工反而大于标准员工。这点看上去匪夷所思，实际上却合情合理，组织对非标准化员工投入少，他们对组织的要求低；组织对标准化员工投入高，他们对组织的要求也高，相对于非标准员工，标准员工更容易觉得目标未实现，工作没有上升空间，组织没让自己加入更多的有利于自身提高的事务中去，所以感情承诺、规范承诺、理想承诺和信息公平这四个变量上反而是标准员工较低。

两类员工行为的比较研究会受到很多因素的影响，研究中我们分别排除工作重要性和领导风格两个因素之后，又进行了两类员工的差异比较。

对于标准员工和非标准员工，除掉工作重要性影响之后的数据显示两类员工行为没有显著差别。即如果工作重要性保持在一个相同的水平，两类员工没有显著差别。这个验证结果说明工作重要性的影响程度大大超过了预测。双因素理论中有很重要的一条：导致工作满足的内在因素（激励因子，motivator）被满足时，能激励员工在行为上为组织提供更大的贡献，这说明内在因素（与工作满足感有关或工作可能带来的结果，如升职机会、个人的成长机会、认同、职责以及成就感等，这些因素能让员工的内心满足），能影响员工内心的感受的因素对员工的影响效果非凡。在工作重要性的影响下，原本显著差别的感情承诺、规范承诺、理想承诺和信息公平四个变量差别不再显著，员工认可的自己的工作，认为所做之事对组织有重大影响，不论标准员工还是非标准员工都能在现有工作中获得满意度、组织公平、组织承诺。

在固定领导风格时，标准员工和非标准员工在满意度、组织承诺、组织公平上的差异有所变化。所有领导风格中，在低变革高交易型的领导风格下标准员工和非标准员工最不容易感受到满意度、组织承诺和组织公平的差别。可能的原因是在低变革高交易型的领导风格下，领导者主要是依靠制度而不是个人魅力或个性化关怀来领导团队，所以人性化的因素较少，在制度或交易性氛围较重的上下级关系之间，标准员工和非标准员工对上述三类因子的感受不容易出现差别。对于高变革低交易型领导风格，非标准员工在信息公平一项中得分显著高于标准员工，变革型领导强调融洽组织氛围增加了非标准员工对信息公平感受。

在高变革高交易的领导风格之下，不同身份员工有所差异的维度最多，而且标准员工高于非标准员工。在高变革高交易的领导风格之下，标准员工主观感受到更高的满意度（包括三个维度）和分配公平感，在低变革低交易领导风格之下，标准员工主观感受到更多的交往公平，并具有较高的经济承诺。

对于H2假设，经过统计检验，我们发现工作重要性与满意度、组织承诺、组织公平关系显著且正相关。H2a得到支持，但是对于假设H2b：工作重要性对两类员工的满意度、组织承诺、组织公平的影响有显著差别，且对非标准员工影响大于标准员工。经过检验证明，得出的结论和作者的假设完全相反，工作重要性对两类员工的满意度、组织承诺、组织公平的影响没有显著差别，所以员工身份导致的员工行为差异是微乎其微的。

在员工中，四种类型的领导风格对满意度、组织承诺、组织公平各个维度都有非常显著的影响。具体表现为：对于所有变量，双高型领导均优于双低型；所有维度的满意度，除了理想承诺、机会承诺之外的组织承诺，所有维度组织公平，变革型领导均优于交易型领导；对理想承诺而言变革型领导与交易型领导之间并没有显著差异；对机会承诺而言交易型领导优于变革型领导。

结果说明，同时采用变革型和交易型的管理者的管理效率普遍高于不注重领导方式的管理者，如果领导只能保持一种领导方式，除了机会承诺、理想承诺之外其余所有变量，变革型领导管理效率高于交易型领导。

与工作重要性的分析结果类似，机会承诺依然是一个比较特殊的变量，机会承诺倾向于高交易型的领导风格。机会承诺得分越高，说明该员工在劳动力市场上要获得同等的工作机会越难。一方面在市场上机会少的员工更有可能在偏向交易型而不是个人魅力和关怀型的领导下留下来，另一方面领导者对这些机会较少的劳动者只需要简单的交易型领导即可以使他们在原岗位上，而不需要更加复杂的变革型领导方式。

理想承诺指单位能否提供各项工作条件、学习提高和晋升的机会，以利实现理想。交易型和变革型领导均会为员工提供实现职业发展的机会，变革型注重理想描述和价值观激励，交易型领导注重明确的奖惩。所以两类领导风格对理想承诺影响不大。

经过验证发现，交易型和双高型的管理者管理下的混合雇佣组织，两类员工满意度、组织承诺、组织公平没有显著差别。双低型和变革型的管理者管理的标准员工与非标准员工分别在经济承诺、交往承诺、信息公平和理想承诺、分配公平、交往公平、信息公平上存在显著差别。将两类员工有显著区别变量的均值表示在图 4.6 中。可以发现，变革型领导风格在理想承诺、分配公平、交往公平、信息公平对非标准员工的影响大于标准员工（非标准员工均值显著大于标准员工），双低型领导风格在经济承诺、交往承诺、信息公平上对标准员工的影响大于非标准员工（标准员工均值显著大于非标准员工）。

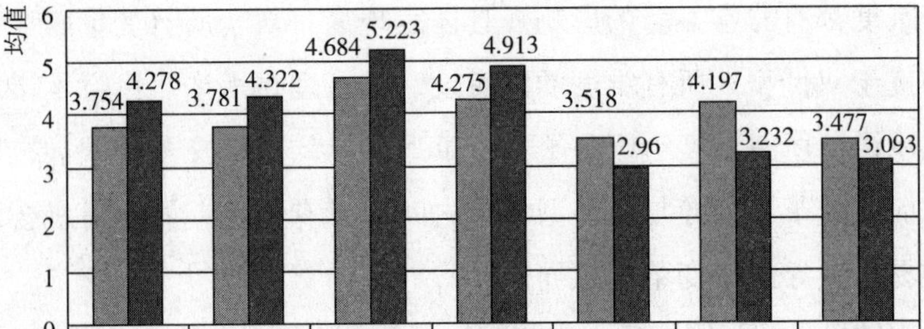

	变革型理想承诺	变革型分配公平	变革型交往公平	变革型信息公平	双低型经济承诺	双低型交往公平	双低型信息公平
■标准员工	3.754	3.781	4.684	4.275	3.518	4.197	3.477
■非标准员工	4.278	4.322	5.223	4.913	2.96	3.232	3.093

■标准员工 ■非标准员工

图 4.6 领导风格对不同员工影响力的大小

对于假设 H3a：不同领导风格对员工的满意度、组织承诺、组织公平的影响显著不同。研究发现除了经济承诺之外，员工的满意度、组织承诺、组织公平的影响显著不同。同时，对于每一个变量，四种领导风格影响大小也不尽相同。

对于假设 H3b：领导风格对两类员工的满意度、组织承诺、组织公平的影响有显著差别，且对非标准员工影响大于标准员工。绝大多数维度上领导风格对两类员工影响并没有显著差别，对于有显著差别的双低型和变革型领导也仅在部分维度上存在均值的差异。

总的来说，标准员工与非标准员工之间存在一些差异，同时这些因素受到内在条件（工作重要性）和外在因素（领导风格）的影响，这两个变量可以改变两类员工的差异。尤其是工作重要性，不考虑其影响的情况下，两类员工之间并无明显差异。

工作重要性与除了机会承诺之外的员工的满意度、组织承诺、组织公平存在正线性关系，但对两类员工差异不显著。这说明不论对于哪类员工，想要提高他们的满意度、归属感、组织荣誉感想方设法提高员工对自己工作重要度感觉是一个很有效的方法。

管理者的风格对员工产生了很显著的导向作用，无论是能够为组织制定明确的愿景，通过自己的领导风格来影响员工（如增强员工的动机）和团队（如调解团队内部的冲突）的绩效的管理者，还是通过明确角色和任务要求来指导或激励下属向着目标前进的领导，都会影响员工行为。

第3节　混合雇佣模型研究的实践意义

在中国非标准雇佣的产生有着复杂的原因：中国处于经济转轨时期，它在解决城市居民就业、农村剩余劳动力转移以及缓解城市贫困方面发挥了积极的作用；灵活的雇佣机制顺应了市场经济对劳动力市场的需求，是劳动力市场中劳资供需双方均衡的结果；下岗失业人员数量的变化、进入城市的外来经济活动人口增多决定着提供大量的劳动力供给，同时新增许多工作岗位的需求，为了安置这些人员产生大量非标准雇佣。

毫无疑问，目前，非标准雇佣的员工在中国企业中的地位是比较低的，很难涉及公司的核心业务，加入权力集团。同时很多管理者对非标准雇佣的管理也一筹莫展，声称没有一目了然、行之有效的方法。

通过前面的研究，我们发现，中国企业中的非标准化员工颇有“自得其乐”的风范，心理期望降低了，满意度、组织承诺、组织公平也就不会显得过于难看。

采取混合雇佣模式的企业为了提高员工的整体满意度，并不需要将标准员工和非标准员工刻意区分开来，而主要还是通过整个企业面向全体员工的措施，如致力于改善员工的生活，以及多从员工角度考虑完善企业的行为机制等等。而在组织承诺和组织公平感方面，则需要多考虑不同员工的差别。

在企业的人力资源管理实践中，为实现企业利益的最大化，管理者希望提高员工的能动性。但作为一般管理者，对员工所处的客观环境能够施加的影响很少，最主要的还应该通过对员工主观态度和认知等的影响对其行为起作用。

目前，国内外对如何激励非标准化用工的研究还很少。首先，从我们观察和了解到的国内管理实践来看，对非标准化员工最大的激励手段是身份的转换，也就是所谓的“转正”，但是企业管理思路中的身份管理意识，使得转正只是少之又少的个案；其次，外部劳动力市场的压力（即容易被替换的压力、找另一份工作的困难程度）也会促使员工努力工作，但是市场压力是企业自身难以控制的因素；另外，可以通过物质待遇进行激励，其中物质待遇既包括绝对值的提高，也包括与正式员工之间相对值的比较结果。然而，企业采用非标准化用工形式的本意就是获得人工成本的节省，因此物质激励是受限的。那么，除了晋升、外部压力和受限的物质激励之外，还有哪些因素通过何种方式影响非标准化员工的激励水平呢?

我们用劳务工这一群体为样本进行了进一步的实证研究①，根据已有的理论，结合我们的经验和观察，我们认为管理者的领导方式对于非标准化员工的激励途径主要有两条：第一，领导方式会影响到非标准化员工对公平性的感知，进而影响到非标准化员工的组织承诺。合适的领导方式会使非标准化员工不但感到经济交换上的公平性（例如：领导在决定绩效薪酬方面有重要的作用），而且感到社会交换上的公平性。因此，根据社会交换（Social exchange）理论，我们选择组织公平性作为

---

① 关于这一研究，具体可参看：Wang Xueli，Ma Lin，Zhang Mian，How Transformational Leadership Influences Agency Workers' Organizational Commitment：the Mediating Effect of Organizational Justice and Job Characteristics Social Behavior and Personality（SSCI），2014 Vol 42，No. 1，pp25 -36。

连接领导方式和组织承诺的中介变量。第二，也是容易被忽略的途径是：领导可能通过让劳务工感受到工作的意义、乐趣来影响其组织承诺。根据社会信息加工（Social information processing）理论，领导在影响劳务工对工作特征的主观感知上有非常显著的作用，好的领导方式会让做同样工作的员工觉得工作更有意义。我们的研究结果也证实了这两条途径的存在：①让员工感到组织公平地对待他们；②让员工感到工作有价值、有意义。

Capelli 认为内部化的长期雇佣关系已经开始让位于市场主导型的雇佣关系，这一趋势提出了一个挑战性的问题：非标准化员工对组织的承诺还可能建立吗？对这个问题的回答存在不同的看法：Capelli 的观点是难以建立，而 Pfeffer 的观点是：尽管环境发生了很大的变化，但是组织仍然需要通过实施高承诺管理实践来获得竞争优势。我们的研究结果更支持 Pfeffer 的观点。即使是对于劳务工这样的非标准化员工来说，变革型领导仍然能够通过两条中介途径起到显著的正向作用，非标准员工的组织承诺仍然是可以建立起来的。

上述研究结论对于实践也有直接的指导意义。首先，一系列研究结果表明管理者的领导方式有助于非标准化员工建立组织承诺。每个管理者都有自己的管理风格，不同的管理风格为混合雇佣的两类员工带来的影响也是非常不同的，从性质上看，有积极的消极的区别；从程度上看，有影响大小的区别。

毫无疑问双高型的领导风格下两类员工的满意度、组织承诺和组织公平都是最高的，理论上说这也是管理者应该努力达到的，但事实并非如纸上谈兵般容易，管理者也要选择较好的管理风格，对于标准员工而言，内部满意度、外部满意度、一般满意度、感情承诺、规范承诺、交往公平、信息公平这 7 个变量变革型领导均好于交易型领导；对非标准员工而言，内部满意度、外部满意度、一般满意度、感情承诺、规范承诺、理想承诺、程序公平、分配公平、交往公平、信息公平这 10 个变量变革型领导均好于交易型领导。

了解领导风格对员工行为影响的多样性具有很高的实践意义。这对领导者提出了更高的要求，混合雇佣企业中管理者如能针对不同员工的不同情况采取不同的管理方式，将会大大提高管理效率。

有人强调管理的最高境界是“无为之治”，但现阶段的中国管理水平远远还没达到这个水平。管理者在组织中一如既往地发挥着重要作用，领导者的个人魅力依旧是维系组织团结、保持凝聚力的一条重要纽带。尤其在混合雇佣企业，对管理者的工作难度、工作复杂性、领导风格等都会有更高的要求。对于那些希望通过在非标准化员工中建立高承诺来获得竞争优势的企业来说，首先应该重视选拔和晋升具有变革型领导风格的管理者。另外，企业可以考虑将变革型领导的典型特征加入到管理者胜任力要求中去，牵引更多的管理者向变革型领导转型。最后，企业可以定期收集和总结一些好的变革型领导案例，在此基础上向现有的管理者提供相应的培训来增强他们的变革型领导能力。

其次，这些研究也为非标准化员工的上级如何更有效地实施领导行为提供了指南，基于研究采用的两个中介变量，管理者在对非标准化员工的管理中，一方面，应该更多地使其感到组织的公平，尤其在管理者可以掌控的程序公平、交往公平和信息公平等方面，允许非标准化员工同等参与相关的决策过程，弱化“身份”的标签意识，分享相关的信息，都可以提高组织公平的水平。另一方面，管理者则应该有意识提高非标准化员工对工作意义的感知，包括经常沟通工作的目标，员工作为组织创造的价值以及他们的工作和组织核心竞争优势之间的关系等等。这提醒管理者要重视下属对于工作重要性的认知。

员工所认知到的工作重要性对他们的满意度、组织承诺和组织公平感具有显著的正向作用。所以，如何能够让员工提高对工作重要性的认识对提高他们的工作积极性有着重要作用。而在现阶段的企业管理中，独生子女的一代日渐成为企业中的核心力量，这一代的特点是比较注重个性和自我，相对于老员工来说，他们对工作重要性的认识相对欠缺。所以，在当代的人力资源管理中，需要领导者更多地针对员工的个性进行沟通，提高他们对工作重要性的认识。同时，在激烈的竞争中，年轻一代员工比老一代更加重视自身学习和素质的提高，所以，作为管理者，给予下属更多学习和沟通机会，为他们树立更高的目标也会对他们的工作重要性认知起到积极影响。

正因为工作重要性可以影响非标准化员工的行为，使用混合雇佣企业的管理者应该找到一个加强非标准化员工自信心的办法，让他们觉得自己工作对组织和标准员工一样重要，这才能真正使非标准化员工“司其职，得其所”。

对于使用混合雇佣模型的企业来说，理解非标准化员工和标准化员工的差异，重视管理者的管理风格的塑造，重视非标准化员工对工作重要性的感知，对于完善混合模型的应用有重要的意义。

第一，有利于提高企业员工队伍的稳健性。随着知识经济的到来，人力资本的作用越来越重要，企业的生存和发展在根本上依赖于是否拥有一支稳定的员工队伍。承认不同员工之间的差别，了解差别产生的原因，运用差别化管理有利于提高企业员工队伍的稳健性，适应时代发展的需要。

第二，有利于企业节约管理成本。我们应该意识到，企业每雇用一个员工都会耗费一定的成本，除了向员工支付报酬和福利，提供培训等物质支出之外，还要花费很多非货币性的成本，比如在管理员工劳动关系时，要付出时间、心血，投入感情，所有这些成本都应是企业着力避免和节约的。因此，在组织内部多种类型的员工同时存在的情况下，如果不能有差别地管理员工势必会造成企业管理成本的浪费。

第三，有利于提高人力资源决策的效率，对正确的员工采用正确的管理办法，能够将日常性的工作规范化，减少无效劳动，使管理人员集中精力解决特殊性问题，从而提高人力资源管理的效率，节省管理人员的时间和精力，同时有利于企业进行正确的人力资源诉求分析，做出合理的人力资源战略决策。

在管理实践中，振华港机对蓝领工人的管理模式对混合雇佣管理优化提供了鲜活的例证。

第4节　形神和谐的混合雇佣人力资源管理：以振华港机对蓝领工人的管理模式为例

1 振华港机公司对蓝领工人的管理模式[①]

(1) 振华港机的发展历程

1992年，原任交通部水运司工厂处副处长，后到上海港机厂工作的管彤贤在59岁即将退休时下海，带领十几位志同道合者创立了振华港机公司。

企业成立之初，振华港机曾租用上海港机厂场地进行生产，年产量只有一到两台。不久开辟了江阴基地，在700米的长江岸线生产港机，最高产量为20余台。以后，为扩大生产，再借用太仓基地和其他场地，前后共有7块之多。由于振华港机设计先进，质量可靠，价格公道，深受国内外港口的欢迎，产品供不应求。不过，场地分散成为制约企业发展的因素。在上海市政府的支持下，公司2001年投资12亿元在长江出

① 此案例来自作者参加《中国式企业管理基础科学研究》中样本企业的调研素材，根据已入选中国工商管理案例库案例改编。

海口的长兴岛建造了长兴港机出口基地，是世界上最大、技术一流的港机制造基地。长兴岛基地占地 100 万平方米，其中有 24 万平方米的厂房，3.5 公里的岸线，基地的建成使得产能比原来翻了一番，大大提高了生产效率，能接下竞争对手难以承接的大型订单。截止到 2008 年底振华港机拥有七个制造基地，分别是长兴基地、南通重型齿轮箱基地、常州基地、江阴基地、长兴工业园基地和南通基地、南汇基地。而且振华港机公司拥有世界最强大的整机运输船队，至 2007 年年底，拥有 6 万吨级整机运输船 22 艘。

经过 16 年的发展，到 2008 年，振华港机公司由创业时的 100 万美元资本成长为拥有 30 亿股本、市值 700 多亿元的国有控股 AB 股上市公司，年产值达 280 亿元，主产品大型集装箱机械占有 75% 的世界市场份额，是业内公认本行业排头兵。若以年产值计，振华港机已居国内重型装备制造业首位。目前公司借助自有的核心竞争力，实施相关多元化战略，培植新的增长点，向散货机械、海上重型装备、大型钢构钢桥、起重机备件等四个市场发展。

（2）振华港机公司的白领、蓝领和灰领员工

在振华港机，一个非常不同寻常的现象就是对白领和蓝领工人的官方划分。公司内部管理中，非常习惯地将员工区分为白领员工和蓝领工人。目前，振华港机公司拥有 4.8 万名职工，其中 4000 名白领员工，3.2 万名蓝领工人，蓝领工人大部分是农民工。

白领员工以脑力劳动为主，主要从事公司各职能管理、技术开发、市场营销、售后服务等人员，其中技术开发人员占整个白领人员的 50% 以上。

蓝领工人是以体力劳动为主，这类人员在公司各基地从事产品制造和协助生产，由来自全国各地的农民工和少部分城镇工人构成。振华港机公司通过以“老板”承包制施工队为主、劳务公司为辅对蓝领工人进行管理。大部分工人通过“老板”承包制施工队形式为振华提供劳动，

老板承包制施工队形式中有四个主体。

①基地。基地是振华港机的生产组织管理单位，是老板承包合同的甲方，相当于施工单位的项目部。

②劳务公司。劳务公司是老板施工队的挂靠单位，需由振华港机公司认可，劳务公司为施工队老板提供开票服务，收取手续费。

③老板。老板向基地承揽生产任务，基地以协商的方式选择老板和施工队。同一工种的项目必须有多个老板承包，以保持施工队之间的生产竞争。老板是项目承包人，是工人的雇主。

④工人。工人主要是农民工。他们由老板招聘，与老板签订集团公司统一拟定的劳务合同，报基地备案。工人必须三证（身份证、务工证、暂住证）齐全。老板按规定登记造册，报基地备案。

除了老板施工队的形式，少部分蓝领工人是由劳务公司直接派遣到振华港机公司，承担一些无法进行按量承包，采取计时付酬的工作。

在蓝领工人中有一批人技术能力强，施工质量可靠，是工人队伍中的骨干，振华港机公司通过三种荣誉称号（技术标兵、技术能手、质量信得过）评选来区分出这批优秀的蓝领工人，称他们为灰领员工。

（3）振华港机与奇特的“老板施工队”运作模式

振华港机公司所制造的港口起重机体积巨大，无法实行自动化生产，需要人工进行手工焊接、打磨、涂装、组装。并且每一台设备都需要大量的人工，如同建造一座钢铁高楼。从1993年成立之初的第一台港口起重机到目前产值达到200亿人民币，振华港机公司本身不雇佣工人从事一线制造活动，主要用老板施工队这种用工形式解决产品制造中的劳动力问题，将生产港口起重机中的制造任务分包给个体老板组织的钢结构工程施工队。很难想象一个大型的重型机械制造厂的生产车间里成千上万的工人从法律意义上讲并不是这个厂的职工，而是隶属于一个个老板施工队，这在同类的其他重型机械制造厂是很少见的。

振华港机公司管理层认为老板承包制是按项目以承包手段计量付

酬，是公司诞生伊始就采用的用工机制，它对实现多劳多得、提高工效、简化管理起了积极作用，特别是在钢结构制造方面由于易于计量和检查质量，而振华港机是以钢结构为生产主体的企业，因此老板承包制将与振华港机公司长期共存。老板施工队能够适应现代工业大生产的需要，并且能够充分发挥生产力，满足了振华港机公司产品制造环节中对质量、技术和进度的要求，是振华港机公司核心竞争力之一。但如何完善这种奇特的运作模式，则是随着企业的成长在摸索中不断发展的。

振华港机公司成立之初，由于自己的实力很小，每年的产品生产量也十分有限，自己如果录用城市中的技术工人根本养不起，而且在当时我国的国有企业改革还没有开始，国有企业的正式工也不愿意放弃铁饭碗到一个没有保障小厂工作，此时农民工大量拥向沿海等经济发达的城市。农民工能吃苦，到城里打工的目的就是为了挣钱，对于住房、医疗等福利没有过多的奢望，农民工为沿海等经济发达城市提供了充足的劳动力，特别是成为中小新兴企业的主要劳动力来源，促进了这些企业的发展。一个包工头组织几十个农民工就成立了一个施工队，他们没有经过专门培训，一些人具有一点机加工的经验，就开始为振华港机公司加工港口起重机了。随着振华港机公司规模的不断扩大，老板施工队的数量和规模也不断增长，他们在生产实践中边干边锻炼队伍。

在这个过程中，老板施工队暴露出了很多弊端：老板不与农民工签订合同，不上保险，克扣施工队中农民工的工资，对农民工只注重使用不进行培训，农民工流动性比较大，过完春节出现施工队人员不足的现象，影响正常的生产进度，更严重的是由于施工队老板本身不重视安全教育、缺少钢结构制造过程中的安全知识，施工队中工人经常违规操作，造成重大人身伤亡事故。面对这些问题，以管彤贤为首的振华港机公司管理层不断总结，权衡利弊得失，通过经济手段对老板施加影响，规范对蓝领工人的管理，增加对蓝领工人的投入，要将上万人的农民工改造成掌握现代化制造工具的产业工人。

振华港机的钢结构工程使一个个“老板”挣到了钱，公司鼓励他们通过合法经营获得财富。效益好的施工队老板每年可以挣上百万，客观的经济利益促使施工队老板对振华港机公司的要求言听计从，并且在与老板签订的《聘用施工队协议书》中提出明确的书面要求，特别是振华攻击公司下发的《关于改进老板承包制用工的几个问题》做出了详细的规定。公司对施工队老板提出硬性要求主要有：

①老板必须参加生产劳动（包括管理性劳动），常驻基地，在基地总经理领导下开展工作，公司不接手甩手和“走读生”式的老板。

②施工队老板用工必须符合国家劳动法相关规定，老板应与每名施工队员签订合同，缴纳社会保险。

③施工队人员结构要达到熟练工65%以上，且每一工种须具备10%的高级工，25%的中级工，30%的低级工，对于特殊工种（如点焊工）必须持证上岗，要限期达到100%。

④施工队老板不应无故解雇工人，对于队里获得“质量信得过”、“技术能手”、“技术标兵”三种荣誉人员须经基地领导批准才能解雇。

⑤施工队老板应缴纳振华港机公司设立的保证金（工人工资保证金、安全生产保证金、生活设施保证金）。如施工队拖欠工人工资，振华港机公司有权动用工人工资保证金，保障工人合法权益。如发生重大安全事故，公司动用安全保证金。如保证金扣除后尚不足，则在工程款中扣除。

⑥老板要想办法用待遇从优、人格尊重、住宿从宽、定期休假等措施，给工人以物质和精神奖励，将技术骨干留下来，配合公司抓好对工人的培训，三个荣誉称号评选工作。

通过倡导良好的风气来保持施工队伍的长期稳定。振华港机坚持“三个反对”。一是反腐败。老板请基地管理人员吃喝、休闲，向基地管理人员送礼、借贷，为基地管理人员报销费用都被视为腐败行为。一经发现，基地管理人员要受处分，老板要被无条件清退。管贤彤总裁把反腐败作为公司兴衰的关键，鼓励公司人员直接向他举报。二是反用人唯亲。公司、基地和老板不能有裙带关系，施工队内裙带关系也要受到限制。三是反歪风邪气。公司禁止黄、赌、毒，工作时禁烟，日常生活中禁酗酒。公司还要求老板举止斯文，尊重工人，分配公道，建设和谐劳动关系。

基地每半年对施工队进行一次考核，主要考核质量、安全、完成任务三项指标。根据三项指标的情况，公司将施工队评定为A、B、C三个等级。评定为A级的施工队总工价上调10%，基地多分担工人综合保险和安全防护用品的费用。因违章造成重大质量、安全事故的施工队，工价下调10%，并扣除老板缴纳的安全保证金。玩忽职守导致工人死亡的，施工队老板承担死者抚恤金，并处以10万元至100万元的罚款。

由此可以看出，振华港机公司通过与利益关系管控施工队老板的方式来规范了对蓝领工人的基础管理。

（4）对蓝领工人的人力资源管理实践

振华港机公司在短短16年成为港口起重机行业的老大，蓝领工人大军可谓是公司取胜法宝之一。公司管总道出了原因：“制造业是劳动密集型产业，外国的衰退造就了我们的兴旺。”他算了笔账，“以产值计算，我们的劳动力成本只占10%，美国占到了30%甚至50%。同样的产品，如果振华造价7000万美元，美国人自己造要花1亿美元。高昂的成本，让他们只能向振华求援。振华用便宜的技术精湛劳动力创造世界一流的产品。”

振华港机公司有4.8万多名员工，而一线工人占到了90%以上，仅电焊工一项就有7500人，其中有不少是农民工。农民工憨厚朴实，但刚进工厂时，文化不高，很难有患难与共的想法，农忙时还要回家，难免影响生产。然而，经过公司改造后却是另一番景象。白天工厂上万的工人紧张而有条不紊地工作着，你会惊奇地发现没有一个闲人，也没有一个工人在工作场地吸烟。到了晚上灯火通明，成千上万的工人主动加班。要不是公司强行规定10点钟必须关灯，工人们不肯放下手头的活儿。2002年11月，管彤贤总裁在长兴基地老板座谈会上的发言中再次强调："即使只做一天，也要有合同。最近公司制定四种表格，两种是登记表（职工和老板），两种是合同（施工队聘工人，基地聘施工队），希予落实。""各种保险是国家对劳动者的爱护，是稳定社会重大举措。基地和施工队都应该按国家和地方政策的规定办。按不同情况由基地、施工队和个人分别承担应缴的保险和人头费。"

振华港机公司为蓝领工人提供职工宿舍、食堂。宿舍为楼房，基本以6人/间为主，每间宿舍均有彩电、空调、橱柜等生活设施，每月住宿费用10元/人，有免费洗澡设施，每月免费发四张洗衣票，可以到洗衣房洗衣用。目前在长兴岛基地建设几万平方米的蓝领工人楼。

振华港机公司精心设计了一套全方位的激励机制，用经济手段保障蓝领工人的利益，引导蓝领工人为公司努力工作，提高工作技能。对农民工，不用讲大道理，直接反映到收入上。振华港机公司制定了最低工资标准，工人加班，干一个小时多拿一个小时的加班费。对于有技术的蓝领，除了从施工队老板那里领工资外，按照不同等级振华港机公司会每个月直接发放给工人几百到三千元不等的补贴，拿电焊工来说，电焊是振华港机最重要的生产环节，一个好的焊工，每月能拿到1万元。一般水平也能拿到2000元以上。

从2002年起，振华港机公司在蓝领工人中开展"质量信得过"、"技术能手"、"技术标兵"三种荣誉人员聘选工作，通过考核评比，强化对蓝领工人骨干的激励作用，基地按等级每月给予获得荣誉称号的工人600元至2000元的额外奖励，在工作服上标识相应的荣誉称号，三种荣誉人员占蓝领工人的比例达到20%。并且三种荣誉称号的工人比例不足5%的施工队，不得在基地承揽项目。

对于蓝领工人中没有专业技术，基本是体力劳动的计时或计件工人，振华港机公司视其为弱势群体，给予特殊关怀。做到雇佣前慎重挑选，上岗后，不得任意解雇，享受国家规定的各种社会保障，保证其最低收入符合公司的要求，安全、质量方面严格培训，鼓励他们学习专业技术，转化身份，进入非弱势群体。

振华港机公司组织蓝领工人进行培训，在蓝领工人集中的制造基地有培训楼，建立多个培训教室，其中最大的可以同时一千人上课，根据不同的工种，公司每年对每个工人安排 40 个小时至 60 个小时（每周 3 次，每次 2 小时）的时间培训，由基地组织实施，公司规定在对蓝领工人的培训中产生的费用由公司和施工队老板共同承担，蓝领工人经过培训后考取公司内部职业资格证书，做到持证上岗。公司定期组织国家和国际职业资格培训工作，鼓励工人参加特殊工种资格考核认证培训和考核。取得认证资格的，费用由公司负担 50%，老板负担 25%，本人负担 25%。有一大批工人取得各自工种的国家颁发的工人等级证书，还有一部分人取得了国际证书，比如国际焊接证书。对于持有高级技术证书的蓝领，振华港机公司的管理是十分严格的，不希望这些人跳槽，影响蓝领工人队伍的技术水平。

振华港机公司在对蓝领工人激励和培养的同时也用规章制度进行约束。工作日禁烟，日常禁酗酒，严禁参与“黄赌毒”等非法活动。员工只要赌博，立刻就开除。一次严重的安全违规，罚款 500 元。对忽视安全生产的员工，一经发现就不再使用，员工就会被老板或劳务公司辞退。

2007 年振华港机公司颁布了《关于在各基地成立“焊工之家”的通知》，指出全公司 7500 名电焊工是上海市也是全国，甚至是全世界最大最有战斗力的一支焊接队伍，是公司的巨大财富。为此公司成立“焊工之家”，用作团结、教育和提高他们的重要手段。

焊工之家是一所大学校，定期举办电焊技术学习，安全操作学习和考试，用以帮助新老焊工，提高安全意识和技术操作水平。对焊工实行会员分级制管理，一共分为甲乙丙丁四类会员，每类会员可直接享受公司提供的福利待遇，最高级别的甲类会员最高可以得到每月1500~3000元的津贴。当然对甲类会员的要求也最高，其中要求有等同中专以上学历和持有两种国际焊接证书（SLV、CWB），可是说是蓝领工人中的金领。公司每年组织两次会员的升级考核工作。

2007年3月，经总裁办公会讨论通过，颁发了《上海振华港口机械（集团）股份有限公司职工互助会章程》，公司成立职工互助会，除了包括白领员工外，还覆盖蓝领工人中的技术能手、质量标兵、焊工之家的甲乙类会员，提供互助资金解决子女教育和大病就医问题。另外这几类人员还优享受公司为解决蓝领工人夫妻两地分居问题而建造的30平方米夫妻房，让他们妻儿团聚，安心工作，目前在长兴岛试点，计划建成3000套。

2007年5月发布了《关于进一步做好蓝领工人工作的通知补充说明》，规定蓝领收入提高期望值每年不少于10%，蓝领工人最低工资标准1000元/月。积极发展三种荣誉称号人员和焊工之家成员，依靠公司给予的不同补贴，提高蓝领工人的收入。

在职业发展上，公司为灰领工人提供了另外一条改变自己人生的途径，对于表现优秀，公司岗位急需的灰领，公司可以对其提干（转成白领），成为公司正式录用人员。这无疑对灰领工人具有巨大的吸引力。

通过上述种种人力资源管理政策与方法，振华港机公司通过全方位的人力资源管理方法，吸引、保留、激励、开发对公司具有战略价值的蓝领大军，为企业的发展提供了长期竞争优势。

2 形神和谐共处之道

振华港机对蓝领工人管理模式的基本特点就是交易雇佣的“形”，承诺雇佣的“神”。交易雇佣的“形”体现在通过“老板”承包制和劳务公司对蓝领工人进行劳务购买，在法律上，蓝领工人不是振华港机的员工，公司没有对蓝领培训、激励、提供福利待遇和提供工作安全感的责任。公司可以随时根据自身的业务量来调整购买的劳务的数量。

而承诺雇佣的“神”则体现在：

——老板施工队必须与蓝领签订合同，为工人上保险。规定施工队人员结构。规定施工队老板不能任意解除与工人的合同，不准打骂工人，负有对工人培训、保障其工作安全的责任。

——对弱势群体采取关怀政策。

——公司为蓝领工人提供职业发展通道，评比“质量信得过”、“技术能手”、“技术标兵”三种荣誉，成立“焊工之家”等工种协会，评定会员级别。培养蓝领工人与公司同甘苦、共患难的思想，在蓝领工人中宣传公司的“凡是有港口机械作业的地方，就有振华生产的港口机械”的远大抱负，培养蓝领工人爱岗敬业、热爱祖国、振兴中华的精神和所从事工作的自豪感。培养蓝领工人努力学习，积极进取的品质。关注蓝领工人的文化生活，组织在全国旅游。改善蓝领工人的工作条件，提供各种工作保障，例如防暑降温费、饮料、工作服、洗衣票。

——规定施工队老板不得任意解雇灰领工人，如果解聘需要经过公司基地的批准。提高灰领工人的薪资和福利待遇，发放各种补贴，改善住宿条件，提供夫妻房。集中管理灰领工人的技术等级证书，避免其任意跳槽。

通过以上措施，公司和蓝领之间形成了非正式的长期雇佣关系，也就是形成了平衡型的心理契约，蓝领工人形成了强烈的归属感，虽然在外在形式上，蓝领工人不是振华港机的员工，但从员工内在的心理感受上，认为自己就是振华港机的一员，员工是在为振华港机工作。蓝领工人普遍感受自己的各种需求逐步得到满足，重要的是工作的安全需求和发展需求得到满足，因此也表现出高承诺的员工行为。公司总裁管总曾自豪地说：“其他单位的员工下了班就打扑克，有的还没下班，就想着怎么玩。在振华，农民工不打扑克，大家最热衷的就是加班加点，工作、学习、钻研技术。”因此，交易型的形式契约雇佣关系和平衡型的心理契约在振华港机实现了和谐统一，统一于推动振华港机战略目标实现这一使命下。

振华港机为什么要采用这样的管理模式呢？这和振华港机所处的行业特征以及人力资源市场的条件有密切的关系，但是更主要的是振华港机发展战略的要求。

振华港机所在的港口起重设备制造业是重型装备制造业的一个分支，其主要产品是岸边集装箱起重机（岸桥）及集装箱龙门起重机（场桥），其中岸边集装箱起重机是港口码头用于从运输船舶上装卸集装箱，而集装箱龙门起重机则用于在港口码头或集装箱堆场内堆放物料及运输货物。集装箱起重机产品具有体积大、重量重、结构复杂的特点，高达数十米，自重1500吨到2000吨，主要由钢结构件、机械传动件、电气控制系统等多个组件通过系列工序总装而成，单机售价500万至1000万美元。集装箱起重机采用订单生产，根据用户的要求进行设计，用户只要缴纳部分定金，企业垫付在制造过程中的材料、配件费用，单个产品成本在几百万美元以上，制造周期一般几个月，所以占用企业大量资金，属于资本密集型产业。集装箱起重机大、重、复杂的特点决定了其生产过程仍然以人工装配为主，无法实现自动化生产。集装箱起重机制造业是劳动密集型产业，劳动力成本占10%左右。随着现代港口作业量的增长，要求港口集装箱起重机装卸效率大幅提高，具有高可靠性，制造商必须运用新技术进行新产品的研发，提高起重机的性能。所以，集装箱起重机制造业也是技术密集型产业。

集装箱起重机作为资本、技术和劳动力密集型产品，全球只有有限数目的厂商具备生产能力，并且其单位价值较高，所以终端客户一般采用全球招投标的方式进行采购，行业内垄断竞争的态势极为典型。根据英国《World Cargo News》杂志的统计，目前有能力提供集装箱起重机的厂商全球有大约20家左右，招投标的采购方式使得这20家左右的厂商在全球范围内展开竞争。除少数国家（如韩国、日本）存在较高贸易保护壁垒而对进口集装箱起重机采取一定抵制态度外，全球集装箱起重机市场基本不存在区域性特征，是一个较为典型的垄断竞争市场。集装箱起重机需求的季节波动性也较小，没有明显的淡旺季之分。

劳动密集的行业特点决定产品制造环节是企业价值创造的重要环节，制造工人的技术水平、工作质量和人力资源满足度直接关系企业产品的质量和产量。而制造业中产业工人的主要来源从改革开放以后，就逐渐以农民工为主。但是随着工业企业产业升级，产品升级，参与国际竞争，必然需要大量高级技术工人，社会上现有的高级技术工人无法满足企业对这类人员的需求，而我国高级工人的培养模式一直是企业自己培养，如果振华港机想拥有这样一批高级技术工人，就不得不通过内部培养的方式，而振华港机创业之初在人力资源市场上吸引人才的劣势，使其培养对象必定是企业中从事一线生产的农民工，没有可以替代的对象。

振华港机的发展战略从创业至今都是非常明确一致的。

①成本领先。要求振华港机采用劳动力价格低廉的农民工为制造环节中的工人。采用老板施工队的形式可以使振华港机一方面使用了农民工提供的劳动，另一方面不与农民工建立劳动关系，达到用工灵活的效果，避免了劳动法规给企业带来的限制，节省了管理成本。施工队的老板来自全国各地，他们可以很好地组织其家乡的农民工进城务工，振华港机不必亲自招聘农民工就可以获得足够的人力资源。振华港机通过老板施工队的管理形式进一步降低企业管理成本。在制造与竞争对手同等质量和功能的产品的前提下，成本领先要求在制造环节提高工作质量，减少浪费和工艺改进等措施，降低制造费用。这个要求同时需要振华港机公司保有一批高级技术工人，这为振华港机公司加强对蓝领工人的培训提供了合理的解释。

②差异化（技术创新、优质服务）。技术创新战略不仅需要科研人

员开发技术领先的产品，而且需要在制造工艺和加工技术上创新，提高制造技术水平，将新产品按照设计要求，保质保量，准时地制造出来。

③多元化探索，以钢为纲的相关多元化。实施以钢为纲的相关多元化的战略是要求公司充分发挥钢结构制造的竞争力，发挥制造环节中的优势，也就是发挥具有一支制造技术水平高，加工能力强的蓝领工人队伍的优势。

在这样的战略目标指导下，蓝领工人是公司战略实施的关键要素，是公司获得竞争优势的重要来源的理念在振华港机得到了充分的树立和贯彻。

3 形神和谐的前提和条件

从企业组织的角度看，在获得形式契约的成本节省的同时，拥有一支高承诺的非标准化雇佣的员工队伍，实在是两全其美的好事情。但是实现这种和谐的结果是需要一些前提和条件的。具体来说，包括以下几个方面。

①企业所处行业的人力资源市场的条件。企业所处行业的人力资源市场，是否能够使企业不用支付与国外竞争对手相同的人力成本，就能够获得足够企业使用的劳动力，不用提供正式的劳动合同和与城市职工相同的薪酬福利待遇，就能够保留和激励来自农村的蓝领工人。

②企业对非标准化员工在企业战略实现中地位的价值导向和管理理念。例如，同处于服务行业，有的企业认为与顾客接触的服务终端，只是个完成服务流程的标准化岗位，有的企业则认为这是“关键三十厘米”，是体现企业价值的重要岗位。对于非标准化雇佣的人力资源的地位的认知，决定了企业的人力资源管理策略。

③企业对非标准化员工需要结构的认识和了解，并能够有针对性地制定并实施相互一致的人力资源策略。在充分了解和满足了非标准化员工的物质和精神需求之后，有的放矢，才能够实现人力资源吸引、保

留、激励和开发的目标。

④企业在组织发展中要具备长期视角，以企业的长期持续发展作为决策问题的基调。正因为如此，在非标准化雇佣员工中逐步建立平衡型的心理契约（长此以往，还可以形成关系型的心理契约），在短期看是增加用工成本的，但是长期来看，新员工招聘和培训成本的节省，熟练和技能水平高的员工减少的制造流程中的纠错成本，高承诺高绩效员工团队带来的企业收益增加，都是有益于组织业绩提升的。

⑤企业的持续发展和成长，一系列相对稳定、相互一致的人力资源政策，长期的组织文化和制度的积累与沉淀，能够建立起组织内部的信任体系，从而形成心理契约的正反馈机制。振华港机的实践中，这种正反馈就非常鲜明。振华港机是国内港口起重机行业最早的打入国际市场并以国际市场为主进行发展的厂商，相对于国内来说是国际市场先进入者，并且经过15年的发展，在全球占有70%以上的市场份额，是行业的领导者，具有市场领导者优势。在与供应商包括劳务提供商进行谈判时，具有很强的谈判能力，施工队老板为了能够在振华港机挣到钱，必须按照振华港机公司的要求对施工队进行管理，否则在国内找不到港口机械设备厂商给他钢结构工程承包任务。同时，振华港机具有与用户的讨价还价能力，避免由于行业内过度竞争导致的低价格，从而有资金投入到蓝领工人技能的开发和改善其福利待遇上。正反馈机制建立起来，具有高承诺员工行为特征的心理契约就非常容易得到强化。

企业使用混合用人模型，在实践中遇到了一些管理挑战，其中，不同形式劳动契约员工的冲突，日益扩大的非标准化员工队伍的士气问题等表现更为突出。而通过对振华港机的研究，可以发现，企业如果能够认识到非标准员工队伍在组织战略实现中的地位，并采取相应的人力资源政策和手段，完全可以实现交易模型的形式劳动契约和承诺模型的心理契约之间的和谐统一，并持续不断地推动组织绩效成长和战略目标的实现。

CHAPTER

第五章
招聘与晋升中的战略决策

第1节 招聘中的战略决策点

以下内容摘自某公司人力资源部上报CEO的年度工作报告："今年我们共参加国展、军博、北展、北京人才大厦、全国人才交流中心等大型招聘会7场次，同时通过中华英才招聘网、51JOB招聘专版其他专业招聘网站发布招聘信息。为满足公司工艺研发部成立对半导体材料高级人才的需求，我们还与北京市城市猎头签订了协议寻求工艺研发专门人才。对生产操作工、特殊工种及其他辅助工种工人的招聘主要通过职业介绍所、就业服务所等就业服务机构，同时通过员工内部招聘以及与地区技工、中专学校联系接收应届实习生、毕业生也是我们的主要招工渠道。全年我们共组织面试483人次，实际招聘录用37人。"

在同一份报告中，可以看到公司投入的招聘成本统计表：

序号	项目名称	费用金额（元）	备注
1	场地费用	12500	
2	招聘告示牌费用	500	
3	网站租赁费	8500	
4	猎头成本	159880	
5	人工投入成本	1372.43	按人均月工资2050.81元计算
	直接成本合计	182752.43	

在另一家企业，企业应用了各种招聘手段，从心理性格测试到笔试面试，最终录用了一个在学校是学生干部的应届毕业生，无论是学习成绩还是简历都很不错。不过这个新员工到单位工作3个月，论业务不如中专毕业的劳务工，而且在人际关系方面还和同事搞得很不愉快，直线

经理直呼："招错了人。"

上面的两个例子在企业中并不少见，前一个案例中，不需要多么复杂的计算，我们就可以算出来，这个公司为录用的 37 人每人支付了近 5000 元的招聘直接费用。而在后一个案例中，招聘的人不是"正确的人"（right person）的情况也并不鲜见。造成这些现象的原因是什么呢？归根结底就是没有做好招聘中的战略决策。

招聘中的第一个战略决策点就是对招聘岗位所需人员的用人理念是培养还是购买。用人理念决定了人力资源的选择标准，从而决定了招聘的具体方法和手段，也影响了招聘的成功率。

如果公司对目标岗位人员的用人理念是培养，希望可以找到随着组织成长而成长的人力资源，那么选择中就要重点发现其是否具有培养的价值，如果公司对目标岗位人员的用人理念是购买，也就是来了就能为我所用，不需要再花时间进行培训和培养，那么选择中就要重点发现其是否具有企业所需要的技能。

从招聘渠道来讲，企业一般通过校园招聘，招聘培养哲学下的人力资源。通过社会招聘寻找可以直接使用的人力资源。当然这种划分也是不尽然的，在一些技术类型的岗位上，校园招聘也是获取可以来之能用的人力资源的渠道。而近年来颇为流行的培训生计划，则更是将培养哲学明确地表达出来。

以 GE 的招聘渠道为例，GE 非常重视校园招聘，并建立了一套完善的运营体制。把每个业务部门的 CEO 都委任为某个大学的 CEO，他们必须参与 GE 的校园招聘活动，为大学生介绍 GE 文化，介绍业务集团的情况，展示在中国的发展前景，以及他们需要哪些人才。通过校园招聘，GE 跟许多大学也建立了密切的战略合作伙伴的关系。

有时，GE 也组织在 GE 工作的同事，到他们曾经读过书的母校以自己的发展为例，向大学生展现 GE 的魅力。GE 还通过一些在校大学生来向同学传播 GE 的企业形象，介绍 GE 的业务与文化。

GE的校园招聘运营体制从不同角度来扩大GE校园招聘的影响力，吸引更多的相应专业的学生来应聘GE的职位。GE在全球统一运作校园招聘与管理培训项目招聘。GE在美国等地的优秀经验会及时在包括中国在内的各地推广，GE中国会及时引进美国校园招聘的优秀经验。在中国，GE是制造业中最佳雇主的第一位。

GE的培训项目招聘，GE全球的人才储备主要利用大学招聘。GE每年招聘4000多人参加公司的管理培训项目，包括金融、人力资源、工程与制造及信息科技等领域的发展培训。GE为他们安排两年的轮训计划，在4个不同的工作岗位工作。这些管理培训生有机会边学习各自职能领域的技能，边在不同的业务集团工作，来实践应用这些技能。GE也从社会招募有工作经验的人才，但GE做得最成功的还是直接从大学校园招聘毕业生参加管理培训项目，如财务管理培训项目（FMP - Financial Management Program）、信息管理培训项目（IMP - Information Management Program）、人力资源领导力项目培训（HRLP，Human Resource Leadership Program）。

实习生制度。每年，GE在一些大学开展实习活动。根据GE各业务集团的实际需要，设计一些实习项目，组织优秀的学生来GE实习。通过实习，GE可以与即将毕业的大学生之间有一个双向的了解、沟通。GE会通过实习考核学生是否满足GE的要求，而实习的学生也会通过对GE文化的了解发现自己是否适合GE的价值观，能否在GE找到自己的职业目标。

社会招聘。GE同样重视社会招聘，招募那些有着丰富工作经验与巨大潜力的人才加入GE。为了满足GE总体十三大业务集团巨大的人才需求，及时为业务发展提供合适的人才，GE中国人力资源部通过各种措施来使社会招聘从被动变为主动。GE中国人力资源部的职责是为公司内部客户在最短的时间内，以最低的成本，找到最合适的人选。

建立人才库——无论是否有岗位的需求，GE都会定期在人力资源、财务、信息管理、市场开发等领域招聘人才。GE 通过内部员工的推荐、外部网络介绍等渠道建立一个内部的人才库，确保这些人才能够随时被 GE 录用，再委任他们到合适的位置上。所以，GE 的招聘不是阶段性的，而是连续性的，是良性的循环，非常及时地满足 GE 各业务集团用人部门的人才需求。

招聘中第二个战略决策点就是两个匹配的选择：人与岗位的匹配、人与组织的匹配。

人与岗位的匹配包含两个层次的匹配，一个是个体的性格特征与岗位所需要的性格特征之间是一致的。约翰·霍兰德的人格—工作适应性理论指出，个体的性格特点与他的职业环境之间需要匹配，他还提出了六种性格类型，并提出，员工对工作的满意度和离职意愿，取决于个体的性格特点与职业环境的匹配程度。这六种性格特征中的每一种都有与其相适应的工作环境。表 5.1 对六种特征进行了描述，并列举了性格特点和与之匹配的职业范例。

表 5.1　　霍兰德的性格类型与职业范例

类型	性格特点	职业范例
现实型：偏好需要技能、力量、协调性的体力活动	害羞、真诚、持久、稳定、顺从、实际	机械师、钻井操作工、装配线工人、农场主
研究型：偏好需要思考、组织和理解的活动	分析、创造、好奇、独立	生物学家、经济学家、数学家、新闻记者
社会型：偏好能够帮助和提高别人的活动	社会、友好、合作、理解	社会工作者、教师、议员、临床心理学家
传统型：偏好规范、有序、清楚明确的活动	顺从、搞笑、实际、缺乏想象力、缺乏灵活性	会计、业务经理、银行出纳、档案管理员
企业型：偏好能够影响他人和获得权力的言语活动	自信、进取、精力充沛、盛气凌人	法官、房地产经纪人、公共关系专家、小企业主
艺术型：偏好需要创造性表达的、模糊的、无规则可循的活动	富于想象力、无序、杂乱、理想、情绪化、不实际	画家、音乐家、作家、室内装潢设计师

资料来源：罗宾斯著、孙健敏等译：《组织行为学》，中国人民大学出版社 2005 年版。

另一个层次的人与岗位匹配则指个体的能力与岗位所需要的能力之间是一致的。企业每个岗位所需要的能力是明晰的，或者更好的情况是，企业建立了岗位的胜任能力模型。那么当应聘人员的能力与应聘岗位的能力吻合时，就实现了人与岗位之间的匹配。

人与组织的匹配则更侧重了人与组织价值观之间的一致。也就是应聘者的价值导向和行为特征与组织所倡导的价值观和行为特征是一致的，这样的应聘者入职后会更适应组织的氛围，也更容易融入组织的文化环境。许多研究都支持个人与组织的契合度越高，个人越会具有积极的工作态度，很好的业绩表现，更高的组织承诺和更高的工作满意度，以及较低的离职意愿。

当企业对目标岗位的用人理念是培养哲学的时候，那么，在招聘环节和手段设计上就应该更侧重对人与组织匹配的考察，侧重行为方式的结构化面试，重点考量价值导向和行为特征的无领导小组讨论、案例分析、模拟等手段相对效度就比较高；而当企业对目标岗位的用人理念是购买哲学的时候，在招聘中就更侧重人与岗位的匹配，那么对性格的测量和技能的考核就是招聘程序的重点，也是比较有效的招聘方式。

下面描述的 GE 的招聘方式就可以看出 GE 的培养人的用人理念①。

面试。

在考察应聘者时，GE 一般不设笔试的环节，仅仅通过面试决定应聘者的去留。所以面试不仅是对应聘者的考察，也是对面试官的考察，包括招聘经理与用人部门经理，能否具有敏锐而准确的判断力在很短的面试时间里，挑选出最好的人才来。从成千上万的应聘者简历初步甄选，以及通过打电话、面试等程序与应聘者进行交流，都是对 GE 招聘经理的考验。招聘经理的招聘工作的每一个程序都处在六个西格玛的严格监控下。

---

① 素材来自清华 MBA 赵海涛报告。

面试是GE考核应聘者的主要方式。首先会由人力资源部的人员面试，其次是用人部门的直接经理对应聘者进行，重要的职位甚至还要CEO参加面试，以及需要展开合作的其他部门的负责人参与。最后，由所有参与面试的人来做总结，根据每个人所填写的评估表，共同决定是否录取应聘者。

团体招聘。

GE还会突破传统“一对一”的面试考核模式，对应聘者团队进行评估。这种做法会召集一批候选人，为他们提供一个案例，由候选人所组成的团队来完成案例，找到解决问题的答案。GE会安排2~3名员工观察每个应聘者在项目完成过程中的表现，来测试应聘者的表现是否会在GE的工作中成为业务的领导，或者是否具有职能上的独到经验等。

“GE招聘会”。

在GE全球，还采取一种叫作“GE招聘会”的方式考核，这是一种非常有效率的方法。通过第一层筛选的应聘者，会集中在一天参加接下来的筛选。把通过第一次筛选的人都集中在一起，所有要参与面试的应聘者与招聘考官都会参加招聘会。面试之前，先给大家进行GE的介绍，包括业务部门、企业文化等介绍，让他们对GE有一个更深入的认识。然后，应聘者可以直接和GE业务部门的领导对话，营造一种双方了解和沟通的氛围，让应聘者在这样一种双向的沟通中再进入到最后一轮面试项目，他们提出问题，提出对工作的要求，会对公司与业务有一个更完善、更深入的了解。通过这种方式，GE基本上当天就可以做出录取决定。通过这种方式，那些没有被选中的应聘者，也得到了一个了解GE的宝贵机会，为下一次成功应聘GE奠定了基础。

后期考核。

在录用新员工之前，GE会通过不同方式吸引人才，然后筛选、考核应聘者。但录用了一名员工之后，考核工作并没有结束。GE内部也有一个很完善的体系去对应聘者的背景资料进行细致的审核，包括应聘者基本信息、以往雇主的评价等。GE会重点考察应聘者在以前雇主的工作表现，并对曾经是否有违诚信非常在意。在GE招聘系统里，这是一个必需的流程。GE对每个人的招聘，会从以前雇主那里对其业绩、表现做一个了解，会对应聘者个人的社会经历或学历上的经历等做一些调查。9·11以后，GE对应聘者的犯罪记录也做调查。在对应聘者的背景做了全方位的核实以后，应聘者才能够真正意义上成为GE的一员。

招聘中的第三个战略决策点是对招聘成本收益的分析，对于招聘成功率（招聘到“正确的人”）的重视。

GE为了实现高效的招聘，将六个西格玛的概念引入对招聘的考核。从GE人力资源部的内部客户来看，招聘的标准主要是快速招聘、成本最低、质量最好。这是业务部门考核HR招聘质量的标准。GE建立了一套衡量和检测体系，来测试GE每一个招聘职位的进展过程。

GE六个西格玛——DMADV招聘程序：

Define——发现问题，搞清楚问题出在什么地方。

Measure——衡量现在做的工作每一步的具体情况。

Analyze——分析每个步骤出现的问题。

Design——设计出最佳招聘方案与程序。

Verify——通过在日常工作中试运行测试程序是否可行。

GE用DMADV方式来衡量招聘工作的质量。

六个西格玛的管理方式是基于原有的历史情况，去找出需要改进的环节，然后进行科学的分析，得到一个改进提高的方法，采取措施解决或改善问题。以往，GE的一些业务部门曾经对招聘流程做过衡量，从简历甄选，到每一次面试，到决定录用员工，并与新员工谈工资待遇……对整个招聘过程进行分析。通过分析，检验招聘流程中哪个环节上拖的时间最长，找到改进的方法。如今，GE正逐步建立用有丰富招聘案例的历史数据库，供人力资源部来做系统的分析。GE希望能够有更多历史数据帮助人力资源部门建立科学的衡量体系，挖掘衡量的标准参数，界定每一个招聘环节所用的时间，确定误差范围。GE 推出的六个西格玛 DMADV 程序就是利用 GE 越来越丰富的历史数据，找出这个最佳标准参数。

为什么要强调招聘的成功率是用招到了正确的人，而不仅仅是招到了人呢？原因就在于如果企业招到的是不正确的人，通过组织努力将这样的人改造成“正确的人”的难度非常大，成功率很低，而如果无法改造成功，那么“不正确的人”继续留在组织，绩效的不尽如人意需要管理者的辅导和纠正，行为与环境的不相匹配则对组织的文化建设有负面影响；而如果“不正确的人”选择离开，则企业面对人员离职后的重置成本。这个成本在管理实践中往往是被低估的。

在对离职成本衡量的研究中，可以发现一种趋势，就是从显性成本到隐性成本的挖掘，而且隐性成本所占比重也越来越大。根据 IBM 中国研究中心的研究，其对组织内自愿离职员工的离职成本的衡量按照工作流程区分包括以下几个模块：分离成本（Separation Cost）、职位空缺成本（Vacancy Cost）、新招聘成本（New Hire Cost）、培训成本（Training Cost）、间接成本（Extra Cost）以及该离职带来的费用节省（Benefits）。各个模块之间的相互关系为：

员工离职成本 = 分离成本 + 职位空缺成本 + 新招聘成本 + 培训成本 + 间接成本 - 离职后的费用节省

对于各个模块的具体内容和衡量指标见如表 5.2 所示。

表 5.2　　离职成本测算指标

模块	指标	定义	显性/隐性
分离成本	离职谈话时间	所有相关人（如当事人、同事、小组领导、经理等）的平均离职谈话时间以及平均面谈准备时间	显性
	离职手续	人事部门处理员工的离职手续所花费的平均时间	显性

续表

模块	指标	定义	显性/隐性
职位空缺成本	职位空缺时间成本	因员工离职而导致职位空缺、相关工作停滞的平均时间	显性
	替代者报酬	支付给接替离职员工工作的临时人员（如合同工、兼职人员或现有员工）的报酬	显性
	管理者监管时间	管理者用于辅导、协调和管理替代者工作所花费的时间	显性
新招聘成本	招聘广告费	通过各种渠道发布招聘信息的费用	显性
	招聘时间成本	人事部门用于开展招聘工作的平均时间	显性
	招聘手续	人事部门用于开展招聘工作所从事的各种手续所花费的费用	显性
	新员工工作启动(Start – up Cost)	提供给新员工的签约金（Sign – on Bonus）和异地员工安置费用等	显性
	新员工入职成本	办公室管理部门安置新员工入职所需要花费的时间成本（如开通电子邮件），以及为工作提供的各种材料成本（如办公电脑、办公材料等）	显性
培训成本	Orientation 成本	包括公司为新员工准备、开展 Orientation 活动的材料成本和人力成本（包括 HR 部门和新员工所在部门的管理者的时间成本）	显性
	平均培训成本	新员工所在部门或小组提供技能培训的人均成本	显性
间接成本	相关人员工作效率成本	员工离职前后和新员工入职前后导致的相关人员工作效率降低所带来的损失。包括 a. 员工离职前生产效率；b. 离职对其他员工生产效率的影响（管理者思考时间、所有员工议论时间、导致项目附加成本）；c. 替补人员的工作效率，新员工的学习曲线（熟练—精通）；d. 新员工的错误成本；e. 其他员工帮助新员工所带来的生产效率的降低(帮助时间、相互适应的程度)	隐性
	顾客损失	因员工离职而导致公司遭受的客户损失和客户满意度降低。它包括 a. 离职带走的顾客；b. 顾客满意度	隐性
	公司价值损失	因员工离职而导致公司损失的无形价值。它包括 a. 离职人员带走的其他公司员工；b. 商业机密泄漏；c. 公司形象	隐性

续表

模块	指标	定义	显性/隐性
节省费用	节省的工资福利	公司在从员工离职到新员工入职期间所节省的费用，包括正常情况下需要支付的工资和各种福利	显性
	离职违约金	如果在合同规定的服务期内离职，员工需要交给公司的补偿费用	显性
	新人效应	新员工带给公司的无形资产。它包括 a. 引入的新思维；b. 带来的新客户；c. 对公司或企业的竞争性	隐性

但在管理实践中，即使是上述显性成本，也并不能够被企业管理者包括在对离职成本的考虑中。因此，当企业可以综合地对员工自愿离职所带来的成本进行综合衡量的时候，企业就会对招聘的成功率有更高的要求，也更能深刻体会到招聘到“正确的人”对于组织业绩的直接影响。

招聘中的第四个战略决策是对招聘中传递的企业文化信息如何进行有效管理。招聘是向企业潜在员工（对于某些行业的企业来说，同时还是直接或者潜在顾客）传递公司文化价值观的窗口。从企业招聘的全流程中，都可以折射出企业的价值导向，尤其是企业的人力资源理念。在目前人力资源供给市场相对充足，而大学扩招后的毕业生面临的就业困境都使作为人力资源市场需求方的企业拥有了更多讨价还价的能力。因此，许多企业在招聘过程中就显得优越感十足，无论是校园招聘还是社会招聘，对应聘者没有足够的尊重。虽然大多数应聘者迫于形势，也不敢抱怨，但是潜在的影响是深远的。聪明的企业恰恰应该反周期而动，在其他企业不够尊重应聘者时，给予应聘者足够的尊重，在招聘流程中能关注细节，那么其在人力资源市场上的声誉和口碑就会为企业带来积极的影响。韩国 SK 集团在校园招聘中，给参加笔试的应聘者车马费，对最终录用的应聘者，还给其家里寄送花篮。这为其在中国人力资源市场上赢得了良好的口碑。

在招聘流程中体现企业文化价值观的关键环节还包括招聘文案的内容，招聘人员（包括面试人员）的行为特征，因此，对于招聘文案的精心设计，对招聘人员的全面培训就成为企业在招聘活动中的必要准备了。

招聘中的第五个战略决策点就是如何处理“人才回流”的两难困境。所谓人才回流，是指曾经离职的人员再次回到企业应聘的现象。企业面对这种现象，是建立畅通的回归渠道，在这些人员回归后，不计前嫌，继续使用（当然，要平衡这种举措传递出的信息，是否会鼓励员工离职），还是不欢迎曾经离职的人员回归（当然，企业不会明示，但在招聘过程中，导向可以非常明确）呢？处于不同行业不同发展阶段的企业，不同的企业文化价值观，不同的人力资源理念，必然做出不同的选择。

案例　A咨询公司的人才回流

A公司是一家在业内颇有影响的咨询企业。据其内部数据统计，曾经离职的人员占目前管理咨询业务合伙人的50%，在总监级中占67%，在部门经理中占30%。

如此大比例的回流人才，A公司是如何考虑的呢？

在网络狂潮兴起的年代，A公司当时一位出色的项目经理也被卷入其中。可即使是在他提交离职申请后，A公司依然任命他为业务部长。按照当时管理层的想法就是：“他走的时候，我们就把这根红线牵上了。这样一旦他回来，这就是起步的台阶。”一年后网络退潮，他从新经济的谷底回归。又一年后，他成为公司的合伙人。

据一位曾经被另一管理咨询公司以高薪挖走，没几个月又回来的咨询顾问很含蓄地说，“不曾离开就没有比较”。他现在的职位已经升至总监。

> 校友会：A 公司和离职人员建立沟通的组织。A 公司对每一名主动离职的同事，都会建立详细的档案，并保留联系方式。而且不定期地进行电话沟通，或者寄赠书籍，通报公司最新的业务发展情况等。对特别优秀的离职同事，还会经常邀请回来，参加公司的各类活动，如读书会、公司庆典、公司生日会等。
>
> 而在 A 公司，离职的员工也自发组织一个称之为“A 公司校友会”的组织。这个非正式组织，成员之间会频繁地进行联系和活动。A 公司的高级管理人员，还会经常参加校友会的聚会，和大家保持良好的沟通。即使是当时因能力不足，或者不适应文化而主动或被动离职的同事，公司同样会与他们保持良好的联系。不过，有品德原因而被淘汰的前员工，公司一律不和他们再进行接触，也会拒绝他们希望返回公司的要求。
>
> ——根据清华大学 MBA 陈立华报告改编。

为什么 A 公司非常宽容地看待自己员工的离职，从战略角度分析，至少有两个方面的考虑，第一，建立自己未来的客户网络。咨询顾问跳槽去实业，通常会占据中层以上的职位。这些校友，都是潜在的客户。这一点，A 公司和麦肯锡，都是一样的出发点；第二，为长远争夺优秀人才。人才是咨询公司的核心资源。A 公司在国内虽然小有影响，但是从规模到实力，与国际咨询公司还有一定的差距。而 A 公司的人才通常具有比较强的市场竞争力，难免会接到外界各种诱惑和机会。因此，靠“拦堵截”是留不住人才的。不如从更长远的角度来看待这些人才。这些人才，出去锻炼以后，再回到公司，往往见识更广，工作能力更强。

A 公司的管理层认为，经常有员工被人挖走，恰恰说明这个公司培养的人才具备很强的市场竞争力；而离开的员工又回来，说明这个公司在同类公司中具备吸引优秀人才的核心优势。用 A 公司管理层的话讲，就是“人才流失很正常，因为面对诱人的薪金待遇和各种承诺，人都会慎重考虑去留。人才回归我更欢迎，因为你被人挖走，说明不仅我认可你，而且市场也认可你。你回来，说明你权衡比较和真切感受之后，最终还是认可我”。

而从文化角度分析，A公司宽容对待员工离职，欢迎员工回流，其背后还是其人人平等和自由的理念在起作用。A公司认为，员工来去都是个人的自由和权利。对公司来说，必须充分尊重这种自由，并尽量为员工的个人发展提供最好的条件。

也许案例中A企业所在咨询行业有特殊的人力资源市场特征，但是处于同一行业的其他企业，也并不都秉承同样的政策，组织文化的不同就是解释这种差异的最好因子了。因此对于“人力资源回流”现象，企业管理者要做出的基本决策本身没有对错之分，但是要深刻意识到，这个决策影响的不仅仅是当事人本人，还包括那些没有离开，或者正在准备离开的更广范围的员工群体，这个决策本身也体现了公司的用人理念。正是基于上述原因，在这类决策的一致性方面，企业管理者必须谨慎再谨慎。

案例 摩托罗拉的招聘策略

①摩托罗拉的用人之道及人力资源理念。

摩托罗拉的用人之道：在最恰当的时间将最好的人放到最恰当的位置上。

Motorola的人力资源理念：1996年2月15日，摩托罗拉（北京）人力资源部的战略会议上提出的人力资源目标是：“提供专业和艺术的人力资源服务，利用业务需要和员工需求，参与到创造当前和未来的事业机会中去，将文化整合到工作环境和社区中去，获得超卓的结果。”

在中国发展的十多年里，本土化一直是摩托罗拉贯彻始终的政策，摩托罗拉的一个口号叫作“做一个地地道道的中国公司”，摩托罗拉实际上已经不是一个纯粹的外企，而更像是一个中国化的企业。摩托罗拉中国公司有84%的员工是中国人，摩托罗拉对中国的市场和文化也有着深刻理解。中国文化和西方的管理理念很好地融合在企业之中，企业与中国市场接触和对话、与中国客户交流的方式都是中国式的，这使摩托罗拉能够很好地和中国政府和企业进行沟通。

在人才的本土化方面，摩托罗拉更是投入了相当的精力。1993年，摩托罗拉大学中国区成立，致力于为公司培养本土化的人才，摩托罗拉要求员工每年至少参加40个小时与工作有关的培训和学习。为了尽量使用本地的人才，摩托罗拉有一个中国强化管理培训计划。这是在1995年为了配合管理人才本土化推进的一个项目，公司选拔非常优秀的本土人员参加1年到1年半的管理培训，其中包括课堂培训、内容有管理、财务、人力资源、市场营销等，类似于小型的MBA培训。另外还送本地的员工去国外的摩托罗拉公司工作一段时间，有相当多的本土人员在经过这一计划进入到公司的管理层。

②摩托罗拉的招聘之道。

摩托罗拉对员工的素质要求：既要发展自己，又要发展别人——摩托罗拉公司看重个人素质。

摩托罗拉（中国）公司对应聘员工的素质有着较高的要求，因为摩托罗拉的宗旨是顾客完全满意，通过员工的卓越工作，赢得顾客的高度信任。这就要求员工本身具有高度的责任心、诚信的高尚品质。摩托罗拉本身所从事的是高新技术产业，产品和技术的更新换代速度非常快，所以这些人必须是勤恳好学、勇于开拓创新的人。摩托罗拉在招聘时非常注重个人素质，看这个人有没有发展意识，既要发展自己，又要发展别人。因为员工在发展到某一阶段时，他就有发展别人的义务。摩托罗拉在招聘时从每个人的工作经验来看其在这一方面的素质。应届毕业生则看其综合素质，了解其团队精神及敬业、创新精神，以及是否能适应变化和正确看待这一变化。

一个公司的选人和用人标准与企业文化密切相关，摩托罗拉尤其注重员工的诚信、勤奋、创新精神和团队精神。摩托罗拉选择员工有硬件和软件两个标准。硬件就是应聘者的学历和背景，背景包括专业、主修课程、学习成绩、在校表现，如有没有进行过实习的工作，参加过社会活动等。软件方面则看你是否具备潜在的能力，如学习能力、团队合作能力、应变能力、创新能力等。

摩托罗拉在天津的生产厂主要是招聘技术员和操作工，人力资源部根据工厂需要的工作岗位出考题，通过笔试来录用人。通过考试，摩托罗拉已经录用了上万人。摩托罗拉有标准的试题库，每次考试的试题都不一样。通过对招聘进来的员工的考核，摩托罗拉觉得考试成绩非常准确地反映了应聘者的素质。

和所有外企一样，摩托罗拉对英语有同样的要求，因为作为一个全球公司，摩托罗拉希望员工的交谈不让人误解，自己的想法也能让人正确理解。摩托罗拉对招进的员工有进一步提高英语的安排，有时候是外籍教员和中国员工一对一学习，让员工了解他们的思维习惯、语气等真切的工作、生活用语。摩托罗拉在天津有一个语言室，专门用来提高员工的英语能力。

青睐应届大学毕业生。摩托罗拉公司也作为中国大学生的首选企业之一，成为应届毕业生争相应聘的跨国外企。没有哪一个外企像摩托罗拉这样喜欢应届毕业大学生，在高峰期，摩托罗拉招聘的应届大学生占总招聘人数的50%。

摩托罗拉认为，从长远来看，应届大学生是生力军，他们会有很多长处。摩托罗拉在招聘时注重这样一个素质：看这个人有没有发展意识，既要发展自己，同时也必须发展别人。招聘应届毕业生，主要看他的社会活动，看他愿不愿意学习，从书本还是实践中学习，了解他的团队精神，以及这个人是否能适应变化和正确地看待这个变化。与许多具有多年的工作经验的人相比，刚刚走出校园的大学生往往缺少经验，但是个人的创新能力和可塑性都比较强。摩托罗拉并不关注应聘人员所学习的是什么专业，从什么学校毕业等，关键在于应聘员工本身的能力，看应聘员工自身的能力和素质能不能在这个企业生存。摩托罗拉一直重视对高校毕业生的吸纳，应届毕业生对于公司来讲如同新鲜血液，他们好学上进，接受能力强，富于创造性。

摩托罗拉对大学生的招聘和使用一直是比较积极的，有专门做高校工作的高校公关人员。这些人员主要负责在高校设立奖学金，组织应届毕业生的招聘，联系大学生的实习等。

关注女性的发展。摩托罗拉是一家跨国大公司，不同性别、文化，不同背景的多元化人才会给公司带来更多的创造力。在此背景下，公司推出了性别多元化项目，倡导职业女性的发展，吸引和保留优秀女性人才。摩托罗拉性别多元化项目的目标是在2004年实现管理层及高级技术的女性比例从22%提升到40%。为达到此目标，摩托罗拉积极为女性员工开拓更广阔的发展空间，同时吸引更多的优秀女性加入公司的管理及技术阶梯发展行列。摩托罗拉确定的这一目标，无疑也为更多的优秀女大学毕业生的加盟提供了难得的机遇。

欢迎回来。摩托罗拉胸襟宽阔，不会对辞职的员工有成见，用制度欢迎离开后又回来的员工。例如公司规定如果员工离开公司后90天内回来，以前在公司的工龄还会延续。摩托罗拉认为许多人都有这种出去看一看的想法，这是年轻人的普遍心态，需要出去看一看，许多人到外面学到了新知识，再回来反而会更踏实地工作。为了迎接他们回来，人力资源部会经常和他们保持联系。摩托罗拉公司高层中也有离开后又回来的。有几位高级工程师离开摩托罗拉到深圳去发展，后来发现情况并不是很妙，人力资源部也在公司内部找机会让他们回来，他们后来真的回来了。在公司重组期，有些自愿离开摩托罗拉的人走时按政策拿到一笔补偿金，后来他们希望回摩托罗拉，宁可将经济补偿金还给摩托罗拉。

尊重从招聘开始。招聘速度是衡量人事工作的一个指标，对投递简历的应聘者反应速度越快，优秀的应聘者成为公司职员的可能性就越大。摩托罗拉人力资源部也非常重视招聘速度。有些职位的招聘会非常快，而相对高层的职位则比较谨慎。

有时候一个位置有许多人来竞争，人力资源部会通过面试情况排一个优选级别，排在第一的人可能1个月后说放弃这个职位，这时候第二位、第三位才能上，所以有时候速度很难掌握。目前摩托罗拉对一个完整的求职过程，从收到求职信到最后进入摩托罗拉，最快的是1个月，平均速度是3个月。所以摩托罗拉人力资源部的努力方向是，每5年缩短一半。摩托罗拉招聘人也给自己一个责任感，希望不耽误应聘者其他的机会。有些应聘者可能是摩托罗拉的产品使用者，所以摩托罗拉在面试中注重尊重对方。

当一个人通过招聘，即将进入摩托罗拉工作时，摩托罗拉会告诉他在摩托罗拉的实际工作情况是什么样的，可能没有外部媒介说得那样好，在摩托罗拉工作可能有酸甜苦辣，有竞争，希望应聘者有心理准备。摩托罗拉希望应聘者做一个有责任的决定，所以将所有他关心的信息告诉他。

不猎自己的客户。摩托罗拉在全球和国内都会用猎头公司找人，摩托罗拉非常注重猎头公司的背景怎么样，他们本身的职业道德如何。“有些公司我们不希望他们去猎人，例如我们的客户和供应商、合作伙伴，因为这样最终会损害自己的利益。”摩托罗拉认为目前在国内有些从事猎头的公司，他们中许多人有在外企工作的经验，能够比较准确地了解外企的需求。

③摩托罗拉的招聘渠道。

摩托罗拉公司有多种多样的招聘渠道，如互联网、广告、现场招聘会、校园招聘会、人才中介机构、猎头公司、员工推荐、内部机会制度等。摩托罗拉通过各种招聘渠道与方式，全方位地寻求与发现人才。如何广泛地开拓求才之路，如何高效地使用众多纳贤渠道，是对每一家公司人力资源队伍的考验。与其他企业相比，摩托罗拉的校园招聘、内部机会制度（IOS）有自己独特的方式。

校园招聘。摩托罗拉认为，从战略眼光看，公司应该致力于自己培养人才。所以，摩托罗拉每年招聘的新员工中，应届大学毕业生要占50%的比例。

有许多大学生在摩托罗拉实习，最后成了摩托罗拉的正式员工。摩托罗拉有时会根据公司发展需要，选聘部分优秀大学生做有目的的定向培养，公司会在他们大学四年级时就与其签订合同，这些学生会在摩托罗拉边实习边做毕业论文设计，毕业后就会直接留在摩托罗拉公司。当然，还有一些学生只做实习，并不会被摩托罗拉聘用。

内部机会制度（IOS）。摩托罗拉很多时候是从内部选人，称之为“内部机会制度”（IOS，Internal Opportunities System）。当某个部门有职位空缺时，摩托罗拉的首选是把岗位招聘消息发布在公司的内部网络上，如果公司内部有合适的人选，摩托罗拉会优先录用内部员工。摩托罗拉认为，IOS可以带来连锁反应：一个部门的人去补另一个空缺，那么这个部门又会出现新的岗位空缺，又需要新的人选来填充，这样一来可以使整个组织的血液得到及时更新，组织的机能得到有效提升。

在人才的内部培养方面，摩托罗拉建立了人才发展的供应与输送体系，设立专门的部门负责管理人员的内部流动和选拔，确保“适时、适人、适岗”。

④摩托罗拉的招聘流程。

获得应聘者简历——摩托罗拉会通过发布招聘广告、校园招聘、专场招聘会、在人才市场设立招聘站等渠道或形式发布招聘信息，通过这些渠道获得应聘者的简历等资料。

人力资源部初选——获得应聘者的简历资料后，摩托罗拉的人力资源部门会首先按照各岗位的具体要求对应聘者进行初步筛选。

用人部门筛选——人力资源部将认为合适的人选提供给用人部门，由各相关用人部门做进一步的筛选。

测试（面试与笔试）——对于每一个岗位，人力资源部一般会提供3名候选人来供用人部门面试，经过测试后只录取1人。如果3名候选人都不合格，就要重新提供候选人。

摩托罗拉通过面试和笔试来考核应聘者。笔试作为招聘的重要环节之一，能够反馈给公司面试者一些基本信息，如知识掌握、性格、职业取向等，为人才选拔提供相应的依据。为了提高面试的效率、准确，公司招聘中心会给用人部门经理们提供相应的面试技巧的培训，有的事业部甚至提出没有参加过面试技巧培训的经理无权进行面试的规定。摩托罗拉认为，只有加强面试和笔试的水平和力度才能在人才甄选中顺利地贯彻摩托罗拉的用人标准。

——根据清华大学 MBA 郭文彦、刘辉武、谢腾龙、吴小双、陈双喜、李鹏的课程报告改编而成。

摩托罗拉的招聘之道对于前面讨论的招聘中的五个战略决策点都做出了明确的选择，也正因为如此，其招聘的效度得到了多年实践的验证。对于其他企业，不单纯模仿别人的某种招聘方法或者手段，而是掌握结合自己的战略、文化，在战略决策点上做出合适的选择，然后再采用相应的招聘流程、招聘方式，才能实现招聘与组织战略和文化的一致性。

第 2 节　晋升中的战略决策

作为组织成员，都希望通过晋升体现组织对自己工作和能力的认可，作为企业管理者，晋升也是管理中重要的杠杆。那么在战略人力资源管理的视角下，晋升中的关键战略决策点都有哪些呢？

第一个战略决策点就是强化晋升与企业文化之间的关系。晋升作为企业员工成长的重要标志，同时也是在企业内部，折射和强化企业文化价值观的最佳手段。有的企业设定的晋升标准和晋升考评过程只关注业绩，而忽略候选者的行为方式和价值导向是否与组织要求的相一致，结果，晋升结果传递给其他员工（尤其是处于职业发展关键时期的骨干员工）的信号与组织价值观的信号相矛盾，这种情况下，轻则带来员工的思想困惑，重则转变员工的行为，使组织成员的行为模式与企业价值观要求的行为模式愈行愈远。

在某一家企业，某个部门有两个年轻人。他们在这个企业工作三年了，两个人干得都不错，领导想提拔其中某一个人。当然，两个人的工作特点是非常不同的，甲在工作当中积极主动，来了以后就跟着原来的老员工学习，同时不断改进所负责的工作，干得有声有色。乙做事则遵循惯例，求稳，凡事也能够按照原来做的方式一步一步做好。在目标晋升岗位两人都可以胜任的前提下，领导选择了乙而不是甲，原因却是"甲乙都不错，但是不能提拔甲，把甲提拔了，甲这个活谁干啊？提拔乙则没有这样的问题"。这样的事例并不少见，如果这个企业的文化价值观强调创新和进取，那么这个晋升决策就与企业的文化价值观背道而驰，也无法鼓励高绩效的组织行为了。

第二个战略决策点就是内部晋升与外部空降之间的选择。"内部晋升"是指从企业内部选拔出合适的人才晋升到空缺或新增的岗位上去的活动。"外部空降"则是指根据企业战略规划，从企业外部把优秀、合适的人才招聘进企业，把他们放到恰当的岗位。

根据柯林斯《基业长青》的研究，从内部人才中培养、提升，慎重选择管理人才的程度，是保存高瞻远瞩公司核心要素的关键步骤；在18个选择的高瞻远瞩公司加起来共1700年的历史中，只有4次外人直接接任CEO角色的个别案例；一个世纪里都有像韦尔奇这样的干才当CEO，而且全都是公司内部自行培养的，是GE成为高瞻远瞩公司的关键原因之一。当然，也有争议者认为，长期拒绝"空降兵"也会影响到企业深层意义上的创新。多种文化观念的撞击对创新是非常有益的，企业的发展也离不开内部对抗性的或建设性的矛盾。由于内部人组成的管理团队在企业文化、价值取向等方面的高度趋同，将会在一定程度上影响企业的创新，而企业成长的灵魂恰恰在于持续不断地创新变革。这也许可以解释中国企业在近年实践中广泛地引入外部空降的事件。空降兵现象是目前人力资源管理的一个热点现象，特别是著名企业的外聘高管，由于企业自身的公众性引人瞩目，同时企业处于对外公关的考虑，多少不同地利用这个契机进行"事件营销"扩大企业影响，树立企业创新和变革的正面形象。当然，随着人力资源市场化的进程和职业经理阶层的逐步形成，空降事件越来越普遍地出现在各个企业，并逐步由企业的最高层向中高层扩展。

企业为什么要选择外部空降呢？从组织文化的角度来说，如果企业想维持现有的强势组织文化，多会选择内部晋升，而如果对现有的文化不满意，想改善或重塑现有的组织文化，就会考虑外部空降；而从企业的战略环境来讲，股权相对分散、产业变化较快、走多元化道路的企业倾向用“空降兵”，反之则倾向内部晋升。内部晋升和外部空降两种方式也存在着各自的优缺点。

内部晋升的优势包括以下几个方面。

①从选拔的有效性和可信性来看，内部选拔较为客观，因为组织员工过去的业绩评价资料通常是很容易获得的，管理者也对内部员工的性格、工作动机以及发展潜能等方面有比较客观、准确的认识，能够做到心中有数。那么，人事决策就比较容易，成功率也较高。

②从组织文化角度来分析，员工在组织中工作过较长一段时间，已融入组织文化中去，认同组织的价值观，与组织的契合度更高，更便于开展工作。从组织的运作模式来看，更了解组织及其运作方式，能比从外部招募的新员工更快地进入角色。

③从激励方面来分析，内部选拔能够给员工提供晋升机会，强化员工为组织工作的动机水平，也会提高员工对组织的承诺。尤其是高层管理层人员的选拔，这种晋升往往会带动一批人作一系列晋升，从而能鼓舞员工士气。同时，这会在组织内部树立榜样。通过这样的相互影响，就可以在组织中形成积极进取、追求成功的气氛。

④从成本角度考虑，“内部晋升”可以节约高昂费用，如广告费、招聘人员和应聘人员的差旅费等，同时还可以省去一些不必要的培训，减少了间接损失。另外，一般地说，内部候选人已经认可企业现有的薪酬体系，其工资待遇要求会更符合企业的现状。

内部晋升的劣势则包括以下几个方面。

①内部选拔需要竞争，而竞争的结果必然有成功与失败，并且失败者占多数。竞争失败的组织员工势必心灰意冷，士气低下，不利于组织的内部团结。有时候甚至出现“提拔了一个，走了两个”的局面。所以

说，有时内部选拔的代价也很高。

②同一组织内的员工有相同的文化背景，可能会产生“团体思维”现象，抑制了个体创新，有可能会给组织带来灾难性的后果。尤其是当企业或组织内部重要职位主要由基层员工逐级升任，就可能会因缺乏新人与新观念的输入，而逐渐产生一种趋于僵化的思维意识，这将不利于企业的长期发展。

③内部选拔有可能是按年资而非能力，从而对组织的人力资源管理机制产生危害。这将会诱发员工养成“不求有功，但求无过”的心理，也给有能力的员工的职业生涯发展设置了障碍，导致优秀人才外流或被埋没，削弱企业竞争力。

④有可能出现“裙带关系”的不良现象。“裙带关系”一方面损害了招聘的公正与公平性原则，另一方面也滋生了组织中的“小团体主义”，引发组织内的政治斗争，从而削弱了组织发展的动力。

⑤内部选拔，尤其是管理者的内部晋升，有可能产生一种把人晋升到他或她所不能胜任的职位的倾向。此外，由于是从基层逐步晋升上来，组织的高层管理者多数年事偏高，不利于冒险和创新精神的发扬。而冒险和创新则是处于新经济环境下组织发展至关重要的两个因素。

外部空降的优势包括以下几个方面。

①新领导会带来不同的价值观和新观点、新方法。从外部空降来的人对现有的组织文化有一种崭新的、大胆的视角，而较少有感情的依恋。典型的内部员工已经彻底地被组织文化同化了，受惯性思维影响，既看不出企业有待改进之处，也没有进行变革、自我提高的意识和动力，整个组织缺乏竞争的意识和氛围，呈现出一潭死水的局面。通过从外部招募优秀的技术和管理人才，就可以在无形中给组织原有员工施加压力，激发斗志，从而产生“鲇鱼效应”。有人把它形象地比喻为“引进一匹狼，激活一群羊，带出一群狼”。特别是高层管理人员的引进，这一点尤为突出，因为他们有能力重新塑造组织文化。

②“外部空降”是一种有效的人才利用方式，外部挑选的余地很大，能招聘到许多优秀人才，尤其是一些稀缺的复合型人才。这样可以节省大量内部培训的费用。“外部空降”的人一般在业内已经是小有成就，不存在能力的问题，只要文化匹配，就一般可以胜任工作。

③外部空降可以缓解内部竞争者间的紧张关系。由于空缺职位有限，企业内可能有几个候选人，他们之间的不良竞争可能导致钩心斗角、相互拆台等问题发生。一旦某一员工被提升，其他候选人可能会出现不满情绪，消极懈怠，不服管理。“外部空降”可以使内部竞争者得到某种心理平衡，避免了组织成员间的不团结。同时，也是对原有体系的内冲突的一种有效化解。

④外部空降也是一种很有效的交流方式，企业可以借此在潜在的员工、客户和其他外界人士中树立良好的形象。

外部空降的劣势则有以下几个方面。

①筛选难度大，时间长。组织希望能够比较准确地测量应聘者的能力、性格、态度、兴趣等素质，从而预测他们在未来的工作岗位上能否达到组织所期望的要求。而研究却表明，这些测量结果只有中等程度的预测效果，仅仅依靠这些测量结果来进行比较科学的录用决策是很困难的。为此，一些组织还采用诸如推荐信、个人资料、自我评定、同事评定、工作模拟、评价中心等方法。这些方法各有各的优势，但也都存在着不同程度的缺陷。这就使得录用决策难上加难，而且耗费的时间也比较长。

②直接成本和心理成本高。除了招聘直接成本和交易中花费了较多的人力、财力、还占用了大量的时间成本之外，可能对被挖人才的公司或组织的关系造成伤害，这也是不得不考虑的间接成本。从外部招募来的组织员工需要花费较长的时间才能了解组织的工作流程和运作方式以及适应新单位的文化，才能了解组织的工作流程和运作方式，增加了培训成本。如果组织中有胜任的人未被选用或提拔，即内部员工得不到相应的晋升和发展机会，内部员工的积极性可能会受到影响，容易导致

"招来女婿气走儿子"的现象发生。同时，可能由于新引进人而带来组织新的不确定因素的增加。

③决策风险大。"外部引进"只能通过几次短时间的接触，就必须判断候选人是否符合本组织空缺岗位的要求，而不像内部制造那样经过长期的接触和考察，所以，很可能因为一些外部的原因（如信息的不对称性等）而做出不准确的判断，进而增加了决策风险。

面对内部晋升和外部空降的优劣势，企业只能是结合自己的需要，在综合分析的基础上进行决策。无论是内部晋升还是外部空降，决策中不仅仅包括选择哪种形式，还包括对于新晋升者尽快适应工作而做出的准备。

而在现实生活中，我们的一些企业在发展峰值的时候没有系统地考虑过企业经理人制度以及"交接班"的问题，大多数企业都是在面临摘牌或者濒临倒闭的时刻才匆忙空降职业经理人，企图力挽狂澜。企业给出的时间和空间不多，经理人适应时间太短。由于双方的处境和急躁，决定了这种合作的短期行为。这种挽救，无论多高明的高手也只能制造两个结果：要么解决局部问题，透支未来，企业勉强得以维持；要么绝招失灵，企业加速灭亡。真正解决长期战略，治本的情况鲜有发生①。

正是面对这种情况，有许多研究者开始讨论对于空降兵的能力要求，认为其性格特征非常关键，要具有使命感，要懂行业且有跨行业的背景，并强调情商等领导特质。而对于空降兵与新企业的冲突，则提出了薪资差异与冲突，感知的权力差异（Perceived power diversity）与冲突，信息差异与冲突，"厂龄差异"、价值观差异与冲突等类型。并提出了一个描述空降兵与原管理团队之间冲突与绩效关系的模型②。

而从采用外部空降的企业角度来看，也有人认为"当前民营企业老

① 姚少文："服装空降兵"，《中国纺织报》，2004年8月13日。

② 刘学："'空降兵'与原管理团队的冲突及对企业绩效的影响"，《管理世界》，2003年06期。

板，普遍有一种想把事业做大，打造著名品牌企业的野心，所以他们通过各种途径，寻找能为自己的事业带来跳跃性帮助的高级管理人才，但同时他们也存在一个迷惑：该如何选择和引进职业经理人？在对民营企业的管理咨询过程中，我发现，老板们在任用职业经理人上存在着几大严重问题，如职务位置安排不当、信任度把握不准、期望值过高等，从而导致企业没有效益、经理人没有业绩，最后大家不欢而散。”[①] 企业引入外部高管首先是基于战略的判断，企业所有者在判断了内外部情况后，一般情况是要对组织战略进行调整，并相应地要对组织结构进行调整，在权衡了内部选拔和外聘的风险后，选择招募空降兵，往往意味着组织需要重大的变革和发展，而内部资源不足，或者意图引入外部利益相关者重新解构内部利益关系，并带动组织文化和价值观念的转变。其中组织变革的意图是组织引入空降的最重要的内部动因，而外部环境的复杂多变是促进组织引入空降高管的重要促成因素。

而进入新企业的外部高管是否能有所作为，担负其新企业变革的重任，最根本的决定因素在于空降经理能否迅速发现分析和管理新企业内外部的各种利益相关者，而这种管理的有效性外在地表现为能否融入新企业的组织文化，进而对其文化带来变革。那么企业就应该帮助空降来的管理者尽快地识别组织内部的文化和环境特征。

从空降兵的角度看，经理人选择空降，虽然有种种外部原因的激励，但归根结底是由经理人个体行为选择的结果。空降的行为相对组织而言，个体的决策有更大的风险，经理人在决策的过程中必然面临着内外两个组织的认知问题。客观上讲，理性的经理人不会在原有企业发展一帆风顺如鱼得水的时候选择空降到另外一个企业，或多或少，必然存在内在的激励。也不会在一个外部企业毫无认知的情况下，贸然弃旧迎新。这中间的过程必然存在着利益的不满足或发展的瓶颈，或者是价值

① 沈坤：“民企老板：找准、用好你的空降兵！”，《民营经济报》，2005 年 4 月 7 日。

观念冲突。也可以看到在空降者身上存在的一些问题，比如，忽视团队和特定环境的作用，过分夸大个人作用，忽视一个新企业尤其是一个规模更大的新企业或基础更差的新企业任职的难度，或者大包大揽，承诺一些超越可能的目标，以专家身份自居，摆不正在新企业的位置。

从文献报道上看，绝大多数的空降经理人都以失败告终，多数研究者和报告者把沟通问题放在群体层面分析的首要位置，沟通无效往往是空降经理离开旧企业的起因，也是经理人在新企业无法立足的最重要因素。

在空降经理人进入新企业以后面临的一个重要问题是面对企业内部的各种非正式群体，成功的空降经理人可以利用企业内部的各种非正式群体迅速了解企业，快速融入企业。而对失败的空降经理人来说，首先产生巨大阻力的恰恰正是新企业内部的各种非正式群体。

空降经理人的领导能力是其能否在新企业顺利着陆的关键因素，空降经理往往只是前往新企业，最多携带极其个别的追随者。如何在新企业迅速组建有效的团队，是空降经理人最重要的任务。在组建领导团队的过程中集中表现了经理人的领导素质，其中领导人权变的能力又是各种能力中的关键因素。

综合上述内容，企业根据自身的战略发展需要来进行内部晋升或者外部空降的选择，虽然内部晋升存在程序效率和公平问题的可能，但是内部晋升对于文化传承和员工激励的作用依然不可低估，不过需要解决由于内部晋升形成的“内部竞争”和对团队合作精神的抵消问题。内部晋升本身可能带来的僵化和自适应机制差是值得深思的。但是是否只有外人才可以带来刺激公司重大进步的变革与创新？作为大多数选择外部空降的中国企业，这似乎是最直接的动因了。其实不然，企业的创新文化强势的情况下，企业仍然可以保持创新的内部动力和源泉，无论是技术创新还是管理创新，一个鼓励创新的文化机制要远比一个可能带来创新的外部空降兵重要。

而在中国企业的实践中，采取外部空降来引发变革的另外一个比较隐性的原因，一旦变革过程中遇到阻碍，企业可以简单地通过外部高管的离开尽快地恢复原状，相对成本和风险比较小，也许正是因为外部空降者的“新”，在组织内部尚没有形成基础，才使恢复更为容易。而这样的动机，反倒直接影响了外部空降高管的行为表现，可能使本可以成功的组织变革半路夭折。在民营企业的家族传承中，就不乏这样的例子，年轻一代管理者希望改变父辈创业时期的管理模式。通过引入外部空降兵（有时甚至是外部空降兵团）作为变革的先锋，在组织内部推行他所倡导的变革，但是一旦遇到阻碍，甚至惊动了父辈出马，则马上请空降兵团离开，于是后院安稳，波澜不惊。这种现象就直接反映前面所描述的动机模式。

第3节　从入乡随俗到如鱼得水：中国企业组织变革中空降高管的内化问题

对于处在中国经济快速发展大环境下的中国企业，组织变革基本上是企业的日常活动。随着我国经济发展，企业的生存空间不断扩大，使得很多企业积极扩张，在扩张过程中高级管理人才的作用是至关重要的，在原有企业内部人才不足的情况下，招聘合适的外部管理者来帮助企业拓展业务是必然选择。另一方面，当企业处于变革时点，需要改变传统的工作模式和组织文化时，同样需要从外部引进高层管理者，利用他与原组织成员不同的工作风格对原有组织文化进行改革。

而在这些不同的组织变革中，一个共同的现象是许多企业都会从外部引入高层管理者，来承担相当的责任，以实现变革和发展的目标。这些“空降高管”能否真正地发挥作用，与组织内化的机制有些密切的联系，也与企业对空降者的期望、企业原有高管团队（TMT）和空降者个人的行为模式有着密切的联系。而企业对空降者的期望是一切内化过程的起点和前提。

从目前中国企业组织变革中高管空降的情况看，按照企业对空降者的期望，可以分为四种类型。

①拯救型。企业的经营（或者某个业务单元的经营）遇到了严重的问题，企业内部原有管理团队对此已经无能为力。这种情况下，采取从同行业中选择一个职业声誉良好经营能力突出的高层管理者空降到企业，目标是拯救业务，实现突破。

②开拓型。一些企业在成长过程中，开始尝试一些新的行业和新的业务，企业原有管理团队对新行业都无经验，这种情况下，企业多数都会从目标行业中直接招聘高层管理人员，尤其是该行业领域内的拔尖人才，委以重任。借行家之力，实现企业的产业进入和发展。

③创新型。企业的经营状况良好，但是业绩增长放缓，企业高管团队已经意识到，本企业多年的行为习惯和思维模式使业务的创新和经营的快速发展很难实现，因此通过空降高管，形成“鲇鱼效应”，期望新高管能够带来新的发展，实现业务创新和企业的持续发展。

④整合型。这种情况多发生在企业的并购和重组过程中，在越来越激烈的市场竞争中，组织为提高自己的竞争地位，不断采用各种并购方式来扩大规模，降低组织经营风险，提高竞争能力。在并购中，往往一方面保留被并购的组织中的大部分管理人员，另一方面又要对该组织灌输新的组织文化，这个过程中，派驻到被并购的组织中的高级管理人员面临着融入原有管理团队并使之接受新的管理思想与组织文化的问题。

组织内化是指新进入组织的成员融入组织，并最终实现与组织其他成员高效协作，最终实现工作目标的过程。作为空降的高管，如何能很好地与公司原有的组织成员融合，并能充分发挥才干为组织创造业绩是组织内化的具体目标。一般来说，空降高管的组织内化过程会经历三个阶段。

第一阶段，入乡随俗阶段。作为刚刚进入企业的空降高管，对企业的规则和文化要有一个了解学习和适应的阶段，这个时期，如何将自己在以前工作经历中形成的思维方式和行为方式放在第二位，在尊重进入企业的历史传统、文化个性和管理现实的基础上，确定未来工作和领导的行为方式，是非常关键的。有这样一位业内经验丰富职业声誉很好的高层管理者，在正式进入企业后，经常在工作中说，“你们这个不对，那个不行”，“你们这个必须得改”，而最终的结果是他的想法和措施得不到一点支持。原来管理团队的一位成员，气愤地说：“啥叫你们，你也是你们中的一个”。这个事例给我们一个深刻的启示，入乡随俗阶段，怎样从“你们”变成“咱们”是对空降高管的挑战，但入乡随俗不等于不思变革，因为从前面的空降高管的目的来看，变革是唯一的主题，但是没有入乡随俗的基调，再浓墨重彩、绚烂辉煌的蓝图，都无法涂抹到企业这块画板上。

第二阶段，水乳交融阶段。在解决了基调问题后，空降高管接下来面临的是怎样去实施潜在的变革方案问题，这个阶段，获得原有高管团队的充分信任是最重要的一件事情。信任的建立并不容易，水乳交融是不分你我的，一位空降到某民营企业从中层做起的 MBA 毕业生对此感触颇深，“我到这个企业工作的头几年，我就一直保持着一个习惯，每个小时和大老板联系，让他知道我在哪，在做什么”，这种看似愚钝的方法却获得了企业所有者的信任。后来，这位 MBA 毕业生成为这个企业上市公司的总裁。信任是水乳交融的黏合剂，而获得信任是用心和行动共同实现的。

第三阶段，如鱼得水阶段。这个阶段，空降高管可以将自己的想法实施，按照企业的期望，实现对业务的拯救、开拓、整合和创新。在这一阶段，实现短期胜利，强化信任和支持，以实现最终的目标是空降高管的首要任务。实现短期胜利，来自约翰·科特对领导变革步骤的阐述，在空降高管的情况下，实现短期胜利的作用更为突出。成效为王，业绩说话，如何在原有高管团队期望值最集中的领域产生短期的胜利，来打消疑虑，强化前面获得的信任，并为继续得到支持奠定基础。

在实际企业中，很多空降的高层管理者虽然很有能力和才华，但往往因为不能很好地适应所到企业的组织文化，不能很好地与原有组织高管团队成员融合，不能很快地在业绩方面有所突破，最终只能选择离开，也可谓职业生涯中的感慨了。作为空降高管，在进入企业后，通过态度的调整和细致的观察入乡随俗，通过获得权力核心和重要利益团体的信任实现水乳交融，通过快速突破树立形象和声誉，强化原有高管团队对自己的信心来最终达到如鱼得水的“自由王国”，这才是积极的内化行为，对个人和组织是双赢的。

而作为企业原来的高管团队，如何在空降高管的内化过程中发挥作用呢？结合其对空降高管的期望，需要注意下面这些问题。

①人与组织匹配 VS 人与工作匹配。这是选聘空降高管的原则问题。选择空降高管时，更看重人与组织的匹配（POF），而不仅仅是人与工作的匹配（PJF），是降低空降高管内化失败率的第一道防线。在选择潜在人选的时候，无论是出于何种期望的要求，都要考察候选者的价值判断和行为特征是否与组织匹配，即使是创新型的要求，也要衡量原有高管团队对候选者上述特征的接受和包容程度，而不仅仅是考察对方的能力和经验。

②低调 VS 高调。这是对空降高管进入的期望调整问题，一般情况下，“空降高管”被寄予厚望，大家都期盼以他们的经验、能力来推动企业变革，提升企业业绩。高期望值本身不是问题，而是尽量降低组织中其他成员对空降高管的高期望值，是原有高管团队对空降高管最大的帮助。曾经有这样一位企业董事长，高薪从业内挖来一位总经理，出于表达自己“求贤若渴”的决心和信心，在总经理到任的第一天，就在全体员工大会上讲，“我们用高薪聘请到来自××的×××出任总经理，在他的带领下，一定可以使企业的发展进入到一个崭新的阶段”。高调

一出，所有人的期望值再次被放大，而对这位总经理来说，却感觉如坐针毡，惶恐不已。

③耐心 VS 急性。这是对空降高管业绩的时间预期问题。虽然我们建议空降高管们要通过尽快实现短期胜利来强化信任，但实际上，我们更希望企业原有高管团队对空降者要有耐心。任何能力不凡者在进入新环境中都要有一个学习适应的时间，对空降高管的高期望驱动着企业原有高管团队的心情愈发迫不及待，媒体上披露出众多离职的空降高管们，多数在企业的时间不到一年。曾经有这样一个例子，某位高管空降到某企业后，深入一线摸情况，与各类型员工充分沟通，在新措施呼之欲出之时，他得到了来自企业原有高层团队的各种直接或者间接的暗示，对其个人价值的“性价比”产生怀疑，一气之下，他离开了这个企业。而如果再等上 3 个月，新措施的效果就显现出来了。

④授权 VS 集权。这是对空降高管的权力分配问题，在开拓型空降中，这个问题尤其突出。企业原有高管团队对新行业新业务并不了解，这种情况下，授权给选聘的行业精英，才能使其大展身手，而不懂却偏要过问，甚至事事参与决策，一定会给空降高管留下不信任的印象。即使其委曲求全，但外行决策的风险也就转嫁到企业自身，最终受损的还是企业的利益。某家企业，规划进入一个新行业，招聘了新业务的总经理，但是在新工厂的设备选型和采购中，却将决策权交给原来的管理者，结果是按照熟悉行业的采购模式采购新行业的设备，只重视采购价格的讨价还价，忽略设备维护和设备操作人员的培训等后续内容，结果还是企业为错误买单，花了不该花的大价钱。其实，结果导向的业绩考核是解决原有高管团队疑虑的最好办法。

从入乡随俗到如鱼得水，是空降高管和所去企业双方共同努力的结果，只有双方都以企业利益最大化为目标，企业为空降高管提供合适的水池，而空降者主动地内化，积极地行动，就可以提高实现企业引入空降者的目标的概率。

CHAPTER

第六章

绩效与薪酬管理中的战略决策

第1节　绩效管理中的战略决策

世界著名跨国公司摩托罗拉有这样一种管理理念：企业管理 = 人力资源管理，人力资源管理 = 绩效管理。从组织管理本身的定义和企业最终追求的目标来看颇有道理。管理从根本上讲就是“让别人按照你的意思将事情做好”。也就是说企业管理最终是通过对人力资本的管理，达到对其他资源的管理和运用——即“通过充分开发人力资源以做好工作”。其目标是通过管理在员工价值最大化的情况下，实现组织价值最大化。人力资源管理则是在组织战略目标的指导下，建立有效的选人、用人、留人和育人机制，最大限度地挖掘员工的潜能，使员工价值最大化，从而实现企业效益和社会效益的实现。为实现这种双效益，人力资源管理就不可能脱离企业的近期业绩目标和远期战略计划。总之，绩效管理体系是组织管理中的中心环节，是推动组织成长的“引擎”，没有建立绩效管理体系或没有完善的绩效管理体系，就无法激发起组织员工的工作热情与创造性，最终将使组织走向衰落，或失去成长机会。

当然，在管理实践中，最不容易做好的部分恰恰也是绩效管理的部分。普华永道2004中国企业绩效管理实施现状调查就描述出了中国企业的绩效管理现状。问卷调查共收到301份问卷，约150家来自不同行业的公司的三类人员参加：高层管理者、人力资源管理者、一般员工。

调查显示，目标管理（MBO）与关键业绩指标体系（KPI）是企业最常用的绩效管理类型。具体如图6.1所示。

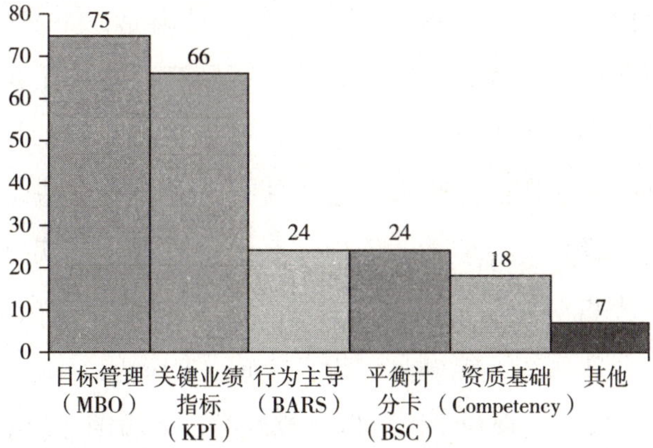

图 6.1 中国企业常用的绩效管理类型

大部分接受调查的人员认为其公司的绩效管理系统只属一般或不满意。接受调查的员工认为公司现时的绩效管理体系是零散的，而执行力度有限的。公司利润，团队绩效及个人绩效分别是高层管理，部门经理及其他人员绩效奖金的发放准则。大部分高层管理，人力资源管理及一般人员均认为绩效评估结果是用来发放奖金，调整薪资和职位的准则。

这种情况并非只在中国存在。美国人力资源管理学会调查显示超过90%的绩效考核是失败的。行业周报（industry week）所做的调查显示只有18%的人力资源管理人员满意绩效管理系统。Aon咨询公司与美国人力资源管理学会合作的调查显示只有5%的人力资源专业人员对企业的绩效考核系统表示非常满意。

为什么绩效管理失效了呢？这种失效体现在许多方面，但是与组织战略的脱节，期望行为和实际行为的差距应该是共性的问题。随着企业的成长，组织管理体系的复杂，绩效管理的相关制度也越来越复杂，但是，日益复杂的绩效管理制度并不代表最有效的绩效管理体系。企业往往忽略了绩效管理中的战略决策点的重要性，而沉迷于绩效管理的技术层面，缺乏明确战略决策的绩效管理当然就会与组织战略文化不相匹配，从而导致不满意的结果。

那么，为什么绩效管理如此不令组织成员满意？不够科学和客观，是许多对绩效管理进行反思的实践者的直接反应，也许正是基于这样的思考，近年来，许多更为量化、信息化、客观化的考核工具不断被创造和使用，但是，从应用的效果看，这些新方法并没有解决绩效管理遇到的困局。在笔者看来，许多绩效管理体系的设计者，其实是在绩效管理设计之初对一些基本关系（或称关键决策点）并没有做出清晰的判断，才导致了绩效管理系统不能满足组织各类成员的期望。

这些基本关系按照视角不同可以分成两类，下面阐述的前四种关系是第一类，从组织管理系统各个模块之间的关系出发的宏观思考，组织管理系统是由不同部分组成的，绩效管理作为其中重要的一个模块，与组织管理系统其他模块之间的关系应该是匹配和一致的，才能形成系统的合力，从而推动组织目标实现和组织发展。而后面四种关系则是从绩效管理体系设计微观视角出发，阐明在绩效管理体系设计中需要做出的关键决策。

1 绩效管理是企业管理体系中的认可系统还是问责系统

即便绩效管理的实效不尽如人意，在实践中，不管是组织所有者、管理者还是员工，仍在不断地呼唤绩效管理。那么组织成员对绩效管理的期望是什么呢？

从组织所有者和管理者的视角看，绩效管理的目标是让接受绩效考核的组织、群体和个人“越做越好”，从而实现相应的目标。而从接受考核者的群体和个体来说，则是希望上级组织和管理者对自己的表现给予各种形式的认可，或者，至少要对绩效表现有所区分。可见，希望得到公正的对待和认可，是被考核的个体的要求，也是激励个体“做得更好”的动因。可以看到，“提高绩效”和“获得公正的认可”这两种目的永远是成对出现的，它们是考核者和被考核者相互的要求，只要一方提出要求，另一方也必定提出要求，良性的情况是这两个相互依存的要求在绩效考核的双方之间形成一种稳定的心理契约，而正是这种契约促生了对绩效考核的双方的激励作用：被考核者愿意发挥更高的主动性去实现考核者的期望，而考核者则回报以慷慨的帮助和公正的认可。

更常发生的事情是，一方感到自己的要求不会得到满足，便不去真心地执行和认可绩效管理。假如上下级都感到自己和对方的要求不会被满足，毫无疑问便会合谋，使得绩效考核形式化，这便是绩效管理实效不佳的根本原因。所以，绩效管理能否激励个体创造优秀绩效，并最终促进企业整体绩效的提高，取决于心理契约的一致性和稳定性。

从这个意思上讲，没有绩效管理的组织，会让绩效不佳的群体和个体获得心理上的舒适感，而使绩效出色的群体和个体的期望无法实现，也直接带来管理者的期望无法实现，这就使得心理契约失衡。从这个基本逻辑出发，绩效管理在企业管理系统中首先要承担认可的作用，认可那些绩效出色的群体和个人，在认可与问责之间，认可的述求要优先于问责。绩效是要有区分度的，但是基于认可的绩效管理和基于问责的绩效管理在设计之初的理念就不一样。实践中，那些只有减分项而无加分项的绩效指标，那些“永远得不到满分”的感慨都反映了问责的思路，这样的绩效管理体系很容易使得绩效出色和绩效不佳的人都不满意。

2 绩效管理与组织战略之间的关系：指挥棒

绩效管理的起点和终点都是组织战略（使命）的实现。首先，组织战略定义了组织绩效的领域、目标及目标之间的关系，并通过一定的管理方法将各项指标落实在承担组织运营的组织成员身上，若没有组织战略作为起点，部门和个体的绩效目标便是无本之木，很难形成稳定的契约；其次，就算各部门根据自己的“觉悟”各自为政地制定了目标，由于缺乏协同，最终很难持续促进组织绩效的整体进步。

战略信息的来源一定是从上往下的，如同德鲁克指出的，各层级的管理人员都不应认为自己的责任是“管理属下的人员”，“同上面的关系就是管理人员首先要关心的。作为管理人员，就意味着要分担企业取得杰出绩效的责任。没有被期望承担这种责任的人，就不是一个管理人员”。所以，管理者不能仅仅为了“管好下属”而发起绩效管理活动，如果与上面的要求发生偏差，部门内的契约也很难独善其身，皮之不存，毛将焉附？管理者应该充分了解组织战略，再结合自己的管理要求设计目标方案。

在管理实践中，组织战略的表现形式多种多样，并不意味着只有经过精密规划、层层分解、正式发布的数量指标才是战略。愿景、使命、方针、路线、精神、方向甚至包括关键管理者的讲话等都是组织战略的常见表现形式，需要管理者仔细研究和上级保持通畅的沟通，获得正确的战略信息。

具体到绩效管理中的绩效指标，则要充分体现组织当下的战略意图。力求拓展海外市场的企业，就会在绩效指标强调来自海外市场的收入比例；寻求业务转型的企业，则可能更多衡量转型的行为标准或者新业务的基础形成，而弱化对原来业务规模的要求；处于资金流转要求较高的组织，则会对现金流的指标更为关注，而不仅仅是业务规模的增长。处于不同发展阶段的组织，面对不同的行业环境和竞争格局，组织的战略选择当然不同，因此，绩效指标的选择也应相应做出调整。

绩效管理中，绩效指标承担了组织战略指挥棒的作用，因此，对绩效指标是否合理的最重要判断标准，就是衡量其是否反映了组织的战略意图和导向。

3 绩效管理与组织文化的关系

组织文化反映了组织的核心价值观，也反映了对组织成员员工行为模式的基本要求，组织成员的行为导致了个体和组织绩效的结果，这就使得绩效管理与组织文化之间存在着密不可分的关系：绩效管理要承担传播并强化组织的核心价值观的责任，而组织文化变革中，绩效管理体系的相应变革则会推动组织成员的行为变化。

以奎因（Quinn）和卡麦隆（Cameron）对企业文化的四个导向划分。如果想加强对内部的关注，可以加大对工作流程和质量的考核，或考核人以内部为主；相反，如果想加强对外部的关注，更多采取与竞争对手相关的竞争性指标（例如市场份额），或由顾客担任考核人会比较奏效。如果想使组织更具灵活性，则放松对行为和过程的考核，而转向结果，多奖少罚；如果要加强组织的稳定性，可以增加对过程指标的数量并层层分解。

一个强调竞争的组织，绩效管理中就会考虑强制分布、末位淘汰的技术手段，而许多采用强制分布、末位淘汰方式的组织，绩效管理中遇到的抵触就是来源于这些手段与组织价值观的不匹配；一个强调服从与执行的组织，绩效管理中，一般只采用上级考核这一单一考核主体，但是强调制衡与合作的组织，则会考虑加入管理或业务流程中有工作联系的同级考核，而强调授权和员工参与的组织，则会考虑加入下级对上级的评价；一个以创新为核心价值导向的组织，在绩效管理中，就会强调对"新"的关注，对新产品、新市场、新顾客、新方法的认可就会在绩效指标中占有相当的比例。

从绩效考核中的考核主体选择中，也能够传递出企业文化的特质来。由谁来进行考核，是多元主体还是单一主体。多元主体是指在考核中，对某一个考核对象的评价，是由多方面的人组成，比如上级，同级，下属等，而单一考核主体则是指对某一个考核对象的评价是由一个方面的人组成，一般情况下，多为上级。现在企业中非常流行的360度考核就是一种典型的多元考核主体的考核体系，还有180度考核，270度考核，也是多元考核主体。对考核主体的确定，首先是受组织文化价值导向和领导风格决定的。多元考核主体强调组织内部的制约和协调，强调民主参与型的领导风格；而单一考核主体则强调服从和执行，侧重决断独裁型的领导风格。企业在选择时要结合自己的实际情况，不能跟风追时髦，那样就会适得其反。

一家民营企业，参加管理培训后，认为自己企业的二次创业和发展最需要的是规范的管理体系，在培训中学习到360度考核，认为这样多方位多角度的考核恰恰可以规范企业的管理，于是就责成人力资源部门制定新的制度。结果半年之后，两名中层骨干要求离职，原因就是，“新考核制度下，不知道怎么管理员工了，不会带队伍了”。因为这位老总是退伍军人，在管理中也崇尚军队的管理模式，他的企业是典型的军事化管理，这样的管理者在今天的中国其实并不少见。但是问题是实行军事化管理的企业适合360度考核制度吗？答案是否定的。因为军队管理的基础就是一切行动听指挥，这与360度考核这种多元考核主体的适用条件是不相吻合的。其实在做这个决策时，只要回答一个问题就可以很好的选择：“未来的规范发展和二次创业，一切行动听指挥的执行文化是动力还是阻力呢?”如果答案是动力，那么就不适宜进行360度考核，规范管理还有别的实现形式，如果答案是阻力，那么采用360度考核就可能可以协助文化变革的进行。

因此，绩效管理体系设计者要善于思考这样一个问题，这个绩效管理系统实施后，组织成员会产生什么样的行为，如果这些行为特点是符合组织核心价值导向的，那么绩效管理体系的主体就是正确的；反之，如果组织成员的行为并不是组织文化所要求和倡导的，那么就需要重新设计绩效管理体系。

组织文化变革的落脚点就是员工行为模式符合组织文化的价值导向，所以，绩效考核与组织文化变革之间就有了密不可分的关系。而绩效考核制度的变化也一定会带来员工行为的相应改变。摩根士坦利在推行“one－firm firm”的新文化价值体系时，就采用了对绩效考核主体多元化的方法，用360度考核的方式强化组织成员的协作与全局意识，而这种强调团队和整体的价值观与行业内盛行的“超人”、“英雄”的风格不相吻合，也因此意味着文化变革的困难。但是摩根士坦利的高层管理者的坚持和持续的投入，最终使得其文化变革走向成功。绩效管理方式的转变在这里就承担了变革先锋的作用。

4 绩效管理与组织结构的关系

组织结构反映组织中权力和责任的分配与实现，也反映了组织的基本工作流程，这些基本工作流程是要通过组织中的部门和个体承担的，因此，组织结构与绩效管理之间也要实现匹配。

考核主体的确定与企业的组织结构形式之间有密切的关系，纵向型组织（指挥链条）多为单一考核主体的考核制度，而横向型组织（流程管理，无边界组织）则会更多地使用多元考核主体的考核制度。

分权型和集权型的组织结构有不同的绩效管理重点。对于集权型组织，大部分岗位的自主权力相对较小，且偏向于对程序和行为承担责任；而在分权型组织中，岗位普遍拥有一定的自主权力，那么其上级也相应要求其做出结果的贡献。在不同的组织结构中，绩效指标的类型、数量、考核周期、考核主体和绩效管理的难点有以下区别。

表 6.1　绩效管理在不同类型组织中的区别

	集权型组织	分权型组织
绩效指标的类型	过程、行为、结果	结果
指标数量	较多	较少
考核周期	较短	较长
考核主体	直接上级为主	可以多元化
绩效管理的难点	绩效评价和反馈	绩效目标的协定

竞争型和协作型的工作流程也对绩效管理的中心提出了不同的要求。对于竞争型的工作流程，各竞争岗位从事着类似的工作内容，存在优胜劣汰的相互关系；对于协作型的工作流程，各岗位处在是流程中的上下游，工作内容和职责迥异，且存在紧密的相互影响的关系。那么，在不同类型的流程关系中，岗位绩效指标的类型、数量、考核工具、考

核主体和绩效管理的难点有以下区别。

表 6.2 绩效管理在不同类型流程中的区别

	竞争型流程中的岗位	协作型流程中的岗位
绩效指标的类型	个体指标、结果导向	效率、行为、考虑团队结果
指标数量	较少	较多
考核工具	各岗位采用相同的 KPI	较灵活，各岗位可不相同
考核主体	单一、客观	可多元、可主观
绩效管理的难点	绩效指标的选择与谈判	绩效评价和反馈

5 发展导向与分配导向考核的区分

绩效管理制度的使用目标可以分成两类：分配导向还是发展导向。分配导向是指绩效考核的结果主要应用于组织资源的分配，例如奖金的发放，奖惩名单的确定，晋升的选择等，一般来说，分配导向的考核适用于：组织中已经相当成熟的产业，对结果很容易测量的人员；而发展导向的考核制度则侧重于鼓励被考核人对尚有改善空间的领域进行分析和改善，并主动挑战更高的目标，并希望通过考核提高人力资源的素质能力，发展导向的考核适用于组织中的新兴业务单元，或者那些业绩不容易衡量的岗位，以及任职资格对专业技能有相当的要求的岗位。

这两类考核导向的本质区别，在于所形成的契约的属性不同。以分配为导向的考核形成的是交易型的心理契约——做到什么事情便获得什么利益，且这种绩效反馈的重点在于向被考核者证明“交易”规则和过程的公正；以发展为导向的考核不与利益直接挂钩，形成的是承诺型的心理契约——奉献与帮助的承诺，这种导向的绩效反馈中，被考核者期望的是对自己的认可与能力提升。对于分配导向的绩效考核，人们更关注分配结果的公平性，因此分配结果本身就是一种反馈，所以，在分配导向的绩效管理体系中，绩效反馈面谈并不必需，而且实践中，这种反馈面谈也令反馈和被反馈者很困扰；而对于发展导向的绩效考核，因为注重绩效改进的方式和方法，因此绩效反馈面谈就成为必需的一环。

从前面普华永道的调查就可以看出，中国企业的绩效管理中，以分配目的的考核是占大多数的，而这类考核效果不佳的原因，往往是因为两方面的原因。首先，中国企业在绩效管理中往往存在一个突出误区——想用一套考核制度去完成分配和发展两个目的。这样混合的目的会造成考核重点不集中，而且多数情况下，难以达成发展的目标——如果绩效评价被用于决定收入的增长，要使员工诚实而心平气和面对自己的弱点就是一件极其困难的事。所以，发展和分配的目的应该分别由不同的考核制度来实现。其次，是员工对分配的公正性的要求是多元的——既要过程公平，也要结果公正。实际上，人们对公正的判断标准几乎全部来自于主观感受：如果回报低于自己的预期，则不会满意也不会被激励。员工预期之外（或无法预期）的收入，才能够起到激励的作用，例如对能力进步、贡献明显的典型员工，在调薪时给予超过预期和平均水平的加薪。

当然，也有企业还是绩效管理的目的上区分得非常严格，例如泰豪科技对员工的考核，就根据目的不同，分别采用“三书/三考/三工”制度。“三书”是指岗位说明书、职位说明书、经营责任书。“三书”是从人力资源的角度规范员工行为，明确员工职责。“三考”是考核、考试、考评。通过考核确定员工收入，也就是分配导向的考核，通过考试测评员工技能（包括企业文化考试），决定员工是否可以上岗，侧重发展导向的考核；通过考评评估员工的晋升，则是分配导向的考核；根据考核的结果，在企业内部区分“三工”是指优秀员工、普通员工和待岗员工。通过对员工的分类实现对员工的激励，并为人力资源相关工作提供依据。此外，“三工”的考核方法也使裁员制度化，即根据工作分析与在岗人员工作业绩考核结果相结合来决定裁员与否。这样，企业一方面可以定期根据对员工业绩的考核结果选优汰劣。另一方面可保证企业人员流动的正常化，并让员工感到裁员的公正性、公平性。

因此，根据组织内的心理契约偏好和被考核群体和个体的工作特征，有效区分分配导向和发展导向的绩效管理体系，并采用不同的绩效管理流程，才能使得绩效管理体系真正发挥认可和提升绩效的目的。

6 对组织（部门）的绩效考核与对组织（部门）管理者个人的绩效考核之间的关联度的确定

作为组织（部门）的高层管理者，对于组织（部门）绩效表现有不可推卸的责任，因此两者必然存在密切的关系，但是处于不同行业、不同发展阶段、不同工作特征的组织（部门），其组织（部门）绩效与管理者个人绩效之间的关联度是不同的。

例如，处于充分竞争行业的企业，其组织绩效和高管个人绩效相对关联度就高，而处于垄断行业的企业，企业经营的业绩指标与高管的个人贡献之间的关联度就相对要低。处于生命周期不同阶段的组织，管理难度亦不相同，一般来说，处于初创期、发展期、变革期、重组期的组织就比处于成熟期的组织管理难度要大，因此处于初创期、发展期、变革期和重组期的组织高管的个人绩效与组织绩效的关联度相对较大；同理，管理处于外部环境动荡性低的行业的组织高管，其个人业绩与组织业绩之间的关联度，就应该小于管理处于外部环境动荡性高的行业组织的高管。

从部门角度，负责常规性成熟性工作的部门管理者，其个人绩效与部门业绩之间的关联度肯定小于负责创新性工作的部门管理者。上述这些区分都是根据管理者的个人努力对组织（部门）业绩的影响程度来进行的。而从组织整体角度，组织对各层次管理者的角色与责任定位同样会影响到组织对这种关联度的选择。

例如，方正集团从2004年开始在高管的绩效评价就分为两个维度，一项是所在公司或者部门工作任务完成情况，占比95%，基于年初目标责任书及实际业绩完成情况；另一项就是人才培养与队伍建设，占比5%，将人才培养与队伍建设作为业绩考核的指标之一，是方正集团干部考核中极具特色的内容，体现了方正集团对人才培养与队伍建设的高度重视。

到2010年初，为进一步强化和重视人才培养和队伍建设工作，方正集团对业绩评价模式又进行了调整，由原来占5%的权重调整为工作任务完成情况与人才培养与队伍建设的乘数关系，将人才培养与队伍建设赋予系数（0.8～1.2）。如果干部人才队伍建设不力，其业绩考核结果就要打8折，反之，如果人才队伍建设非常突出，其业绩系数可以放大1.2倍。由此可见，方正集团再次强化了高管团队对人才培养与队伍建设的责任。

7 管理者个人考核与管理者团队考核

在绩效管理体系设计中，那些重视团队文化、强调集体领导、重视管理人才培养、强调过程而不仅仅是结果的组织，对于经营团队的考核也会纳入绩效管理的视野；反之，强调结果、鼓励能人、强化个人责任、注重短期业绩达成的组织，则更偏重于对管理者个体的绩效考核。

柳传志认为，联想管理三要素中一个重要内容是搭班子，而方正集团同样认为，下属企业经营班子建设对于企业的发展至关重要。因此，方正集团在考核下属企业高管个人的同时，还进行企业经营班子成员的团队考核。

基于方正集团团队素质模式，集团人力资源部开发了高管团队评价表。高管团队评价表由4大维度12个小维度组成，4大维度是整体素质、战略与执行、分工与协作及一把手。整体素质由知识与经验、核心能力及敬业构成，战略与执行由战略意识和执行力构成，分工与协作由职责分工、全局观及内部沟通构成，一把手主要考察经营团队核心领导，由积极进取、风格团队、核心作用及队伍培养构成，每个小维度又由多个评价指标组成。在团队评价中，方正采用360度评价和背对背调查等方式，在360度评价中，每位高管及高管下级都对该经营团队做出评价。而方正集团每年安排一次大范围的背对背调查进行定性分析，集团人力资源部到所属企业访谈，访谈对象是所属企业班子成员、中层干部及普通员工，访谈采用结构化的方式，有统一的开场白，访谈问题包括干部的敬业、自律、威信、分工协作等方面，问题的设计与高管团队评价表采用相同维度。集团人力资源部在对高管团队评价表的数据进行统计分析以后，得出最终的团队评价报告。根据评价结果，对所有经营团队按照前20%，中间60%，后20%进行区分，并在集团相关会议上公布团队考核结果，排在后面的经营团队要进行调整改进。

8 绩效管理目标与绩效管理工具之间的关系

绩效管理的重点是绩效目标达成，目的和手段之间的本末倒置是许多企业绩效管理实践的通病。对工具的过分关注导致了今天绩效管理中对于各种技术的偏好，出现了诸如“指标越多越好，说明工作细致”、“能量化就量化，量化才是科学”、“考核频次多，考核记录才准确”、“绝对指标更公平，相对指标不可控”、“考核得分的分布必须符合正态分布才说明考核有效”等认识误区，也出现了只重视工具技术的日臻完善，而忽略了绩效管理目标和体系设计的根本管理误区。

以目前中国企业实践中比较流行的关键绩效指标（KPI）和平衡记分卡（BSC）为例，每一种工具都有其利弊，都有其使用范围。忽略这些约束条件，就很容易掉入工具论的陷阱。

关键业绩指标（KPI）是通过对工作绩效特征的分析，提炼出的最能代表绩效的若干关键指标体系，采用KPI大大提高了绩效考核的可操作性和可行性，KPI便于量化。符合目前流行的“没有量化，就无法管理”的观点。KPI也便于被考核者抓住工作重点，当然也提高了考核的灵活性，可以做到“缺啥考啥”。在实际操作中，KPI的设计要求是基于对公司战略目标的分解，并随公司战略的演化而被修正，是能有效反映关键业绩驱动因素的变化的衡量参数，是对业绩结果中可影响部分的衡量，是对关键重点经营行动的反映，而不是对所有操作过程的反映，是由高层领导决定并被考核者认同的，在组织横向和纵向保持一致性。因此 KPI 适用于作为考核指标的部分，而不是全部的考核体系，企业也具有良好的工作分析的基础工作，具有职责、权力、工作流程清晰的组织架构，组织的文化特征是结果导向的。

关键绩效指标只关注结果和行为，对被考核人的能力和态度缺少评价和反映。同样是一件工作，同样的行为，以及同样的结果。有的人可能是能力有余而态度不足，有的人则可能是态度端正而能力有限。虽然这不影响企业整体的绩效，但对于员工的个人发展却有差别，对于前者要培训改变其态度，对于后者则要培训改变其技能。而且，KPI 应用中还存在着只关注 KPI，其他不投入不关注不努力的现象，这对员工的全面培养就是负面的影响了。

而平衡记分卡是从财务、顾客、内部业务过程、学习与成长四个方面来衡量绩效。平衡记分法一方面考核企业的产出（上期的结果），另一方面考核企业未来成长的潜力（下期的预测）；再从顾客角度和从内部业务角度两方面考核企业的运营状况参数，充分把公司的长期战略与公司的短期行动联系起来，把远景目标转化为一套系统的绩效考核指标。但是运用平衡计分卡必须遵循的四个条件，一是组织的战略目标能够层层分解，并能使组织目标与个人目标实现统一，二是所提示的四个指标：财务、客户、内部经营过程、学习与成长之间存在明显的因果驱动关系；三是相关配套制度健全：如财务成本控制制度、内部信息平台、岗位责权划分、管理流程、绩效管理等与人力资源管理相关的制度；四是员工胜任职位工作。这四个使用条件在平衡记分卡的应用中往往是忽略的，许多企业在不具备这些条件的时候就贸然使用这样的绩效管理体系，结果不尽如人意就在意料之中了。

平衡记分卡从企业战略出发，不仅考核现在，还考核未来；不仅考核结果，还考核过程，适应了企业战略与长远发展的要求。但平衡记分卡是由关键绩效考核指标、目标管理等绩效管理手段发展而来的，继承了这些手段的优点的同时也保留了一部分缺点。同时平衡记分卡所需要的指标过多，数据收集成本高，不适合低层次的岗位。平衡记分卡要求使用的企业具有很高的管理水平，因此也不太适用于初创企业。

案例 某银行某处的员工考核

某银行某处的员工考核方案如下，员工考核的考核主体由两部分组成，主管处长或副处长考核，处内同事互评，按照德能勤绩四个方面对于员工进行评定，结果分为优、良、中、差四个等级，对应的分数分别为90、70、50、30，按照考核结果，一般员工处内进行排序。员工的综合得分的计算方式如下所示。

员工综合得分=综合等级分+综合排序分

综合等级分=直接主管评定等级分×60%+互评平均等级分×40%（等级分按照优良中差）

综合排序分=直接主管排序分+互评平均排序分

N为参加排名的人数，X为排名次序

N为奇数，排序分=［（N+1）/2-X］/N

N为偶数，排序分=（N/2-X）/N

初看这个考核方案，可以直观地评价出其考核标准的模糊以及考核评价的主观性。在今天“能量化就量化”的考核时尚下，这种模糊的标准是必然受到指责的。但是仔细考量后，我们就会发现，即使从量化考核的角度看，在员工的综合得分中，综合排序分作用微乎其微。以两个极端情况为例，在一个30人的部门里，一个无论是处长还是其他员工都给打第一名的人和一个所有人都将其排在第30名的人，在排序分上的差异不到一分，而等级分之间的差距就大得多。可是为什么要将无关紧要的排序分加入考核指标中呢，相信有了复杂公式的考核方案看上去更加“科学”，而且这种补裤子似的考核指标添加法在许多企业实践中都可以看到，结果是考核的指标体系愈来愈复杂，补丁越打越多，最终裤子的本样就看不出来了。这种唯工具唯公式唯量化为佳的考核观往往实现不了考核的终极目标。

还以上面的例子为证，如果你是这个处的新员工，看到这样一个考核方案，这个考核方案传递给你的行为偏好信息是什么呢？是与领导和同事处理好人际关系，获得他们较好的评价重要，还是千万不要得罪人，引起个别人的反感。从考核技术的角度分析，由于没有对极端数值的处理方式，如果一旦个别人对被考核者印象不佳，那么等级分可以非常低，对于被考核者影响就大了。所以这个考核方案鼓励的是不得罪人的行为，那么这个处在这个银行的职责定位是否与不得罪人的行为偏好一致呢？这就值得深思了。考核的技术手段不仅是技术手段，指标的确定，数值的处理方式都可能带来某种行为偏好的信息，因此，从考核的根本目的出发选择考核技术手段，规避“工具论”和“技术论”的陷阱，绩效考核制度才能不偏离考核的目的和本源。

绩效管理的对象是人，目的是为了提升组织的综合绩效，围绕着如何促成和维护心理契约来进行规划，实现激励人心的效果。所以，绩效考核的工具科学与否，关键在于在工具设计中是否充分考虑了人的心理；绩效考核工具的好坏，关键在于是否体现了绩效管理的目标，简单即是美，能用简单工具实现绩效管理的目标，就不应该用复杂的工具，绩效管理不能迷失在绩效工具和技术的丛林中。

从前面描述的方正的绩效管理实践就可以看出这个组织在绩效管理中也使用了很详尽细化的管理工具，但是工具并没有喧宾夺主绩效管理的目标——引导管理者的领导行为和凸显方正的核心价值观。只有绩效管理体系的主线清晰突出，并且与组织战略、结构、文化相匹配一致，才能真正实现组织绩效管理的提升。

案例　关于绩效面谈的投诉

×年6月的最后一个周二上午，某公司经营部的崔经理把长达几页的绩效考核表格分发给下属的7名员工，提醒这两天是公司例行的月底绩效考核周期，要求员工在两天内填好并上交给她。同时，崔经理还告诉她的下属：公司将于本月起实施每月的考核结果与年度的奖金发放、末位淘汰挂钩的制度。

出乎崔经理的意料，当天下午，这些复杂的考核表格全都交回给了她，所得的自评分数均介于70~80分之间，这是一个既没有优秀又没有普通的分数段。更让她哭笑不得的是，有3名员工在自评后，即在上司评分栏里签下了自己的名字。也就是说，不管上司给予什么样的评分，员工在事前就已经表示了同意。

当天下班前，崔经理召集部门员工开了一个简短的通气会，就他们在考核结果的上司评分栏签名的做法，认为是对她表现出的信任表示感谢。但她同时指出，这种提前签名的做法有悖于正常的考核管理，是不合理的。她要求员工重新拿回表格，再做评估与衡量后，合理地打出自己的分数后再返回给她。同时崔经理再次强调：人力资源部已经明确发文，考核结果将作为年底奖金发放及末位淘汰的参考依据！

第二天下午，崔经理顺利地回收了7名员工的考核表格。结果却让她非常为难：员工自评全都在80分以上！这意味着，部门员工的绩效表现均为优，而这不符合公司绩效考核制定的强制分布原则：每个部门只有20%的员工得优。

崔经理根据月初制定的KPI指标，逐一对7名员工进行了评分。最后，她和往常一样，把考核表格发还给员工，交代员工如有异议，可找她做绩效面谈。

由于在过去，考核结果并没有与收入直接挂钩，公司部门经理及员工一直都不重视考核结果的应用，绩效面谈也一直流于形式化，最后是如果员工对上司的评分没意见，就干脆把绩效面谈这个流程也省掉了。

但这一次，却因为小孙的面谈，让崔经理很尴尬。小孙主动找崔经理要求面谈时，崔经理是有心理准备的，因为入职半年的小孙的绩效评分在最近三个月都不是非常理想，这个月崔经理给了她一个最低分。

小孙非常坦诚地问她的上司：这个月她的KPI指标完成情况的确不够理想，也遭到了公司下属项目部的投诉，得了部门的最低分，她心里非常难过。但她希望知道自己如何做才能改善这种状况？

面对充分准备的小孙，缺乏绩效面谈准备的崔经理显得手足无措，一时无言以对。她只是简单地安慰小孙，她会考虑下一个月度调低对她的考核指标，帮助她把工作做得更好，也会动员其他同事给她提供一些帮助。但至于如何调整考核指标、提供什么样的帮助，崔经理表示自己正在考虑中。

小孙对崔经理的做法并不满意，认为自己在这种情况下非常无助，的确希望自己的直接上司在工作改进上提供指导性的帮助。但崔经理的答复，对她没有任何价值。她认为，这样下去，自己肯定是年底第一个被淘汰的员工。

小孙把绩效面谈的情况及结果以邮件的方式告诉了人力资源部王经理，对公司的绩效考核目的及直接上司的绩效面谈方式均提出了质疑。而崔经理对小孙的投诉非常反感，认为自己已经做出了承诺，会帮助她在今后做好工作，小孙实在没必要把这事捅到人力资源部。

——根据清华大学MBA吴丹报告改编。

这个案例中，如果从绩效管理的操作层面来说，可以找出许多我们前面讨论过的问题。绩效考核的目的发生了变化，虽然这个公司的绩效管理体系还是比较注重 KPI 指标的细化的，公司高层领导也明确要把考核结果与员工年终奖金挂钩，但中层管理人员都只注重年终的绩效考核，而不是一个从年初到年终的贯穿始终的年度管理。而人力资源部强调的年末挂钩终于使员工的自评结果发生了改变。

在分配导向的考核中，崔经理对于绩效面谈只准备了对于考核结果的解释，而小孙关注的则是技能发展的问题，发展导向的绩效考核面谈会关注的内容。

在绩效面谈的环节，直线经理对于面谈技巧的掌握和面谈准备不足也造成了一些影响。崔经理的逻辑是，尽管公司一再强调月度考核结果会与年底的奖金及末位淘汰挂钩，但实际起作用的，只是年终的考核结果。其实这是崔经理自己的一个误区，尽管她每次都告诉自己的下属要重视月底的考核，但真等员工重视的时候，自己却毫无准备。实际上，绩效管理是一个持续的咨询与指导过程——给员工在绩效方面提供建设性的、目标导向的反馈，包括对一些绩效过低的员工要给予更多的沟通及明确的改善步骤。直接上司在整个考核年度都必须扮演一个教练的角色，而不仅仅只是把绩效管理当作一个年度的评估。

因此，从直线管理者的面谈准备方面，一要确定面谈内容。要了解员工的工作日程及工作目标，并在这个目标与员工个人的技能水平之间准确地找出任何不足。案例中，崔经理既然给小孙打了一个最低分，就应该在做绩效面谈前收集相关信息，确定面谈的主要内容，在下属的绩效目标及其个人技能之间寻找出差距。

二要与下属分享经验。以客观的、非判断性的思维倾听员工的绩效描述，准确无误地记录员工对自己的绩效描述，然后帮助员工分析绩效结果优劣的原因，同时分享自己在实际工作中的一些经验。崔经理没有根据自己的经验为下属提出改善绩效的方法，只是一味许诺。这很容易会被下属视为是一种敷衍，认为上司对自己已经失去信心，不愿意给自己提供指导性意见。

三要制定绩效发展的行动计划。把一个大的目标分解细化为一个一个的小目标，并帮助下属确定完成这些小目标的时间安排。崔经理即使真的要调低对李小如的考核指标，具体到什么程度？指标细化为一个个小目标后，各个小目标的完成时间段是怎样安排的？都应该在面谈前提前确定。

四要提供资源，发现障碍。在完成目标分解及时间安排后，崔经理应询问下属完成这些目标需要哪些资源、缺乏哪些资源，共同发现和找出员工完成目标过程中可能面临的潜在障碍，并与下属一起找出清除这些障碍需要提供哪些资源及协助。

这个案例中还强调了直线管理者在绩效管理中的责任。在绩效管理中，直线管理者不仅仅是执行绩效考核制度的执行人，更重要的是绩效管理的责任人。员工绩效就是管理者绩效，建立在这个认知基础上，直线管理者对于绩效考核指标的确定，绩效考核流程的实施，绩效考核结果的评定以及绩效反馈都应该积极主动地参与和投入。

第2节　薪酬管理中的战略决策

先从咨询行业两家公司的薪酬政策比较谈起，作为同一行业的两家公司，其薪酬政策的异同可以给我们许多启示。

案例　**两家咨询公司的不同薪酬政策**

A公司咨询顾问的工资由固定工资和项目工资两部分组成。一般管理咨询顾问刚入职时固定工资为月4000～8000元，视入职员工的学历、以往工作经历等决定。项目工资包括项目奖金和出差补助两部分，项目奖金为每周0~450元，具体金额根据项目考核结果决定。出差补助根据城市不同约每周350元。即在项目上时，月收入约12000元。项目经理的固定工资约8000~10000元，项目奖金为每周300~900元，即在项目上时，月收入约15000元。

除法定假期外，A公司还提供项目假期。咨询人员需要在非办公所在地连续工作45天以上的，可每30天享受项目探亲假一次，最后30天不实施。每次探亲时间不超过48小时，包括旅行时间。探亲日期由项目经理决定。同时在项目时间每累计30天获得一天带薪假期，可以在一年内做换休等使用。

B公司咨询顾问的工资也是由固定工资和项目工资两部分组成。一般管理咨询顾问刚入职时固定工资为月2000~3000元，视入职员工的学历、以往工作经历等决定。项目工资很高，但是没有获得详细计算方法说明，在项目上时月总收入约15000元。项目经理在项目上的月总收入约为20000~25000元。

B公司采取“假期存折”制度，每在项目上工作满一个月，自动获得一个月假期，该假期终身有效。如果员工有假期且不愿意参与项目，公司无权强迫员工上项目。

从以上人事政策可以看出，在项目不充裕时A公司员工可以获得比B公司员工高得多的固定工资，相应的公司固定人力成本很高。而在项目充裕时，B公司员工可以获得更高的收入，而且有权选择是否参与某时段的项目（无论是个人原因还是项目优劣）。

在这种人事政策下，A公司更倾向于在公司中保留较少的冗余员工，减少固定工资支出，人力资源弹性较小。同时更注意要求员工投入较多的时间和精力在项目等公司事务上，仅从工资角度考虑，员工上项目的热情不高，在项目上努力表现的主观能动性差。项目经理在项目上更倾向于将具体事务分给下属成员完成。公司高层管理者对于扩大市场、获取订单更为关注。在不考虑品牌影响的情况下更可能打价格战（以获得订单分摊固定工资支出），在考虑品牌影响的情况下更希望单价高。因此更注意利用各种方式（讲座、演讲、公益活动、文章出版）提高品牌知名度，企业高层有更深的危机感。

而B公司则愿意保留相对较多的冗余员工，人力资源弹性强，对员工管理更人性化。员工自身更期望于较多的上项目以获取较高收益和带薪假期（虽然固定薪酬很低，但是假期终身有效）。再加上B公司的项目成员是由项目经理从相对宽裕的顾问队伍中"自由筛选、双向选择"的，所以进入项目的咨询顾问都希望通过优良的表现获得下一次参与项目的机会，项目经理有很强的权威。同时项目经理也会努力工作，一方面争取公司合伙人愿意把更多的项目交给自己，另一方面希望能够吸引更好的咨询顾问加入自己的小组，避免由于"甩手掌柜"使得无优秀顾问加盟，进而影响自身获得项目的能力。

B公司的假期制度对于管理咨询顾问这样一个劳动强度很大，连续出差以致影响家庭生活的岗位来说十分难能可贵，充分体现了人性化。减少了由于不适应长期加班、出差的生活方式带来的人员流动。

——此案例素材来自清华大学MBA张贻翔。

上述两家公司的不同薪酬政策，恰恰反映了他们不同的发展历史和不同的文化背景。而薪酬政策又反过来加深和影响着公司文化与员工行为。在A公司，经常可以看到顾问加班，常听到的就是"太累了"，而同时又能感受到公司中的一股"狼"劲。这股狼劲来自于新员工的兴奋、来自于由上至下逐层传递的危机感与压力，来自于创业初期就存在的危机。但同时，A公司也存在较高的人员流动率，工作两年的顾问就是老员工了，一旦遇到业务旺季往往全公司顾问极度紧缺，人力资源部门甚至向曾经参与实习的在校学生提出能否回来参与项目的“求援”，与B公司“我们这没有兼职顾问、实习顾问一说，暑期实习的目的也主要是帮助学校培养人”成鲜明对比。

如果说，绩效管理体系是人力资源管理系统中难度最大的部分，那么薪酬管理则是人力资源管理系统敏感度最高的部分，薪酬管理体系的风吹草动，都会在员工心理和行为上产生放大的效应。因此，企业管理者对于薪酬管理就愈发谨慎小心。

在中国企业的薪酬体系发展变迁中，有许多倾向性很强的政策。例如向一线倾斜，什么是一线？就是苦脏累的岗位。比如向骨干倾斜，那就是向各个岗位上考核优秀的人倾斜，这对考核体系就提出了更高的要求。比如向稀缺人才倾斜，那就要对人力资源市场的内部需求和市场供给进行仔细的分析，通过一些特区式的工资对稀缺人才有所照顾。只要有倾斜，就代表了企业在某一发展时期的战略重点和价值导向。向一线倾斜一定是生产导向时期，对于体力劳动者的尊重是企业的价值观。向骨干倾斜的时候就开始竞争导向，将能者和强者区分出来，是企业管理的主题。而向稀缺人才倾斜则是典型的市场导向，市场引导下的人力资源经济学开始在企业管理者的决策观中发挥作用。因此，薪酬管理决策与企业发展的不同阶段，企业的战略导向，企业的价值观导向都有密不可分的关系。不同的薪酬制度也会带来不同的员工行为和企业产品在市场上的不同表现。

案例 同一行业内不同企业对销售人员薪资方案

在这个行业中，我们选择了四家总部位于不同国家或地区的企业，但是都在中国进行经营，他们对其中国公司销售人员的薪资方案来进行比较。

第一家是总部位于日本的企业，其竞争策略是低成本（快速模仿），低价格（主机低，配件高，兼容差）。对于销售人员，日本公司提供非常低的基薪（只有欧美企业的1/3到1/2），但是销售提成非常高，在销售底价之上的溢价部分公司与个人2:8分成；虽然销售人员有年度销售指标，但与奖金不挂钩；公司没有其他福利；也没有升迁体系；每年2%～3%的加薪，也没有主动的团队建设。

在这样的薪资政策下，销售人员努力销售的激励机制非常强，但对于这个企业却没有什么归属和责任感，越高价卖出越好，公司可能很快占领一些市场，但是市场上公司产品价格混乱，内部竞争也很激烈，产品的品牌和客户服务业无人维护，销售人员随着销售难度的增加和内部竞争的加剧，离职率和流动率非常高。

第二家是总部位于美国的企业，其销售人员的收入由三部分组成：基薪，基于量化指标完成情况的奖金和基于工作完成质量的奖金。

基薪分为四个级别，同一级别差异不大，但是不同级别之间存在差异。

基于量化指标完成情况的奖金主要是对销售任务完成比例（AR）的奖励。基本上每个人的奖励基准是年度基薪收入总和的30%与AR的完成情况的函数关系，如下面公式所示。

AR < 70%：0

70% < = AR < 100%：AR × RQBB1

100% < = AR < 150%：［1 + 1.5 ×（AR − 100%）］× RQBB1

150% < = AR：［1.75 + 2 ×（AR − 150%）］× RQBB1

基于工作完成质量的奖金主要从年度总结表中得到，包括团队合作表现、工作流程规范化、销售预测精确度、问题合同比例、花费节约程度、市场管理状况、团队领导能力（针对主管级），这个不超过年度基薪收入总和30%的50%。

美国公司的薪资制度明显更加复杂，但是归根结底，其销售人员的薪资决定基础是基薪的级别，因为即使后两部分业绩奖金也与基薪有关，而基薪与在组织中的层级有关系，因此鼓励员工符合公司的价值观和晋升要求，获得层级上的晋升是这种薪资制度传递出的信号。员工完成销售任务的多少获得了多劳多得的业绩奖励，但是为了避免对销售任务的虚假设计（以获得高销售任务完成比例AR)，还通过第三部分定性部分的指标设定（销售预测准确度）来进行纠偏。而对于工作完成质量的考核对于企业在市场上品牌和产品形象的维护，规范的销售流程都起到了约束作用。

第三家是总部位于德国的企业，它进入中国市场晚，但是采用了快速进入的方式，通过大手笔宣传树立形象，对初期用户重点照顾，因此也建立了良好的市场形象。它对销售人员的薪资方案采用高底薪，高提成。其底薪高于业内平均水平，销售提成则只与销售额有关（1%），虽然有年度销售指标，但完成情况与奖金无关。德国公司遵循欧洲公司的惯例，有丰富的激励手段，包括随工作年限增长的福利水平，最多可以有三倍的差异；每年表现最突出的3名销售人员，将获得2000美元的总经理特别奖金和纪念奖杯，连续进入前三名的销售人员，获得的奖金幅度还有每年500美元递增。最佳销售人员还将赴德一周全家免费旅游，总公司CEO设晚宴招待，并到总部的工厂参观。

德国公司的薪资制度体现了后来者要抢夺人才的魄力，高底薪高提成，没有销售任务完成比例的奖金制度，都对那些在别的公司工作的成熟的销售人员有极大的吸引力，人性化的福利制度对于成熟销售人员也是职业生涯发展阶段的需要内容。因此德国公司虽然后进入中国市场，但是仍然可以在人力资源竞争中占据上风，并通过这样的薪资制度来引导销售人员与企业长期共同成长。

第四家是总部位于中国台湾地区的企业。其对销售人员的薪资制度采用的是年薪制，年薪的确定则是由总经理和员工谈判商定，根据能力、资历和表现等因素；年薪的70%作为固定工资每月发放，其余30%以销售佣金发放。佣金计算公司如下所示。

AR<30%，无佣金

AR在30%和110%之间，$C=1.4286\times AR-0.4286$

AR>110%，$C=2.8571\times AR-2$

台资企业的薪资政策就有很强的人治色彩，获得总经理的赏识以取得高的年薪额度是销售人员首要的激励。销售佣金虽然有多劳多得的设计（而且设计得非常严谨），但是销售任务完成情况在30%以上就可以得到佣金的制度安排，使销售人员的压力很小，而30%到110%的销售任务完成比例使用同一个公司，却是相当失误的方式，因为只完成30%和超额完成10%对于员工的行为来说是截然不同的业绩结果，用同一个公式计算传递出混乱的绩效导向信息。

同一行业，四家企业，不同的薪资制度，不同的销售行为和方式，不同的产品的市场表现和顾客服务，有人开玩笑道，“最逐利的方式应该是在台资企业签合同，与老总搞好关系，私下帮日本公司卖东西，然后到美国公司攒经历，最后到德国公司养老。”决策对否先不说，但这个案例可以提醒企业管理者，薪资制度的决策要考虑众多的因素，而薪资制度的合适与否，对组织的经营业绩和市场竞争也将带来深远的影响。

——素材摘自清华大学MBA陈计金毕业报告。

薪酬管理中的第一个战略决策点是薪酬水平的决定。也就是企业员工的薪酬水平在人力资源市场的定位。这取决于企业对人力资源价值的评估和人力资源理念。

曾经多次在人力资源服务和咨询公司翰威特和《远东经济评论》一

起组织的亚洲20家最佳雇主中名列第一的上海波特曼丽嘉酒店就是一个例证，他们坚信，一流的公司要用一流的员工，支付一流的薪水。想找好员工，一定要付大价钱，不可能有又好又便宜的员工。为此，酒店在招聘时有5道工序，其中包括心理测试，从总经理到普通员工无一例外。酒店每年就薪酬水平做两次调查，每一次调查都发现，90%的员工工资是上海五星级酒店相同职位中最高的，另外那10%没有拿到最高薪水的，酒店会马上作出调整：即便今年已加过薪，也会再得到加薪。他们认为，员工是酒店最宝贵的客户，因此，才有高薪酬水平的决策，辅之以其他管理开发手段，波特曼丽嘉酒店的员工队伍非常稳定。在酒店行业，雇员的平均流动率为150%，豪华酒店的雇员流动率为50%，但丽嘉酒店的雇员流动率却逐年降低，2002年的员工更新率仅为18%。这个比例在上海的大饭店中是最低的。

另一个影响水平决定的因素是企业内部岗位的通用性，如果岗位的专业性很强，不是通用性的岗位，员工很难在人力资源市场上寻找比较对象，那么企业在薪酬水平的确定方面就拥有更大的自主权；但如果岗位的通用性很强，那么企业薪酬水平的确定就更受到人力资源市场同类型岗位的薪酬水平的影响，有些时候市场的力量甚至会使某些岗位的薪酬水平超越于公司的工资体系之外。例如，在IT某些岗位在市场上的价值奇高时，即使IT支持在某个企业并不属于主要岗位（但是是必需的岗位），企业也要考虑支付与市场薪酬水平相当的报酬，否则很难吸引和留住这个岗位的员工。

按照Quinn的研究，在企业不同的经营战略下，不同的企业文化会带来不同的人力资源战略，也就带来不同的薪酬策略。Quinn提出了三种薪酬策略，第一种是激励型薪酬策略，是指通过对未来预期的高收益来弥补眼前的不足和职业生涯的风险，其典型特征是固定性收入水平不高，变动性收入占有较高水平；曾经有一家企业高薪诚聘销售总监，应聘者开出百万的薪资要求（保证卖100万台公司的产品），后来公司与之协商的结果就是固定薪酬 30 万，每卖一台公司产品提成 7 角钱，这个薪酬方式就是将固定薪酬转换为浮动薪酬。第二种是竞争型薪酬策略，通过对同行业和地区企业薪酬水平的调查研究，实行具有行业竞争力和地区竞争力的薪酬策略，其特点是员工固定性收入平均而言相对较高，直观感觉是企业薪酬高，福利好，有保障；第三种薪酬策略则是成本型，特点为压缩人工成本和相关费用。多数加工型企业用这种战略。

薪酬管理中的第二个战略决策点是薪酬结构的决策。薪酬结构是复杂的还是简单的，简单的薪酬结构包含的薪酬组成部分较少，因此员工收入的决定因素就非常明确，但是企业在薪酬调整中的手段就比较有限，“抓手少”；复杂的薪酬结构包含的薪酬组成部分较多，这样企业在薪酬调整中可以着力的空间就比较大，“抓手多”，但是员工收入的决定因素就比较模糊。例如，对于采用薪点工资制的企业来说，不同岗位的薪点和每个薪点的价值决定了员工的收入，员工必然对岗位和企业内部衡量薪点价值的关联指标格外关注。后面的云南白药案例也是利用了简单薪酬结构传递信息明确的特点，而进行的薪资制度改革。

薪酬管理的第三个战略决策点是不同岗位之间薪资的差异水平。对于企业内部不同岗位员工的收入差异，企业有不同的导向，也有不同的心理承受水平。在同一个地区同一行业的企业，有的企业内部员工可以接受十几倍甚至几十倍的收入差异，但有的企业员工对几倍的收入差异就颇有微词，这反映了责任和风险价值的衡量尺度不同，也反映了企业价值导向的不同。效率优先兼顾公平的原则下，企业希望员工能够尽力发挥自己的能力，并带来企业业绩的提升，因此薪酬差异加大，就成为激励员工进步的杠杆。而在权衡公平实现和谐的原则下，企业则希望将员工个体之间的能力差异不过多地反映在薪酬中，从而不至于对普通的大多数人形成刺激，以获得和谐的人际关系。东方价值观中，不患寡患不均的思想也为薪酬差异比较小提供了重要的文化土壤。

在管理实践中，企业还需要注意企业特殊事件形成的薪酬差异问题。比如有的企业在公开上市前后，由于老员工的股票在上市后的财富效应，因此会出现“百万收入的前台”的现象，而后来加入公司的员工则因为没有这个特殊的机会，即使是能力超群也不会超越前者，所以IPO就成为薪酬差异的分水岭。如何有效调整后加入员工的心理期望，则是企业管理者必须面对的问题。类似的分水岭还包括员工薪酬制度的重大调整，例如原来有员工持股，而后来不再继续的现象。

薪酬管理中的第四个战略决策点是薪酬基础的决定。薪酬基础也就是员工收入的主要来源是什么，什么因素带来员工收入的差异。比如岗位工资制中，岗位的差异是薪酬的决定因素，而岗位技能工资制中，技能水平的衡量也成为薪酬的决定因素。有的企业，职务高低是薪酬差异的主要原因。而对于中国企业的薪酬体系来说，变化最大的是曾经的年资差异随着改革开放，早已经退出了薪酬的决定因素。这些变化都是企业对人力资源的价值衡量发生改变带来的。

案例　两个美容院的不同薪酬体系

A美容院在北京已经经营了有5~6年的时间，共有6家分院，均在高档商务公寓里营业。这几年，随着女性对美的要求越来越高，A美容院发展非常快，但同时也伴随着更激烈地竞争。某一分院所在的商务公寓里有20多家同等规模和档次的美容院。其拳头产品是系列减肥按摩套餐。A美容院的主要会员为白领、学生和部分中老年女性。价位中等偏上，产品属中等。A美容院的战略就是通过不断地开发新客户，推销各种美容产品和服务，扩大营业额，将会员深度套牢。每个美容分院设有一个主管，一个会计和若干美容师。美容师的基薪非常低，只有700元/月，工作强度大，同时还承担非常大的销售压力。如果想要有比较体面的收入，就要不断向会员推销各种产品。单次美容收费与一疗程美容收费的平均费用相差很大，从价格的设计上也是鼓励会员购买疗程使用。通常的情况下，由于美容师每次美容时都不忘自己的销售使命，因此会员去几次之后就不愿意再去了。

B美容院投入营业大概有一年半的时间，地点在高档写字楼里，属于由写字楼开发集团投资的写字楼配套设施。档次比较高，周围同一档次的美容院也比较多，竞争激烈。B美容院的消费者为周围写字楼的白领、中外籍居民还有经常到同属一个公司旗下的健身俱乐部来运动的爱好者。产品属于世界名牌，但是品种比较单一，只有两个品种系列，没有明显产品优势。价位比A美容院略高。B美容院的战略是通过开发新会员和促进老会员不断来店里消费，提高营业额，扩大和巩固市场份额。美容院全部采用高档名贵家具，为顾客提供舒适，高雅的环境。每周的打折产品和免费饮料、DVD影碟、时尚杂志和免费头发焗油等附加服务，吸引着新会员并保持老会员的忠诚度。美容院有一位经理，5个美容顾问（负责预定，美容院介绍和开发新会员）和10个美容师。9个房间，12张美容床。美容师的基薪比较高，基薪的不同和按摩技能和从业时间有一定关系，估计在1000~1200/月。美容师不承担销售额的压力，只是在会员需要的时候推荐一些产品，并得到相应的提成（但是提成不多，因此美容师推销产品的积极性并不高）。新老会员买卡或续卡只有继续选择同一个美容师，美容师才可以得到提成。美容的第二天，美容师要给会员打电话询问美容效果。连续一个季度没有会员投诉美容师，就可以得到季度奖金并且得到同事和老板的好评。每天加班不管多长时间提供100元的加班费。定期组织旅游或聚餐。

——根据王传忻采集案例改编。

在这个案例中，我们可以看到一个高度竞争行业中两个不同企业的不同选择。让服务业的从业者有尊严，进而让顾客觉得有尊严是本土服务行业面临的挑战。在美容业，美容师提供服务的质量和顾客的满意度是决定美容院生存和发展的核心竞争力。美容行业一个最大的问题就是美容师过多的销售行为造成顾客的满意度的降低。而过多的销售行为产生的原因则是美容师的收入决定基础是销售提成，而B美容院通过一系列的措施减轻了美容师的销售压力，将技能和服务质量与其收入更紧密地挂钩，这提高了他们提高服务质量的压力，而这种压力可以直接转化成顾客更高的满意度进而增加美容院的收入，这实在是一个良性循环的过程。

在B美容院，我们看到管理人员在满足员工需求方面，做了很多努力。员工得到更大的价值和满意度之后，就可以将此价值转化成对顾客的价值。管理人员在价值转化阶段有非常重要的作用，他们保证员工愿意并且期望提供优质服务。在引入内源性竞争优势方面，管理人员做了很多的努力，如季度奖金和同事们对优质服务的比拼意识。提供优质服务的美容师将会得到老板和同事们的赞赏并被嘉奖。而B美容院的努力也带来了满意的财务业绩。表6.3可以具体体现这种联系。

表6.3

员工满意度	顾客满意度	财务业绩
满意的薪酬	满意的美容服务	500多名会员
满意的工作环境	满意的美容环境	工作时间8.3小时/美容师①
满意的福利	满意的附加服务	营业收入1750000②
满意的娱乐	可以接受的价格	日接待33人次③

注：①按照每个会员每个月去美容院两次，每天营业12个小时计算。
②每个会员办卡平均花费3500元。
③500名会员每人一个月美容两次。

在近些年的薪酬体系改革中，技能工资和绩效工资是企业最愿意采用的工资形式，也就是将员工技能与员工的实际绩效表现作为薪酬决定的基础。技能工资实施的目的非常清楚，就是通过奖励员工努力获取知识、技能与能力，但最终能否为组织创造价值取决于员工掌握的技能能否在工作中得到及时而充分的运用，否则员工会忙于通过学习而不是运用技能为自己创造价值。因此，如何鼓励员工将学习到的技能运用到实际工作中去，成为实施技能工资制的组织必须面对的问题。解决这一问题的方式通常是将绩效工资与技能工资相结合。另外，组织也可以将工资增长推迟到员工成功地将技能运用到工作中去之后。

最有效的将技能工资与绩效工资结合的办法是利用技术水平绩效矩阵。这种方法是根据员工将技能运用到工作中的实际效果来奖励员工。即员工的收入不仅取决于他们的技术水平，而且取决于主管对他们技术应用中的实际效果的评价。同一技术水平，根据绩效水平来决定每小时的工资；同一绩效，根据技术水平来决定每小时的工资。实施技能工资制的组织还需要考虑如何权衡团队绩效的改进与员工个人技能提升之间的关系，也就是在组织目标一致的基础上，评估团队绩效中的员工贡献。技能工资体系使用的绩效评价应更加强调员工对团队或者是小组绩效的贡献而不是对员工个人的绩效水平的评定。在实施技能工资体系的组织中，绩效评价首先关注的是与组织目标和愿景直接关联的团队或者小组水平的绩效。由于团队目标与组织的基本目标更加接近，因此团队目标或者小组目标更加容易测量，数量容易界定，也更加容易识别。团队绩效的测量可以使用多种资料来源：同事、团队领导、主管以及消费者反馈等的月报、季报等资料（这些资料可能包括了消费者服务的数量、成本、产品等）。团队成员要定期碰头讨论团队目标、识别、分析和解决与工作有关的问题并提出改进意见。团队对他的成员们负有激励、培训、训练以及发展的职责。团队进行相互培训或者对他们的培训做出安排。作为一个整体的团队行为（例如合作、鼓励、培训、训练，或者目标设定等）是由管理者来进行评价的。团队自己主要评估的是他们自己的进步而不是确定获取奖励的标准或者目标。这种团队评价方法的基础是员工们必须加入到思考如何达成组织目标的过程中去。这意味着员工必须参与到团队目标确定、为达成目标不断取得进步、提供改进工作流程的方法等。

薪酬管理中的第五个战略决策点就是对员工持股政策的选择。员工持股（无论是公开上市的股票还是模拟持股）政策的根本目的是建立员工和企业的命运共同体。员工的财富收益也可以与企业的成长同步。但是实施员工持股的必要条件除了从财务角度的必要条件外，“所有”这个概念其实在心理上的意义远超过法律和财务上的意义。没有员工心理所有权的基础（所谓心理所有权，是指员工从内心信任并希望与这个企业结成命运共同体），财务所有权的效力是有所折扣的。最成功的企业“所有”文化塑造需要企业与员工之间有真正的信任，并对企业未来的发展前途充满信心。而且对于已经实施了财务所有的企业来说，与广泛的员工分享企业具体的财务信息（信息公开），帮助员工学会如何理解和应用财务数据，并赋予员工在工作相关决策中更多的自主权。只有这样，员工才真正感受到对组织财务业绩的影响和控制力，才能在财务所有权的基础上建立心理所有权。曾经有一家创业型企业为了保留核心技术人才，决定在企业内部推行模拟员工持股，但是由于许多技术人才认为公司发展前景并不明朗，而且计算股权价值的公式又非常复杂，因此并不愿意参加这个计划。这个例子也说明了心理所有权是使财务所有权真正发挥建立命运共同体作用的基础。

正因为薪资制度是最敏感的人力资源管理职能，所以一般企业管理者对于薪资改革都比较谨慎，大多数企业在企业经营业绩好的情况下才考虑薪资改革，并且多数时候都以普涨作为保证改革顺利进行的基础。但是也有企业利用薪资制度的这种敏感性，通过薪资制度的改革来推动该企业的文化变革，并获得了成功。

案例 云南白药的薪资改革

制药行业竞争空前强烈。具有产品优势和品牌优势的老牌制药企业云南白药在此情况下，营销方面的投入一直不大，1998 年 24 种产品投入的宣传广告费用为 770 万元，1999 年为 1340 万元，2000 ~ 2002 年为 2200 万元。与盘龙云海（主要产品为排毒养颜胶囊）为单一产品投入 12000 万元的宣传广告费用相比，其宣传力度明显欠缺，更不能和哈尔滨制药三厂、六厂数十亿的市场推广费用相提并论。竞争的结果，云南白药市场份额逐年减少，消费吸引力不断下降，在京津蒙区，云南白药系列的销售额从 1997 年的 140 万盒锐减到 1999 年的 35 万盒。总销售收入在 1998 年出现公司历史上唯有的一次负增长。

与外部环境相对应，企业在营销管理理念上依然十分落后，员工几十年来安于现状，没有任何的危机感，对改革的心理承受能力很有限，因此改革难度非常大。销售人员基本上是“守株待兔”的工作方式。专职的销售人员很少去做市场调研和分析，曾经出现过公司外派的销售人员一个月躲在宾馆里不露面的情况，更不用提主动出击和分销商进行沟通联系。“躺在产品品牌上睡觉”，是云南白药当时内部工作情况的最真实的写照。

蛋糕不大，多人纷抢。云南白药步履已初显蹒跚，内忧外患的重重压力，使决策层意识到：适者生存，再不进行改革，必将慢性死亡。

1999 年，集团董事会调整领导机构，从昆明制药厂调用年仅 37 岁的王明辉担任集团总经理职务。王明辉曾经作为主要负责人于 1995 ~ 1998 年带领昆明制药厂进行全面改制，取得了相当的成功。三年之间，昆药从一个连工资都发不出濒临倒闭的企业一跃变为昆明市的利税大户。所以，王明辉来到白药，内心“充满着挑战、信心和希望”。

然而事实上，王明辉在那些已经在云南白药待了十年甚至二十年的老员工眼里，无疑是一个外来者。因此，王明辉以及他从昆药带来的一批干将，在公司被称为“新白药”。“新白药”和“老白药”两个词，仿佛在王总到来的那一个晚上，人们就下意识地开始对云南白药的人员成分做出了一个前所未有的划分。只是称呼上的区别，就让“新白药”们感受到了“老白药”们复杂的心。

几十年的国有企业，要想变革，谈何容易。何况云南白药受到国家特殊保护，大伙一直过着小富即安的生活，何必去改？一位老员工说：“我们早就实现了共同富裕”。还有人说：“白药人的工资水平在昆明所有企业中能排前几名，还能改成怎样?”。甚至一次座谈当中，几名刚参加工作不到三年的年轻人反问：“你们说工龄工资不合理，可白药是他们建起来的，他们资格老难道不该拿的多吗?”

观念上严重保守，心态上安于现状，包袱不重，热情不高，是云南白药改革中“老白药”们的普遍反应。而公司一系列沿袭多年的制度，显然为这种心态的产生奠定了基础。

组织机构：采用直线职能制。传统的生产、人事、后勤三大职能，以生产为龙头，人事、后勤为辅，研发、销售跑龙套。

工资制度：采用岗位技能工资制。岗位工资比重很小，不同岗位之间差别不大。技能工资的主要依据是工龄。工龄越长，技能工资越高。工龄相同者，技能工资普遍相同。1993年工资改革曾经试图拉开工资差距，却在1996年第二次工资改革中再度拉平。

考核制度：生产车间考核由班组长评定，很难按照“生产奖罚条例”来执行。职能部门基本没有考核制度，只有考勤制度。不管干得怎么样，年终（季度）奖金按照当年的销售利润提成分摊，一人一份，绝无两样。

退休制度：凡是提前退休的工人，退休工资按照退休前岗位的工资收入发放。到达退休年龄退休，统一发放退休工资。但白药的老员工对企业的感情非常深，很少有人申请提前退休。

尽管谁都希望这种日子维持下去，然而，1998 年效益的滑坡，对于白药的员工来讲，虽然还没有切肤之痛，却也隐隐感到了一些忧虑。而董事会对领导层的调整乃至王总的到来，则似乎让大家捕捉到一些什么信息。整个公司，观望者有之、不安者有之、高兴者亦有之。

①变革前的准备。

要想推行改革，必然需要有一批的人才来推动。王总显然很清楚现有的白药人中对于推行改革所抱的态度。“最大的阻力来自于管理干部”，因为改革的最终目的是为了白药的长远发展，这点引起的利益冲突直接体现在现有的管理干部身上。此外，现有的干部们因为或多或少属于不同的利益集团，当既得利益受到伤害时，他们很自然地会想办法来影响改革的推行。1999 年 7 月，新的领导层开始引进新的人才。除了从昆明制药带入一批人才外，先是留下一名清华 MBA，然后从省科委调入一名年富力强的干部（后来成为企业发展部部长）。11 月，又成功地与 20 余名在校大学生签订就业协议。

对于云南白药来讲，改革的序幕是在企业发展部的建设中拉开。公司于 1999 年年底撤销原有的综合部和计划部，并重新调集人才组建企业发展部。企业发展部的人员绝大多数来自于 1999 年下半年公司引进的人才。其精干程度绝不亚于任何一家大公司的员工队伍。企业发展部负责公司改革与长期发展的策划与实施。显然，企业发展部在这场改革中扮演了其他任何部门都无法扮演的角色。“老的机构无所谓，可以放弃，但不能把员工推向社会。要不断地设立新的机构，聚集新的力量，他们才是改革的动力。”

改革中最重要的因素在于人的观念。观念上的障碍是客观存在的，这也是设立一个与众不同的企业发展部的原因。企业发展部全新的观念和办事风格对于白药其他职能部门来讲，不啻于一种标志，因为它代表了公司领导赞赏的工作方式。其他部门如果不能从自身的陈旧观念中摆脱出来，将很难在公司领导层中得到良好的评价。11月，公司对所有岗位的工作进行评价，企业发展部显然鹤立鸡群，部长职位的评价直追公司副总。

对于国企改革来讲，老工人的想法无疑是最厉害的。他们可以上访，也可以静坐示威。做好老工人的思想工作是改革顺利进行的群众基础，在此期间，公司不断地向老工人解释，并以实际的行动来表示，公司的改革必然会保障老员工现有的利益。“这就是一种改革的代价。我们追求效率优先，同时必须兼顾到公平。”

2000年初，公司召开中层以上干部会议，宣布到2000年12月31日，所有的中层干部正副职不再任用，2001年1月进行重新选聘。新的中层干部由公司推举多名候选人，企业所有员工投票产生。一时间，公司内外的气氛变得特别起来了。

②薪酬改革先行。

到过云南的人都会觉得奇怪，云南物产丰美，多有奇美产品，但是，在全国其他省份的市场上很少看到云南的产品。云南人一样，不管外面怎么好，都想回云南发展。云南白药也有同样的情况。再说，有着白药强大的品牌效应，公司的系列产品从来就没有卖不出去的担心。所以，这几年行业内其他对手的营销手段越做越大的时候，白药的销售人员仍然采用一种守株待兔的销售方式。从不做市场分析，从不做产品推广，甚至和分销商必要的联络都懒得去做。

其直接后果是，白药的消费群体越来越小，“云南白药”也日渐的被人们当成了历史的回忆。

为此，公司于2000年初成立附属的云南白药电子商务公司。抽调新的人员负责公司的销售渠道，并对全国各大区的销售负责人做出调整。逐渐放弃老的各自为战的销售方式，形成一个由电子商务公司为中心辐射全国以及海外10多个国家的销售网。

接着，改革销售体系人员的报酬与激励机制，以往的销售提成法存在着提成结构不合理、比重不恰当等诸多问题。新的报酬制度直接和销售人员的业绩细分因素挂钩，干得好还不够，还要整个销售区大家一块干得好才能拿得多。同时，每个季度都有一个举牌辞退的考核制度，如果考核连续两次出现黄牌，则坚决辞退。这点对于仍然躺在白药品牌上睡大觉的老销售人员来讲，无疑是一个很大触动。

最后，公司请来专家，为公司的营销策略和制度重新进行设计。对产品包装、定价、目标市场、销售渠道等各个方面做出专业的分析和调整，并逐年增大产品的广告宣传费用，1999年为1998年投入的1.8倍，2000年为1999年的2.2倍。公司开始把失去的国内市场这块蛋糕一点一点地夺回来，同时把目光瞄准了海外市场这一国内尚无人能够竞争的大蛋糕。

医药行业的竞争日趋激烈，而当中最激烈的则莫过于新产品的开发。谁能够率先在市场中推出新药，这不仅意味着公司股价的上涨，还意味着公司品牌优势的扩大。云南白药从建厂到现在20年，开发出三大系列几十种产品。但真正得到人们认可的还是原来的云南白药止血止痛产品。产品在品种上多了，但在层次上并没有做出很大的飞跃。一个很重要的原因在于，公司对研发部门的重视不够，从人员的生活后勤保障到研究所的经费设备都存在很多管理因素上的问题，开发人员的后顾之忧没有完全解决。在这种情况下，研究所的开发方式还停留在老的研发思路中，缺乏和公司战略的内在默契，与市场对产品需求的联系也非常不足，以至于开发出的新产品得不到老百姓的认可，自然就难有销路。

因此，公司首先转变研究所的角色和职能，首次把研究所当成公司的战略部门来看待。明确必须把研究所建立成一个以市场为导向，开放式的、社会合作化层次高的研究机构。1999 年底，公司引进一批国家重点医科大学的研究生和博士生作为研究所的新骨干。2000 年 3 月，公司任命研究所长为总裁助理，直接参与公司的重大决策。2000 年 5 月，云南白药的第二大股东红塔集团，向云南白药注入资金 3 亿元，全部用于研究所的基础设施建设、人才引进和新产品开发。

销售系统与研发系统内的局部改革启动了最敏感的全公司范围的薪酬系统改革。云南白药股份有限公司在 1992 年实行三项制度改革，实行技能岗位工资制，一直沿用到现在。尽管从 1993 年开始，企业推行岗位技能工资制，并已运行了 8 年，但因其是从原有的等级工资制转换而来，取决薪酬高低的标准主要是工龄、学历、职称、职务等相对稳定的“硬指标”，缺乏充分体现不同岗位的工作难度及对企业的贡献率的“软指标”。同时，岗位差距又很小，岗位工资分 20 岗，每一岗的岗差不过十多元。总经理拿最高的 20 岗，其与最低岗位的员工每月工资相差仅 200 多元；一个高级工程师与一般操作人员每月相差才几十元。生产一线与辅助岗位的工资差别每月也不超过百元，工龄长的员工几乎没有差别。如此分配导向下，轻松的岗位如门卫等人们争先恐后上，而脏、苦、累的岗位无人问津也就不稀奇了。1993 年转为上市公司，工资水平翻了一番，公司上市时有职工股 200 万，绝对平均分配，人均购买了 2000 股，最高 2800 股，

3.38元一股半年后可上市流通的公司股票，但上市半年后，股市不景气，市价低于职工购买价，许多职工赔本卖掉股票。1996年大幅提高岗位工资，1999年再次提高技能工资与岗位工资，1999年工资总额是2229.83万元，人均3.2万元，这个薪资水平当时在昆明市和医药行业内都位居前列。

③薪酬系统现有问题。

在对员工的问卷调查中发现，虽然收入的绝对值不低，但对目前工资制度的满意水平不高，35.9%的员工不满意或很不满意，46.2%的人选择了一般，其他不到18%的人是满意的。而对收入水平的满意程度则从另一个侧面反映出平均主义的问题，近2/3的人认为一般，不满意和满意的都在20%左右，反映出平均主义的工资分配方式并没有达到激励多数的目的。在目前工资结构中，岗位工资、技能工资、效益工资、津贴、管理奖与年终奖占了绝大部分，而这些组成部分中，最具激励性的是效益工资（一半以上的人选择），津贴最差（0.7%），其他几项在10%左右；也有近一半（45.8%）的员工认为决定报酬高低的因素不合理。在访谈中，也有员工讲，要涨一起涨，老天下大雨，谁都有份。有62.8%的人认为工作贡献与报酬不成比例。

云南白药目前的岗位评价，对于生产岗位，主要从劳动技能、劳动强度、劳动责任、劳动条件四方面来考察；而对管理和专业技术岗位，则没有经过科学的测评。近年来随着企业的发展，工作条件发生了变化，老的岗位评价已经不太适合，公司也没有做适时的工作分析与职位评价工作，每个岗位的岗位价值没有客观标准，薪酬制度不是在工作分析与职位评价基础上建立的，缺乏科学的依据。

对于关键岗位人才和掌握专门技能的人才激励力度不够。1985年官血宁研制成功，20人的课题组得到的奖励是200元，1990年进厂的20名大学生，现在只有三四个人留下来，其他都走了。就是目前，公司的高级工程师的津贴也只有180元，驾驶员和门卫的工资比质量控制岗位的工资要高。相对于市场价格，公司骨干的薪酬与市场接轨不够，优秀人才容易被其他企业挖走。根据问卷调查结果，薪酬偏低是造成人才流失的重要原因。

④新薪酬制度。

水到渠成，建立与现代企业制度相适应的薪酬分配制度，充分发挥工资的激励和调节作用已经刻不容缓。2000年6月，在清华大学经济管理学院专家的指导下，云南白药集团股份有限公司薪点工资制在员工千呼万唤声中呱呱坠地。

薪酬系统的改革是以对岗位的重新科学评价为基础的，在外请专家的帮助下，云南白药对158个岗位进行了逐一的评价和打分，以此作为薪点工资的基础。在岗位评价的过程中，公司发挥了内部专家的作用，内部专家多为对要评价岗位非常熟悉和了解的人，对岗位分析调查得到的结果反复印证，又专门集中岗位评价组的成员封闭开会，一个一个讨论岗位的最后分值，确定后还请中层干部对其所管理部门的岗位分值进行确认。这一基础工作的完成，是后面推行新工资制度的基础。

薪点工资制即依据工作分析和职位评价的结果确定薪点（最高不超过1000点），由薪点确定工资收入的新型工资制度。从云南白药集团实践中看，全公司经过清理、合并和科学评价，确定158个岗位，即158个薪点。岗位之间拉开薪点差距，同一岗位之间又以各人劳动技能不同划分1至9档，档次不同，薪点也不同。与此同时，影响员工收入的还有一个重要因素，即薪点工资率。薪点工资率与公司效益挂钩，每月由财务部门依据当月公司效益状况确定，薪点工资率高，员工的收入相对也高，薪点工资率低，员工的收入相对也低。换句话说，公司的效益状况与员工收入紧密联系在一起，形成“一荣俱荣，一损俱损”的利益共享、风险共担的关系。

实行薪点工资制后，随着关键岗位、重要岗位与一般岗位工资差距的拉大，员工的收入发生了前所未有的变化。收入增加最多的每月多拿2000多元，收入降低最多的少拿了1000多元，大约20%的员工比原先工资有所降低。

薪点工资实行后，公司最先出现也是最引人注目的变化，就是原先岗位的“热门”与“冷门”调了个个，原来的图书管理、动物饲养、清洁、门卫等“热门”岗位忽地变得冷清起来；而糖衣、混粉等脏苦累的“冷门”岗位也忽地变得热了起来，许多员工争着上岗。工资的激励和调节作用已经初见端倪。例如，云南白药集团昆明总部有两扇大门，曾几何时，门卫是个活不重、钱不少的令人称羡的热门岗位。一时间，门卫成了云南白药集团员“拥挤”的部门。两扇大门前齐刷刷地站立着18个看门人，人们戏称为“18勇士”。一年下来，公司为这18人支付的工资、奖金、津贴及福利费用接近90万元。

而薪点评价的结果是处于三线的门卫岗位的薪点比一线、二线岗位低得多，门卫岗位顿时风光不再，连原先在岗的“18勇士”也不愿继续上岗。公司索性结合分离后勤、保卫等社会化职能，以租赁劳务的形式把两扇大门交给社会保安公司负责。如今，“18勇士”重新回到生产一线，而保安公司受过专门训练的保安员威风八面地站在公司门前，使得每天进出公司的员工平添了几分精神。从账面上看，公司每年只需付给保安公司18万元，比薪酬制度改革前节省近70万元。

云南白药的薪资改革从选择的时机，改革方案的确定直到变革的实施步骤都是经过精心选择的。从销售和研发系统的局部调整，到中层管理干部的竞争上岗，再到推广到一线的新的薪点工资改革，从局部到全体，从干部到员工，一点点地撬动原有观念体系的壁垒，又通过新的方法来建立新的价值导向。与公司销售业绩相关的薪点点值的确定，促使全员关注销售业绩，关注市场竞争，改变了多数员工原来只注重生产的视角。通过薪点工资，也建立了内部的岗位价值市场，明码实价，通过岗位薪点高低引导员工的选择。简单的薪酬结构传递清晰的价值信息，员工的行为也因此发生改变。原有文化坚冰的溶解，为新文化价值观的塑造打开了突破口。在云南白药的薪资改革中，管理层特别注意对云南白药原有文化价值观中精华的保留和传承，白药员工对公司的深厚感情，对云南白药品牌的自豪感和成就感，都是管理层明示的不能改变的部分。有所为有所不为，文化变革中对于精华的传承，对于不适应新竞争形势部分的改变，是云南白药文化变革的特点，而薪资改革成为文化变革的先锋。

每个人都关注自身的利益，每个人都关注自己是否被组织所认可，无论是经济人假设，社会人假设还是自我实现人假设，都可以很好地解释人力资源管理系统中绩效和薪酬管理的重要性与艰巨性。在采用具体绩效和薪酬管理制度前对于前面所述的各个战略决策点的理性决策，然后再具体设计和细化相应的制度，是提高绩效和薪酬管理制度有效性的重要前提。而只要善于利用，绩效和薪酬管理制度也可以作为组织变革的前奏和先锋，发挥其对组织成员行为的指挥和引导作用。

——根据作者本人收入中国工商管理案例库的案例改编。

第3节　全面薪酬的全面管理

2011年8月，著名咨询公司美世推出《2011年全面报酬中国调研》，从雇主角度、员工角度、外部市场及成本四个角度，分析比较中外资企业的全面报酬战略和实践。“全面报酬”，又叫“全面薪酬”，是近年来人力资源管理实践领域比较流行的薪酬管理工具。调研报告称，企业采用全面报酬机制的驱动力因素，位列前四位的依次是：吸引关键人才、保留高绩效员工、增强企业的竞争优势、提高员工的敬业度。

但是，一方面是企业家和经理们实施全面薪酬战略，另一方面是员工对薪酬的五花八门的抱怨，甚至在网络世界里晒收入、晒福利，引起阵阵热议。调研表明，这些企业被问及是否实现上述关键目标，仅有10%左右的企业表示其全面报酬战略“非常有效”地实现吸引关键人才、保留关键员工的目标；表示能够“非常有效”地增强竞争优势和提供员工敬业度的企业比例更是低至8%。

面对这种落花有情流水无意的局面，中国的企业家和经理们不能不疑问：为什么员工看到的收入不全面？为什么全面薪酬实践没有得到员工的全面响应和全心认同？

根据该报告提到的，全面报酬包括薪资、福利、职业发展和工作与生活平衡。全面薪酬战略和实践，确实是不仅使用物质资源（薪资、货币化福利等），而且应用精神资源（成长、平衡、关怀等）来完成付酬，从而有助于企业用最小的货币投入实现最大限度调动员工积极性的目标。但是根据美世的调研，与外商投资企业相比，中资企业对全面报酬的定义较为狭窄，大约40%中资企业将全面报酬定义为“薪资”或

“薪资福利”，而外商投资企业中仅有23%的企业如此定义全面报酬。

因此，中国的企业家和经理人应该认识到，全面薪酬战略和实践不止于此。它更在于重塑企业与员工之间的关系：从单纯的交易雇佣转为承诺双赢。使用全面薪酬的企业的基本用人方式，必然是承诺双赢方式的，即以培养作为用人的基本理念，在员工关系上注重长远并着力在企业内开发社会和智力资本。使用交易雇佣方式的企业，是不会采用全面薪酬的，因为在这种企业中，员工的价值是直接的、任务导向和成本导向的。

因此，全面薪酬管理，不仅是组织与成员之间全面价值的重构，更是组织与成员之间关系的全面重构。在这两方面，有效的全面薪酬管理，至少要满足以下三个要求：让员工看到更多；让企业看到更多；让员工看到的和企业看到的一致。

本节开头企业家所提出的疑问，只是“让员工看到更多”，在收入上看得更全面，是不全面的。它的另一面是“让企业看到更多”，以全面看待员工与企业的关系。这两者结合起来，便构成最重要的原则：让员工看到的和企业看到的是一致的。

因此，在企业重构组织、重构组织与成员的关系、重构组织核心竞争能力中，理解全面薪酬，构建全面薪酬，重构价值评估体系，践行全面薪酬管理，将不仅仅是一次薪酬创新，更是一次管理创新。

1 全面价值

薪酬是什么？是价值。从微观到宏观，薪酬体现的价值，应包括以下三个方面：员工的工作表现对于企业的价值；员工的岗位对于企业的价值；员工对于企业的价值。

员工的工作表现对于企业的价值，是基于每个员工在实际工作中表现出来的绩效水平所做出的评估。如果企业认为员工的工作表现高低对企业绩效并无影响，则会出现“干多干少一个样，干好干坏一个样”的薪酬制度。反之，如果企业认为员工绩效水平对于企业价值有直接影响，那么就会在薪酬结构中加大绩效薪酬的比例。

员工的岗位对于企业的价值，是基于员工所在岗位与企业价值链的相关性以及员工所在岗位在人力资源市场上的稀缺性和替代性所做出的评估。如果员工所在岗位处于企业价值链的关键点上，或者说在人力资源市场上从供给方来说是稀缺的，或者/并且该岗位在人力资源市场上很难快速找到替代人选，则这类岗位上的员工薪酬就相对较高。

员工（人力资源）对于企业的价值，则是从企业管理理念的层面，基于企业对人力资源与企业价值实现的关系的认知所做出的评估。如果企业真正认为（而不是口头宣讲）人力资源是企业的第一资源，人力资源是组织成功和失败的关键，那么薪酬水平就相对较高；反之，如果企业认为人力资源不过是价值实现过程中的工具之一，企业的核心竞争力并不来源于人，那么薪酬水平就相对较低。

全面薪酬首先应该综合体现这三方面的价值。企业薪酬是否是全面薪酬，主要看企业的薪酬组成是否反映这三种价值，缺一不可。因此，企业管理者，要想通过全面薪酬战略，实现企业与员工共同依存共同发展的管理目标，就要在以下四组关系中处理好这三种价值。

（1）多与少

企业管理者应认识到，企业实施全面薪酬，哪些方面该支付多一些，哪些方面可支付少一些，这样基本的价值选择应由薪酬接受者决定。这要求此类价值评估是从员工角度进行考虑。换言之，换位思考是全面薪酬实践的基础。员工如何评估自己的工作对于企业的价值，员工偏好中什么被认为应该多，什么被认为可以少，是管理者首先要了解和掌握的。

对于一个刚留学归国的员工而言，出国机会未必被理解为一种成长收益；对于来自制造一线的优秀员工而言，作为奖励的新马泰旅游，则可能被抱怨为一种“惩罚”——即使公司为该旅游支付机票酒店等费用，员工还得承担可能被员工视为巨大负担的杂费花销。

几乎所有企业管理者，听到晋惠帝司马衷的故事都会大笑——大臣禀报江南大旱，百姓没有粮食，晋惠帝竟然问："没有粮食，为何不吃肉呢?"但从"我认为"转变为"他/她认为"，这种换位思考的习惯养成，以及对于员工偏好的真正发现和尊重，在管理实践中并不是一件容易的事。想"让员工看到更多"，首先就意味着"企业看到更多"真正的员工偏好，从而将员工认为应该多的内容放入薪酬中。

（2）显性价值与隐性价值

在全面薪酬中，员工能看到什么？显性的工资收入、货币化福利等都是容易被看到的。而那些隐性的价值，员工并不总能看到下面这些（但不限于这些）：

①企业提供的各种培训；

②企业利用组织资源建立的福利条件（子女入托上学、优惠贷款、企业担保等）；

③企业提供的员工职业成长空间以及事业平台（有机会做事以及有机会做大事）；

④企业提供的各种稀缺经历和经验（国际化、跨文化）；

⑤企业承诺用人模型形成的当企业经营面临不确定性情况时员工获得的职业安全感；

⑥企业品牌所形成的人才聚集效应（与优秀的人一起工作）。

这些都是职场中的隐性价值。因此，"让员工看到更多"，需要组织内有效的薪酬沟通。如何让员工看到这些隐性价值，并且是自然地看到并在内心深处体会到这些价值，是薪酬沟通的目标。因此，让隐性价值在确实需要这些价值的员工心理"显示"出来，并强化为员工心中的内在满足和薪酬优势，是首先要实现的。但同时还必须在公平方面对隐性价值进行制度化建设。很多公司不仅忽视隐性价值方面的薪酬沟通，而且隐性价值的分配也因此游离于制度建设之外，成为公司薪酬不公平感的原因之一，反而成为负资产。随着隐性价值不断显性化，其公平化的制度建设迫在眉睫，让隐性价值成为员工根据公司激励战略和自身需求可预期的东西。

（3）当期价值和延期价值

在全面薪酬的价值选择中，企业如何处理薪酬当期价值和延期价值的关系，员工如何选择当期价值和延期价值，是全面薪酬设计中的一个难点。当期价值是指企业在员工工作完成后相对较短时期内支付的各种回报（一般一年以内）。延期价值则是指员工工作经过一定时期累加才能得到的各种回报，在企业中可以体现为延期支付的年终奖、累计工作一定年限才能获得的福利、工作绩效水平和工作年限在一定水平后获得的期权期股、职业成长到一定阶段后获得的工作机会或者培训等。

从采用全面薪酬的企业来说，承诺雇佣模型已经决定长期导向的企业—员工关系。全面薪酬包含相当的延期价值是与用人理念完全一致的，但对于员工来说，是否相信企业的发展前景，是否信任企业内的管理制度，是否愿意与企业长期共同发展，却不因为企业管理者的美好愿望就成为必然。如前所述，即使是代表财务和法律所有权（legal or financial ownership）的期权期股这样规范的长期激励手段，都要建立在员工对组织拥有“心理所有（Psychological ownership）”的基础上才能发挥作用。因此建立共享的并可预期的愿景、现实并踏实的发展目标、言而有信的管理层、权威得到保障的管理制度体系，都可以帮助员工接受并真正理解薪酬中的延期价值。而从企业角度，延期价值占有相当比重，不仅减少薪酬支付中现金流的压力，更重要的是降低组织人力资源风险，能够更好地维护企业对人力资源的投资。

（4）绝对价值和相对价值

员工衡量企业提供的全面薪酬的价值，不仅会从自己的需要偏好和认知进行绝对价值的判断，而且还会进行相对价值的判断。行为经济学认为，人们在认知和判断中存在利己主义的有限理性，也就是不仅仅关注自己，也给予他人更多关注。公平理论同样发现人们对于报酬的衡量，有对自己的付出和产出与他人进行比较的习惯，并且存在高估自己付出、低估自己所得的倾向。因此，流行晒收入不足为奇，因为这为人们调整对全面薪酬的相对判断了提供机会。某公司为员工出差提供意外和医疗保险，企业员工对于这项制度是高度认可的。员工后来知道竞争对手为员工出差提供的意外和医疗保险是最高额度，该公司的这项制度很快从价值高的全面薪酬项目变成价值低的项目，而真正发生变化的，其实是员工心理感知的相对价值。

2 全面管理

全面薪酬管理，不仅需要对薪酬的全面理解，也需要对全面薪酬的全面管理。一旦企业家和经理们意识到人力资源是组织成败的关键因素之一，力图将人力资源与组织核心竞争力直接联系起来，那么全面薪酬的全面管理，就是展现并实现这种联系的重要渠道。因此，企业必须变革与此不相适应的管理，在以下四个方面进行扩展。

①管理边界从企业内部扩展到企业外部，从员工工作扩展到员工生活。在传统的薪酬管理中，对于企业内部薪酬结构和相对薪酬价值的管理较多，有些企业在强调外部竞争性的情况下，能够考虑竞争对手的薪酬策略和人力资源市场的供求情况。在全面薪酬管理中，对于外部人力资源市场的关注成为常态，而在全面薪酬的结构设计和价值评估中，不仅仅将视野聚焦于员工的工作，还考虑到员工的生活（工作—家庭平衡、康健、子女等）。这是全面薪酬管理在外延（广度）上“全面”的体现。

②管理理念从成本管理扩展到资本管理。薪酬管理多与企业的成本管理密切相关，人工成本、人工费用是管理层常用的薪酬定义。在全面薪酬管理中，资本管理的意义远大于成本管理的意义。从人力资本角度看，全面薪酬管理需要考虑资本成本，需要考虑资本回报，更需要从投

资风险管理角度衡量企业对人力资本投资（全面薪酬）的风险和收益。正因为全面薪酬管理的激励导向，企业员工的工作积极性以及更为直接的绩效提升，是评估投资收益的关键指标；而全面薪酬体系是否降低了关键人才的离职倾向，是否减少了“头天拿奖金，第二天交辞呈”这样的短期交易行为的出现，是否从制度上延长了关键人才与企业的契约关系，则是衡量投资风险的重要因素。从“成本”到“资本”的变化，是全面薪酬管理在管理哲学（高度）上的变化。

③管理依据从有形契约扩展到无形契约。在传统的薪酬管理中，主要的管理依据是企业与员工签订的劳动合同，依据劳动合同中对于薪酬和福利等相关事项的约定以及政府的相关法律规范进行薪酬给付。但在全面薪酬管理中，管理依据不仅是这种有形契约，还要依据企业与员工建立的无形契约，即心理契约。心理契约是企业与员工对于相互应该承担的责任与义务的心理约定。因此，全面薪酬管理不仅承担着发掘员工对企业应该承担的责任义务认知的任务，还负责与员工沟通企业认为员工应该承担的责任和义务，并通过全面薪酬管理维持这种心理契约的平衡。有形契约立足于遵守契约的内容，而无形契约管理则更关注于维持双方期望的平衡和一致，契约内容则处于次要位置。这是全面薪酬管理在内涵（宽度）上的变化。

④管理对象从货币账户扩展到心理账户。如果说传统的薪酬管理关注的是员工的货币账户的所得，那么全面薪酬管理更多地关注员工的心理账户。所谓的对于员工心理账户的管理，就是强调不同员工的态度和认知，会导致同样的薪酬项目和薪酬支付形式对不同员工产生的影响。例如，高层管理者由于心理账户评估频率更少，因此对于年薪制和延期支付形式更容易接受，而普通员工则可能对于心理账户评估频率更多，因此往往需要小步快跑式的薪酬激励手段。

如前所述，薪酬是员工对价值评估的结果，因此，企业实行全面薪酬管理，就要关注：员工的心理账户是如何建立和变化的？企业全面薪酬的各个项目，员工是存入一个心理账户还是多个心理账户？不同心理账户中的项目是否存在价值的替代关系？不同项目的货币价值和认知价值是否有变化?

从这个意义上说，全面薪酬的管理者，类似于银行的客户经理。工作目标当然是客户（员工）的资金价值持续最大化，只不过这里的客户经理，要管理的是包括员工货币账户和心理账户在内的总价值。这同样要求全面薪酬的管理者从以前管理节奏的断续但有周期（每月、每季度、每年）转变为持续且动态。这是全面薪酬管理在时间和结果（深度）上的变化。

CHAPTER

第七章
培训与开发中的战略决策

第 1 节　人力资源培训中的战略决策
第 2 节　员工职业生涯发展中的战略决策
第 3 节　人力资源与组织能力的可持续发展
第 4 节　VUCA 时代的人才开发与组织学习

第1节 人力资源培训中的战略决策

GE前CEO杰克·韦尔奇（Jack Welch）曾经说过，我们尽一切努力让员工拥有“终身就业能力”，尽管我们没法保证每个人都能“终身就业”。战略人力资源管理中，如果企业将员工视为人力资本，也就是将员工看成一种有价值和值得重视的东西。既然是资本就需要不断地投入，制定合理的培训计划就是一种投入，通过培训投入来提高员工对组织的价值，从而实现人力资本投资的回报。

关于人力资源培训的第一个战略决策点就是培训与否的选择。不同人力资源理念的企业，不同人力资源雇佣模型的企业，对于是否培训，就有截然不同的选择。那些采用交易模型的企业，对企业的人力资源是购买的态度，要用合适的价格在外部人力资源市场购买所需要的人才，来之能战是基本要求，所以一般情况下，企业内部基本上没有培训，人力资源自己要承担学习的责任，从而在人力资源市场上可以获得更高的价值认可。但是使用承诺模型的企业，则出于培养哲学的需要，会愿意对企业人力资源的智力资本的开发承担一定的责任。是否有完善的培训体系，是否愿意对培训投入，也成为企业外部利益相关者识别企业用人模型的一个方式。大庆油田就是典型的承诺用人企业，他们不怕人才“跑”、不怕“闲”、不怕“赔”。不怕“跑”，就是把人才外流当作预警信号，及时对现行政策进行调整。大庆油田认为，对优秀人才的培养，必须具备一个超乎平常的胆魄；不怕“闲”，就是超前储备，不急功近利。有的人才培训后，可能暂时用不到原来设计的目标岗位上，但现岗位的锻炼也是对其潜能的开发和今后承担更重要工作的储备。这种储备会使人才不断增值；不怕“赔”，就是舍得花钱、舍得抽人、舍得时间，算大账、算长远账。人才培养是一种预期收益的投资行为，投入大回报也大，必须用经营意识和战略眼光来看待人才培养问题。

有的企业选择培训则有些不得不的味道，人力资源市场某些人力资源的稀缺，使得企业自身要承担通过培训自己培养某些岗位所需人员的任务，教育体系的缺失，也使用人单位要承担某些方面的培训责任。以中国的大学本科教育体系改革为例，近年来广泛采用的大平台通识教育以及就业市场的压力使得一些专业性很强的专业课内容压缩，因此用人单位会发现招聘来的应届毕业生计算机和外语的能力比以前毕业的学生强，但是专业方面的知识和技能储备明显弱于以前毕业学生的现象。因此，企业就要根据这个情况，在新员工入职后增加专业技能和知识的培训。

有的企业则把培训作为福利和激励手段的一部分，因此选择培训的动因是希望接受培训的员工能回报以更高的忠诚度和工作投入，或者培训员工就等同于关心员工。这种观点其实有狭隘的一面。“投之以桃、报之以李”的期望本身需要建立在组织与员工之间已经形成心理契约的基础上，单方面的一厢情愿不保证一定可以得到回报，因此有时企业会失意于“成为黄埔军校”的尴尬，于是投鼠忌器，不再培训，人力资源政策的一致性就出现漏洞。而给予对培训没有自身需要的员工以培训，也很难被认为是一种关心，没有针对性的培训福利并不一定带来员工对福利的认可，结果可能是事倍功半。

案例　我的困惑

我属于企业培养的在职研究生，毕业后将回到企业中去。在同单位的人看来，到Q大上研究生是企业给予我的巨大奖励，在他们的意识中，我应该对企业“感恩戴德”才是。但是，从我这个受益方来讲，我虽然感谢企业给予我这次宝贵的培训机会，但我更把它看作是对我以前努力工作的一种肯定和补偿。培训并没有加强我对企业的忠诚感。为什么会出现这种情况呢？主要是由于培训在我属的企业中并不是战略规划的一部分，培训尤其是高级培训结束没有后续的激励和晋升通道，导致培训效果未到达理想预期。

我工作的单位是一家国有大型集团公司的下属企业，单位的培训经费非常充裕，但花费近十万元培养一名MBA也是为数极少的。来清华上学源自集团公司的“十五人才规划”，集团公司每年都要培养一定数额的管理人才（一些名校商学院的MBA）及专业技术人才(工程硕士)。宏伟壮观的人才计划出发点很好，但培训效果是很不理想的。在我所属的企业中，在我之前已有5人完成MBA教育返回单位工作，他们的现状和培训前没有任何本质上的改变，如果说个别人会因为未很好地将所学转化为工作实践而未得到重用，5人同时出现这种情况就很不正常。

——素材来自作者企业调研中的访谈所得。

从上面的案例就可以看出，培训是战略人力资源管理的重要组成部分，但它不是绝对分立的，必须和人力资源管理的其他职能匹配使用，要将培训开发与其他的人力资源功能整合起来，建立结构化的职业晋升路径。员工在其职业生涯的关键时刻得到培训开发，通过晋升等级就可以很好地巩固培训的效果。

对于企业提供MBA教育机会来说，投入大笔的资金，但培训目的并不明确，不是为了使用而培训，在选拔受训者的时候就存在着较大的随意性，如果不能给予适当的远景激励，或以前的使用本身就存在许多问题的话，给受训者的感觉就是对以前工作的肯定，他们会很自然地认为培训是企业对个人的一种心灵抚慰活动，是一种补偿。培训结束后若不提供合适的平台让受训者施展才能，带来的结果：一是培训资源的极大浪费。没有目的的培训，除了开阔受训者的眼界、拓宽受训者的人脉、丰厚受训者的内涵，对企业来说却无法带来培训成果转化后的效益，虚掷了付出的资金、时间。二是受训者的流失。受训者在培训后能力得到较大提高、却无法在晋升阶梯上攀升，同时又会在无形中被赋予许多隐形的期望值，压力和失落并存，怨气会慢慢滋长，流失的发生只是时间问题。那时，企业会变成无偿为竞争对手储备人才、培养人才的高尚志愿者。对此现象，企业若不认真反省，只片面将原因归结为流失员工的个人道德素养问题，非但不能改善局面，还将加剧情况恶化。

在某些企业中，员工参加长期培训的成本是很高的，受训者不但会失去很多收入，而且将丧失宝贵的晋升机会。在大多数人的意识中，参加培训目的很单纯，就是提高学历、能力，提高与更高职位的匹配度，在职业发展路径上为个人增添更多的谈判筹码，但如果培训结束后，由于事前没有计划，没有适合晋升阶梯，原有岗位也被替代，郁闷和烦躁的积累带来的只能是：流失、流失、流失。企业的培训一定要配合企业战略和相应的人力资源规划，运用多种手段，认真选拔参训人员，提高培训后的人员使用率和成果转化率。

“在本企业管理岗位工作八年以上的员工参加 MBA 学习并取得学位者，企业可以为其支付全额费用但同时要与企业续签十年合同。”这是建筑业某国营大企业的一条培训计划。一些内部管理者戏称这是专门为那些“已经被企业多年套牢，并将继续被套牢多年的员工”而设计的。这样的培训决策就存在着失误的地方。

对于培训与否的选择还是应该建立在对自身用人模型和用人理念的明确的基础上，并辅之以人力资源管理其他职能的支撑和匹配，这样才能坚定对人力资本的持续投资，最终也才能真正地得到回报。

人力资源培训中的第二个战略决策点就是对培训投资的风险管理。只要是投资，就存在着风险，因此就需要风险管理。只明确“投资有风险，投资需谨慎”是不够的，企业还需要从战略角度出发，设计完善的培训投资风险管理体系，才能够真正规避风险，保护投资。

对培训投资的维护首先从制度上规范。因此，许多企业会通过签订培训协议并约定员工在离职时要承担的赔偿责任等方式给参加培训的员工戴上“手铐”，这是常见但并不是唯一有效的方式。如果按照下面案例中企业的做法，即使签了合同，培训的投资也没有得到保护。

在培训前，人事处会与每位参与培训的人员签订培训任务书，写明培训目的、内容、期限、培训要求、培训费用的报销规定，一式两份，人事处与受训者各保留一份，要求受训者在培训结束后提供培训结业证书、培训期间的鉴定和个人培训小结。并在全单位范围内做一次培训成果汇报。受训者在培训结束后只要提交培训结业证书、鉴定、个人总结，人事处即会予以费用的报销。

在实际操作中，在培训计划阶段，培训计划与战略缺乏契合性。将培训单纯看作是福利待遇、游山玩水、轮流外出休息的机会。没有设计转化工作的评估环节。在培训计划执行过程中缺乏严肃性和一致性，对专业技术人员控制严格，而机关管理人员却经常进行计划外培训，有时直到培训结束，需要报销培训费用时，人事处才知道培训已实际发生了。培训虽然有培训任务书，但一般只有专业技术人员严格按培训流程运作。培训结束后要求的受训成果展示，实际参与人员较少，专业技术人员一般很有心得，但因展示活动组织不够规范，参加人员不多，领导由于公务繁忙很少参加，很大程度上影响了展示的积极性。机关管理人员则往往以各种理由推脱，最后不了了之。缺乏受训者重新上岗工作后的转化监控和评估工作。

这样的培训管理体系在企业中并不少见，而培训投资的风险管理制度规范更多是强调组织内部人力资源管理体系的其他部分的配合，比如职业生涯规划，企业的晋升要求，企业薪酬制度中对于知识技能包括年资的偏好，基于年资的福利体系，等等，还包括对培训效果的评价和培训内容的组织内传播的要求。企业高层管理者要充分认识培训工作尤其是培训转化工作的重要性，将培训计划与企业发展战略结合起来。

对培训投资的维护其次就是对培训对象的选择。建立在企业人力资源规划基础上，结合可培训性（trainability）和稳定性（stability）两个标准进行考察，在实际操作中，可培训性主要从岗位需要、能力要求以及学习的愿望等几个方面考量，从“要我学”到“我要学”，人力资源发展属于业务导向型，但它的设计必须考虑个体的愿望和需求。惠普的管理机制值得其他企业借鉴，惠普鼓励员工在公司正确的支持和引导下进行自我管理学习，所有的员工加入惠普公司以后，他/她都会拿到一个全面的学习计划，上面清楚地写明了什么时间、什么阶段要参加什么样的培训。培训内容通常分三个部分，包括必修课、选修课和自修课（E－learning）。每一种课程，都有一定学分。也就是说每个员工在不同级别的时候，都要在完成工作任务的同时完成一定的学分。对于惠普的员工来说，学习能力是他能否继续发展和获得成功的另一个重要因素。

而对稳定性的测度则可以从员工的行为特点、对组织的归属感、是否成家有子女、配偶的工作性质等几个方面来进行衡量，以评估参加培训后的流动风险。企业在选择培训对象时的制度规定其实也是玄机暗藏，不同的表达方式可以传递出截然不同的信号来。

下面是某单位和参加由单位和名牌大学合办的工程硕士班学习的员工签订的劳动合同的主要内容：

①每人交6000元保证金。

②必须在三年内通过GCT（硕士学位研究生入学资格考试）。如果没有通过GCT，6000元保证金不退还，只发给学习证明，没有学位证书。

③通过GCT考试，而没有学习完工程硕士课程便辞职者，6000元保证金不退，并交纳2万元违约金。

④通过GCT考试，并学习完所有工程硕士课程，拿到硕士学位后至少要在本单位服务五年。不足五年辞职者，6000元保证金不退，并交纳

违约金5万元。

⑤通过GCT考试并取得硕士学位五年后退还6000元保证金。

这个合同是个典型的“手铐式”合同，在这个单位两批工程硕士班的运行中，目前第一批已经毕业的工程硕士班人员中没有一人提出辞职，而参加第二批学习的职员也都已自愿签订了合同，并已开始了研究生课程的学习。初步看来，采取这种靠培训来留住人才的方式确实有效可行，而且近几年来员工流动有了明显的改观，流失率大幅下降。但是，通过仔细观察，才会发现这些离职的员工没有一人参加了工程硕士班，他们中有的通过努力考上了研究生，有的跳槽去了收入很高的外资、合资企业。更重要的是这些离职人员中不乏已经能够独当一面的技术骨干。

细究原因，才发现，在这个组织中，由于大家都把参加工程硕士班看作是准不准备留下的重要标志，所以很多不打算辞职的年轻人都主动参加了培训班，而早有离职之意的人一看到那份类似于卖身契的合同也就放弃了继续深造的想法。当然也不乏一些介乎于两者之间的人，他们为了不被领导怀疑有辞职之心，迫不得已签下了合同，参加培训。合同的确是现代企业控制员工流失最好的工具，虽然对于那些打算留下来的人不起丝毫作用，但却很好地控制了那些犹豫者们。由于高额的违约金，使得他们只能熬到合同到期，可等到到期时他们早已经失去了市场竞争力。这就是为什么到现在第一批毕业的员工没有辞职者的原因。

培训合同并没有将组织对员工的感情表现出来，所以会被认为是一种交易型的工具而已。而一纸合同，形式上拴住了人但不一定留得住人的心。如果这个合同改成如下的表达方式，是否会有所不同呢？

①每人需交纳20000元学费（实际学费是20000元）。

②必须在三年内通过GCT（硕士学位研究生入学资格考试）。如果没有通过GCT，返还学费15000元，但只发给学习证明，没有学位证书。

③通过 GCT 考试，并学习完所有工程硕士课程，拿到硕士学位后在本单位服务五年以上者返还所有学费，并奖励 10000 元。

对培训投资维护的管理还可以从培训的组织形式上，多个人共同参加企业外部培训项目或者企业内部培训不仅可以有效分散风险，还可以尽早尽快地将培训所学与企业经营实践联系起来，从而有效地实现培训成果的转化，实现培训投资的回报。因此，参加公开项目培训就不如定制项目课程更容易维护培训投资，防范投资风险。

人力资源培训中的第三个战略决策点就是对培训内容的选择。培训投资能够对企业增值取决于两个条件，第一，培训内容的有效性。也就是说培训能够提高员工技术技能或增加对企业文化的认同感。员工有足够长的时间将培训获得的技术和文化熏陶反映到企业价值的增加上。第二，培训效果能够真正反转化为更好地服务于企业的动力并实现增加企业价值的结果。第一点假设主要是涉及战略人力资源管理中的培训开发方面的内容，而第二点是企业如何留住能增加企业价值的人才。

培训内容根据目的不同可以分为两大类。一类是企业为适应自身内外部环境的变化而推行的培训，培训内容通用性不强（不适于其他企业的非常专门化的内容）。如 ERP、六西格玛、企业文化等都属于此类培训，培训内容是员工继续在企业工作所必须具备的基本知识，可称作是维护型培训。另一类是企业根据战略发展需要，专门为希望留住的优秀人才而设计的。培训内容多为市场通用的热门技能。MBA、专项技术技能培训等属于这类培训，培训内容不是员工继续在企业工作的必要条件，可以称这类培训为发展型培训。

上述两类培训都是对人力资本的投资，都可以使员工为企业带来价值，增加企业的竞争力。选择第一类培训时，企业是培训的最大受益者，培训投资的风险性小。这类培训投资可以看成类似沉没成本，可以不太在意投资回报。选择第二类培训的企业，个人是培训的最大受益者（员工的市场竞争力通过培训得到增加）。因此，培训内容的选择和企业的人力资源规划有密切的关系。

在惠普公司，有这样一个培训项目。第一步是让所有的员工都能够清晰地阐述出惠普公司的“动成长企业战略”是什么；第二步让员工能够理解为什么这样的企业战略对于公司和客户是有价值的；第三步通过具体的例子，让员工体会到这个战略是如何指导具体工作的。所以经过培训，惠普员工都知道惠普的战略是什么，为什么这个战略对客户是有帮助的，用这个战略如何指导日常工作。在帮助员工了解公司战略的过程中，公司的人力资源体系发挥了重大作用。惠普公司对员工进行大量的培训和教育，其中培训着重在技能方面，教育则更侧重价值观念、行为的培养。惠普不做“炸油机”似的企业，需要什么样人才就去市场雇佣什么样的人才。它是“加油站”似的企业，它不断地适应战略的需求和员工的自身需求。

惠普的培训分为两大类。一种是平台式的，一种是专业化的。要求员工在具备惠普需求的基本素质同时，具备所在部门的专业素质。惠普设置了“惠普员工的发展学院”，专门负责培训制度的设置和实施。包括三个部分：第一，新员工培训教育，所有刚加入惠普的员工，在1~3个月之内都必须参加为期1~3天的培训，内容主要是日常要求、公司的文化和战略等。第二，对新加入或刚获得晋升机会的新的管理者，接受领导力方面的培训，掌握惠普公司在人文管理的工具和最基本的技能。第三，是对中高层管理者进行的基础的专业技能培训。从另外一个层面来看，惠普的培训制度是台阶式的，员工发展到不同阶段，企业文化战略、领导力和专业技能在培训中占的学分比重也会有所区别。

这样一个成体系的培训内容规划就可以与组织战略、文化和运营管理模式紧密联系，互相匹配一致，对于组织人力资源规划的实现，组织能力的提升有积极的影响。培训与组织核心竞争能力之间的关系，从迪斯尼的案例中就可见一斑。

案例 迪斯尼的培训宝典

自从1955年沃特·迪斯尼在美国洛杉矶创建第一个主题公园——迪斯尼乐园以来，迪斯尼公司已经成为集卡通设计、电视网络、电影、主题公园、文化用品、服装服饰等为一体的大型娱乐性企业集团。

面对激烈的旅游市场竞争，是什么力量使得迪斯尼经久不衰，执主题公园之牛耳呢？实际上，迪斯尼成功的秘密武器就是给游客提供优质、高效、细致的服务，而这种服务品牌的形成则得力于迪斯尼严格、系统的员工培训。

迪斯尼现有雇员50000人，其中公司每天大约要雇用新员工100名左右。对于这些新员工，迪斯尼有自己的一套培训“宝典”。

为了顺利地招聘到合适员工，迪斯尼公司提倡在专门的装饰豪华的面试中心里舒心招聘。面试中心有有趣的圆形8大厅和弯路，弯路的两边镶嵌着各式壁画，介绍公司的历史及主要特点。中心的人力资源部代表格雷·斯托科说：“我们希望这能够让应聘者感受到一点迪斯尼的神秘和舒心感，有利于放松心情，正常发挥。”

通常，面试中心每天要接待150~200名初试合格的应聘者，这些应聘者中大约有30%是由公司原有员工推荐来的。在应聘者前来应聘之际，公司会主动向他们发放详细列有公司雇员工作条件及规章制度的文件，还有列有公司全部职务清单的小册子，应聘者还可以使用幻灯片、可视电话等设备，与公司相关人员沟通。

经过这一系列的精心安排，通过层层选拔的新员工在进入公司工作之前就会基本了解迪斯尼的企业文化。

世界上有6个很大的迪斯尼乐园，美国的佛州和加州这两个迪斯尼营业都有一段历史了，并创造了很好的业绩。不过全世界开得最成功、生意最好的，却是日本东京迪斯尼。美国加州迪斯尼斯营业了25年，才有2亿人参观；东京迪斯尼，最高纪录一年可以达到1700万人参观。到东京迪斯尼去游玩，人们不大可能碰到迪斯尼的经理，门口卖票和剪票的也许只会碰到一次，碰到最多的还是扫地的清洁工。所以东京迪斯尼对清洁员工非常重视，将更多的训练和教育大多集中在他们的身上。

1. 从扫地的员工培训起

东京迪斯尼扫地的员工，他们有些是暑假工作的学生，虽然只扫两个月时间，但是培训他们扫地要花3天时间。

（1）学扫地

第一天上午要培训如何扫地。扫地有3种扫把：一种是用来扒树叶的，一种是用来刮纸屑的，一种是用来掸灰尘的，这三种扫把的形状都不一样。怎样扫树叶，才不会让树叶飞起来？怎样刮纸屑，才能把纸屑刮得很好？怎样掸灰，才不会让灰尘飘起来？这些看似简单的动作却都应严格培训。而且扫地时还另有规定：开门时、关门时、中午吃饭时、距离客人15米以内等情况下都不能扫。这些规范都要认真培训，严格遵守。

（2）学照相

第一天下午学照相。十几台世界最先进的数码相机摆在一起，各种不同的品牌，每台都要学，因为客人会叫员工帮忙照相，可能会带世界上最新的照相机来这里度蜜月、旅行。如果员工不会照相，不知道这是什么东西，就不能照顾好顾客，所以学照相要学一个下午。

（3）学包尿布

第二天上午学怎么给小孩子包尿布。孩子的妈妈可能会叫员工帮忙抱一下小孩，但如果员工不会抱小孩，动作不规范，不但不能给顾客帮忙，反而增添顾客的麻烦。抱小孩的正确动作是：右手要扶住臀部，左手要托住背，左手食指要顶住颈椎，以防闪了小孩的腰，或弄伤颈椎。不但要会抱小孩，还要会替小孩换尿布。给小孩换尿布时要注意方向和姿势，应该把手摆在底下，尿布折成十字形，最后在尿布上面别上别针，这些地方都要认真培训，严格规范。

（4）学辨识方向

第二天下午学辨识方向。有人要上洗手间，“右前方，约50米，第三号景点东，那个红色的房子”；有人要喝可乐，“左前方，约150米，第七号景点东，那个灰色的房子”；有人要买邮票，“前面约20米，第十一号景点，那个蓝条相间的房子”……顾客会问各种各样的问题，所以每一名员工要把整个迪斯尼的地图都熟记在脑子里，对迪斯尼的每一个方向和位置都要非常明确。

训练3天后，发给员工3把扫帚，开始扫地。如果在迪斯尼里面，碰到这些员工，人们会觉得很舒服，下次会再来迪斯尼，也就是引客回头，这就是所谓的员工面对顾客。

2. 会计人员也要直接面对顾客

有一种员工是不太接触客户的，就是会计人员。迪斯尼规定：会计人员在前两三个月中，每天早上上班时，要站在大门口，对所有进来的客人鞠躬，道谢。因为顾客是员工的“衣食父母”，员工的薪水是顾客掏出来的。感受到什么是客户后，再回到会计室中去做会计工作。迪斯尼这样做，就是为了让会计人员充分了解客户。

其他重视顾客、重视员工的规定：

（1）怎样与小孩讲话

游迪斯尼有很多小孩，这些小孩要跟大人讲话。迪斯尼的员工碰到小孩在问话，统统都要蹲下，蹲下后员工的眼睛跟小孩的眼睛要保持一个高度，不要让小孩子抬着头去跟员工讲话。因为那个是未来的顾客，将来都会再回来的，所以要特别重视。

(2) 怎样对待丢失的小孩

从开业到现在的十几年里，东京迪斯尼曾丢失过两万名小孩，但都找到了。重要的不是找到，而是在小孩子走丢后从不广播。如果这样广播："全体妈妈请注意，全体妈妈请注意，这边有一个小孩子，穿着黑裙子白衬衫，不知道是谁家的小孩子，哭的半死……"所有妈妈都会吓一跳。既然叫做乐园就不能这样广播，一家乐园一天到晚丢小孩子，谁还敢来。所以在迪斯尼里设下了10个托儿中心，只要看到小孩走丢了，就用最快的速度把他送到托儿中心。从小孩衣服、背包来判断大概是哪里人，衣服上有没有绣他们家族的姓氏；再问小孩，有没有哥哥、姐姐、弟弟、妹妹，来判断父母的年龄；有的小孩小的连妈妈的样子都描述不出来，都要想办法在网上开始寻找，尽量用最快的方法找到父母。然后用电车把父母立刻接到托儿中心，小孩正在喝可乐，吃薯条，啃汉堡，过得很快乐，这才叫乐园。他们就这样在十几年里找到了两万名小孩，最难得的是从来不广播。

(3) 怎样送货

迪斯尼乐园里面有喝不完的可乐，吃不完的汉堡，享受不完的三明治，买不完的糖果，但从来看不到送货的。因为迪斯尼规定在客人游玩的地区里是不准送货的，送货统统在围墙外面。迪斯尼的地下像一个隧道网一样，一切食物、饮料统统在围墙的外面下地道，在地道中搬运，然后再从地道里面用电梯送上来，所以客人永远有吃不完的东西。

——资料来自网络素材的综合，http：//guide. ppsj. com. cn/art/1562/15620/。

结合迪斯尼的服务价值观，迪斯尼能够将服务客户的理念和细节通过培训的方式传递给员工，细节决定成败，对于细节的关注和员工处理这些细节问题的能力使迪斯尼与其他主题公园相比，给顾客留下了更深刻的印象，从而也形成了对迪斯尼的品牌和服务体验，这种体验成就了迪斯尼的竞争优势。

总的来说，企业不能孤立地考虑培训的相关决策，更应将培训与绩效和晋升等多种人力资源杠杆相结合。员工之所以在培训后更容易离开企业，主要原因是培训后的员工在技术技能等方面更具备市场竞争力，更容易被其他企业高薪购买。为了使员工的价值与薪酬和发展机会相匹配，企业在设计发展型培训计划时应结合提高绩效考核标准、提供晋升机会等多种人力资源手段，这样才能有效实现通过制度防范风险维护培训投资的目的。

当然，培训不是唯一获取企业需要人才的方式，采用交易模型中购买哲学的企业，也可以直接招聘具有专业技能的人员而无需企业自己投资培养。另外，还可以考虑业务外包的可能性。如果企业外部存在一些组织可以更有效地完成某项职能时，企业管理者也可以考虑跨越组织边界获取人力资源。

第 2 节　员工职业生涯发展中的战略决策

在当前中国的经济环境下，个人的工作已经打破了终身不变、变动由组织安排的情况。企业在多变，个人的工作选择更多样。在工作不断变动的今天，个人希望固守一个组织甚至一种类型的工作不变的愿望很可能无法实现。这正与国外学者在 20 世纪 90 年代提出的无边界职业生涯的概念一致，即要求个人能够与其工作的组织以及相关的网络之间建立起联系，能够适应随时出现的变动。在这种概念下，职业生涯不受特定组织或职业生涯的约束，人们所追求的是他或她自己认为重要的工作和生活。这种职业生涯可以分为多种类型：传统的直线型，强调向上的升迁，关注专业领域的稳定性而较少关注提升的专家型。而从职业生涯的变动频率来分，还包括职业生涯会周期性变动的螺旋型职业生涯，职业生涯领域频繁变动的短暂型职业生涯。

企业在员工职业生涯发展中的第一个战略决策点就是明确企业在员工职业生涯规划中的定位，结合员工职业生涯的不同阶段，有针对性地参与并引导员工的职业生涯规划和实际发展路径，从而更有效地对组织内的人力资源进行开发。

员工加入组织，就进入了职业生涯初步确立阶段，既包括进入组织的过程也包含了在组织内确立地位取得成就的过程。进入组织是由一个求职者变成一个组织成员的过程。在这个过程的核心行为是组织招聘和个人应聘，组织则需要适当地向求职者介绍组织和岗位的现实情况，避免新雇员带有不切实际的期望进入组织。个人做为求职者尤其需要注意了解自己向往的工作环境，建立能够识别未来雇主的网络，提高面试技巧，在信息合理和自我认识的基础上选择工作。进入组织的过程不但是刚毕业的学生需要经历的过程，有过工作经历的人在再次选择的过程中也同样需要注意对未来雇主和岗位有合理的期望。

在进入组织之后，又可以分为立业期和成就期。对于一个新工作而言，立业是首要任务。新人必须适应新岗位的技能性和事物性要求，向大家展示自己已经掌握了新任务，争取新同事和新上司的接受。个人一旦有自信心和被接受之后，职业的下一个目标就是提高个人成就，也就进入了成就期。这个时期个人会考虑能否为上司和组织做贡献，由此是否能够获得提升或者更广阔的职业发展机会。

由于职业生涯是与人一生相关的事件，因此职业生涯决策不仅要基于过去的经验，还依赖于个人心中对自己未来蓝图的勾画。针对职业早期两个阶段的不同特点，虽然个人是职业生涯规划的主体，但是组织也需要在员工的职业生涯发展中发挥积极作用，因为这与组织的人力资源开发有着密切的关系。

在立业期，个人通过在这个阶段的工作加深对个人和对组织的了解，在掌握了有关知识和信息之后需要有意识地调整职业生涯目标，并根据新环境的情况相应考虑是否需要调整职业生涯战略。组织在立业期可以为新员工指定导师，帮助他们熟悉组织的环境和工作方式，安排有挑战性的任务并不断给予建设性的反馈。这样可以帮助新人快速明确学习方向，在工作中树立自信心，并在成功完成任务之后得到周边员工的认可。

在成就期，个人在已有的工作成绩和对组织认识的基础上制定现实的目标，除了升迁之外多考虑多样化的发展道路，包括评级调度、降级调动和在现有职能部门向更专业化的方向发展。有多种方式实现个人的成就感、满足感和收获感，不一定非要升迁才算成功。个人需要不断平衡当前工作任务和未来职业目标的一致性，积极寻找符合个人目标的工作机会，对于新出现的岗位转换或者升迁机会需要有冷静的分析，考察新机会是否符合自己的职业生涯目标。

在这个时期，组织在工作分配上要考虑到员工处于不同职业生涯阶段的特点，例如考虑赋予他们一定的职责，使他们看到自己工作的成绩得到认可并有相应的回报。组织需要鼓励员工进行职业考查：进行自我评价的各种讨论，收集关于其他工作机会的信息。相应地，组织需要构建既现实又灵活的职业生涯通道，从而帮助有更多发展要求的员工规划其职业生涯的道路，使个人的愿望与组织的实际情况相一致，激励他们在组织中专注地为自己的职业发展奋斗。

企业在人力资源职业生涯规划中的第二个战略决策点就是组织内员工职业发展的通道设计。传统的单一职业发展通道（管理通道）已经被许多企业的多职业发展通道所代替，就是为了满足员工的职业发展需要。

在近几年的企业变革中，组织的扁平化是许多企业为了更快应对市场和顾客变化，加快反应节奏，优化组织运营效率的举措，但是组织扁平化的一个直接结果就是组织层级减少，晋升台阶减少，这就会对员工的职业生涯发展带来负面影响。而改革开放后对于管理者培养的关注和历史上年龄断代的影响，许多企业不同层级管理者的年龄差距在减小，甚至基本没有年龄差距，这也造成了人力资源职业发展的上升瓶颈。为此，许多企业采用各种手段和方式来解决这个问题。

金地集团相信“工作本身是最好的能力提升手段”，因此，金地集团非常关注员工的职业发展，并致力于为员工提供丰富的机会，包括在业务扩张（多子公司、多项目）的基础上形成更多的职位空缺；以“项目工作组”的工作模式拓宽员工的参与面与信息量。通过纵横交织的工作平台体系，金地力图造就复合型的专业人才。同时，金地特别设计了两条职业发展路径（双轨制），即专业路径与管理路径。这样的设计充分考虑了员工职业发展的可能性和偏好，使得期望走专业路线和期望走管理路线的两类人各得其道。

类似金地集团这样的双轨通道甚至多轨通道在许多企业都可以见到。但是多通道职业发展设计中，对于不同通道之间的待遇比较考虑较多，有的企业为了吸引更多人才走专业发展的通道，还对专业通道的待遇有所倾斜，但是企业往往忽略了对不同通道的资源配置权力的配比，专业通道的某些层级依然无法拥有与专业发展相匹配的资源配置权。某家企业的一位技术专家，就曾经因为无权决策一笔科研经费中采购设备的花销，而感慨还是要“当个官才好”，类似的例子也屡见不鲜。因此，在多通道设计中对于权力责任的分配也是管理者需要考量的因素。

企业在员工职业生涯管理中的第三个决策点就是职业生涯管理与人

力资源其他制度之间的匹配。比如宽带薪酬的薪资制度，其实就鼓励员工职业生涯发展中选择专注专业发展，而层级差异大的薪酬体系，则鼓励员工的直线型发展思路。借助下面的案例，可以分析企业管理制度如何影响员工的职业生涯发展。

案例　叫什么重要吗

某外资企业销售部门在薪酬奖励体系上基本是团队导向，就是倾向奖励整个团队，而不因为个别员工的出色表现奖励员工。这种做法在很大程度上增强了团队的协作和凝聚力，然而在实际运行中，也发现在一定程度上挫伤了一些具有极佳表现的员工的积极性，因此，当这些员工感觉到在公司和部门工作，自己的价值得不到承认时，自然就会萌生去意。由于公司对销售工程师的素质要求较高，在每位新员工进入公司后均要花费大量的时间进行培训，因此，员工（特别是表现出色的员工）的流失往往对公司业绩造成不小的影响。

公司每个部门的层级结构为销售工程师—主管—经理—总监，在上级没有离职的情况下，下级很难得到提升，通常情况下，往往是别的部门出现职位空缺时，才能使自己得到提升的机会，同时甫一上任，即面临着全新的工作环境，很难在短时间内开展工作，对自己的压力极大。在公司飞速发展阶段，这些隐患往往很难察觉，然而一旦公司业绩减速或停滞，这些问题很可能成为一颗造成公司崩溃的定时炸弹。

后来，公司意识到这个问题的存在，决定进行一些调整，具体举措如下。

改变销售工程师的职位名称，改为技术顾问。由于公司的销售工程师均为30岁以上的具有丰富经验的员工，部分跳槽到分销商公司任职的销售工程师往往能做到营销副总经理的位置，最低的也是客户经理的位置，而销售工程师往往给人以初级和低级员工印象，因此有些员工对此颇有怨言。有些跳槽的员工其实在薪酬及发展空间上并不如我们公司，然而在职位名称上往往使员工感觉有着较高的社会地位，因此对部分员工仍有着较大的吸引力。所以改为技术顾问比较强调专家的身份。

在薪酬上改变以前单纯考核团队的做法，按照团队和个人各占一部分的方式进行考核。在团队奖励的基础上，在每个部门增设当月、当季或当年杰出员工奖，累积若干次则可以得到诸如免费带薪年假、到总部参观学习、出席总裁晚宴等各种奖励。这样团队和个人奖励相结合来激励员工发挥各自的能动性，同时又不损害团队合作精神。

在层级结构上增设一些层级，以使员工能够有着充分的发展空间。如技术顾问—中级技术顾问—高级技术顾问，主管—高级（渠道、市场推广、技术推广等等）主管，经理—高级经理，等等，同时在薪酬上也有相应的改变。这样，在原上级领导在位的情况下，下级员工仍然有着相当的个人发展空间，还可以缓和上下级之间的矛盾和冲突，有利于增加员工和公司之间的亲和力和凝聚力。

加强培训，增强员工的个人能力。除了公司内部培训以外，鼓励员工参加外部举办的各种技能培训课程，同时公司在员工完成培训后，应该给予一定的奖励。

——根据清华大学 MBA 徐兵报告改编。

“叫什么重要吗”案例形象地告诉我们，员工对职业生涯发展的需要不仅来自自身的工作成就感，还与组织外部的人员认可以及与同类型人力资源的横向比较有极大的关系。因此，企业应该将职业发展规划的视野扩大到组织边界之外，对企业外部人力资源环境，尤其是同行业企业的职业发展通道有深入的分析和比较，然后才能有针对性地完善企业内部的员工职业发展通道设计。

员工职业生涯管理中的第四个决策点就是组织对职业生涯高原期的预先准备。职业生涯发展到一定阶段个人会遇到很多困惑。例如职业生涯高原期和落伍的问题。并非所有的人都能够成功地进入成就期并在这个阶段获得满意的职业发展机会。由于就业竞争的加剧以及在组织中越到高层工作岗位越少等很多现实因素，个人在职业生涯中都会遇到再晋升的可能性非常小的时候，这个情况被称为“职业生涯的高原期”。处在这个时期的员工很容易出现情绪低落和绩效降低的情况，产生组织行为研究中的“职业倦怠感”。而在某些岗位中，技术更新快，随着新员工的加入，而已经在组织中工作相当长一段时期的老员工就愈发觉得有压力，而且家庭体力等因素影响总有“力不从心”的感觉。这就是另一个职业发展过程中令人困惑的问题——落伍。落伍是指组织的专业人员缺乏胜任现在或将来的工作角色，保证有效绩效所必需的最新知识和技能。变化是落伍的根本原因，虽然那些学习主动性高、学习能力强的个人很可能不会遇到落伍的问题，但是现代科技的快速发展正在使落伍成为一个普遍问题。

面对这种情况，企业应该提早进行准备，包括提供更多的流动机会，挖掘当前工作的潜力，培训和持续教育，拓宽奖酬面。当工作具有挑战性、定期轮岗以保持刺激和避免专业过窄的时候，当充分赋予工作上的权利和责任的时候，当同事之间能自由的相互影响的时候，当组织通过有挑战性的工作、升迁和加薪来奖励与时俱进的职员的时候，人们是不大可能落伍的。组织的这些措施也能够很大程度上帮助进入职业生涯高原期的员工在平级调动等新的工作机会中得到职业发展的满足感。

在人力资源管理中，有所谓关键是三个口——入口、出口、楼梯口——的说法。其中的楼梯口就指企业为员工设计的职业发展通道的关键节点。虽然员工是职业生涯规划和管理的主体，企业不应该也不可能超越员工的意愿强制个体接受某种职业发展的安排，但是结合企业的实际情况，通过职业发展通道的设计可以清晰传递出企业的价值偏好，也可以引导员工结合组织的发展目标，将自身的职业发展目标与组织的职业发展通道融合起来，形成个人和组织人力资源开发的双赢结果。

职业生涯规划和职业发展通道设计一直是人力资源开发活动的重要内容。在企业平稳发展时期，一个成功"组织人"的职业发展故事基本上可以如此概括：在职业生涯早期，他（或她）在最贴近顾客（包括内部顾客）的业务部门表现出优秀的绩效，继而成长为这一领域的专家，于是得到了提拔的机会，受命去管理更多像他一样的专业工作者；在能够驾轻就熟的掌控一个部门后，公司开始引导他（或她）在更广泛的领域培养沟通、决策等管理技能，以便在轮岗到一个新的领域时，还能带领陌生的业务和人员创造出色的绩效；当花费十几年乃至数十年的时间熟悉了各个区域、各种业务和职能部门，也对战略、组织、领导、文化甚至公司政治都有了亲身的体会，他（或她）便获得了进入高层管理者的团队甚至从 CEO 手中继承衣钵的资格。

如今，当企业在同等业务规模下，从数万人变成数十人，从数十种业务和产品变成一两种核心产品，个人的职业发展故事又将如何改写？

如果员工具有天才般的业务能力，企业是否愿意非要让他腾出一部分精力去练习如何掌控他人？或者，当天才的薪资、股权和地位并不亚于企业高管，他是否还有"往上爬"的动力？再或者，做到企业的高管与创立自己的公司，哪一个更容易？抑或，即使有在职业通道上继续前行的动机，扁平化的组织，带来职业通道的职位减少，而前面正当盛年的高阶管理者，使得短时间内职业晋升的概率降低，组织又如何满足年轻人的职业发展需要呢？

我们可以看到，当"往上爬"到专职管理者既不再是一个好差事又是如此的艰难之时，传统的职业通道正在丧失其吸引力，专家与创业者之间不再需要专业管理者这个必经之路。

因此，从人力资源开发的角度看，职业发展通道设计恐怕要让位于职业机会挖掘与提供的工作了。如何在转型时期的组织内分析各类工作任务，挖掘整理形成各种职业机会，并寻找愿意抓住机会的组织成员，提供资源帮助他（或她）实现职业机会中的工作。人力资源开发者要将这些职业机会形象具体地展示给组织成员，它将不再是梯子形状（即使实行多条职业公司通道，也不能脱离梯子的特征），而是按照机会的性质（而不是职能和专业）所形成的各类池塘，有创新类的，有创业类的，有拓展类的，有精益类的，组织成员按照自己的兴趣选择不同池塘中的职业机会。这些机会类型，更是一种行动类型，反映出组织成员对某类活动的兴趣和投入。

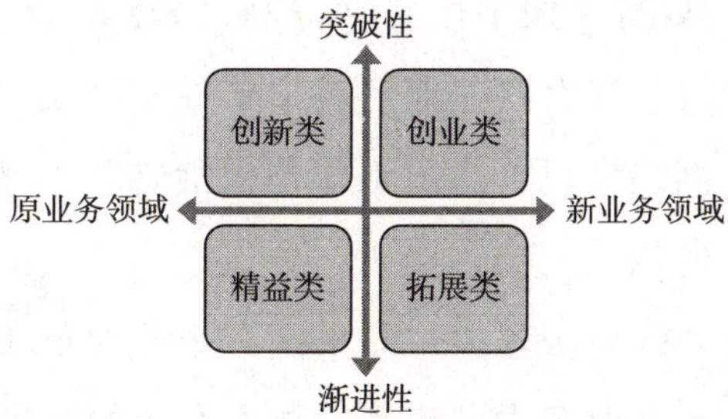

图 7.1　职业机会池

当然，未来的企业仍然要考虑领导者的接续问题，但选拔的途径与逻辑可能是颠覆性的，从管理资历与岗位经历积累转变为机会积累，企业应该根据当下企业所面临的环境挑战所需要采取的主要行动类型，根据优秀的组织成员在相应这些职业机会当中的表现和积累，选择可以担当领导重任的接班人。

第3节 人力资源与组织能力的可持续发展

企业在人力资源开发中也要有一个科学的发展观，如果企业存在的目标是持续成长的话，那么人力资源的可持续发展就应该是企业管理者关注的重点。在今天快节奏的工作环境中，高技术通信手段的普遍使用，使以前可以通过上下班时间明显区隔的工作与生活界限模糊起来，移动通讯、黑莓、3G等，使工作变成7/24（每周7天，每天24小时），而全球化的经营环境使得有些企业的员工要经常利用自己的休息时间与地球另一方的人开网络会议，员工工作与生活之间的平衡，员工的身心健康都遇到了严峻的挑战。

而在中国企业的改革历程中，原来国有企业对员工从头到脚、从生到死的福利制度基本在改革中消失了，成本竞争的加剧使缩减福利（只保留法律规定的部分）成为首先的选择，而对管理成本的规避又使得福利货币化成为最简单的方式。因此，员工与企业的关系逐渐演变成以货币衡量的交易关系，而员工工作与生活之间的平衡不被管理者认为是需要关注的内容就显得理所当然，理直气壮了。

在这种大环境下，仍有企业会将工作生活质量（QUALITY OF WORK LIFE，QWL）项目提到管理日程，仍有企业将员工支持项目（EMPLOYEE ASSISTANCE PROGRAM，EAP）作为人力资源管理体系的一部分，就与其人力资源理念和价值观密切相关了。这些具有人性关怀的举措包括以下这些类别。

健康与休闲活动。例如奥美HR总监下属几个HR经理，分别负责公关、广告等下属公司。员工随时可以与之讨论在工作中遇到的心理问题。员工福利委员会组织健身活动。若参与人数足够，即可组成各种项目的俱乐部，可获得一次补贴 3000 元。嘉里中心的健身卡只需交纳每月 50 元，可享受所有服务。

凯悦国际酒店集团则定期发放电影票；酒店里设有员工活动室，工会定期举行各种球类比赛：北京员工办理东单体育馆 160 元的游泳月卡，酒店承担一半的费用。IBM 则聘请专门的咨询公司为员工提供心理咨询，比如家庭纠纷、职场压力，等等。可随时免费心理咨询：公司内设有医疗室，不出公司就可以看病。

毕博则提倡服务性的领导，每月员工都有机会和 CEO 一起用餐或者喝下午茶，和 CEO 交流。此外，因为咨询行业需要团队合作，团队的负责人也会为员工分享各种心理情况；为每个员工发“外服员工卡”，每个月定期往里面存一笔费用，用于员工购买药物等；每月两次把员工带到健身会所健身，所有项目自主选择。通常是周五的下午，公司安排车负责统一接送，会所里准备有各种点心供员工食用。每次消费为 150～200 元/每人。

保险、房屋补贴、家属的福利保障。有的企业为员工出差时提供最高额度的意外保险，有的企业为员工提供补充医疗保险，有的企业为服务满一定期限的员工提供高额的住房公积金；有的企业为员工子女报销一定比例的医疗费，而新浪还设有“宝宝屋”，照顾孩子的阿姨从下午 4～8 点工作，并与当地政府协商解决员工子女的入学问题。这些政策的应用，对于稳定员工队伍，同时缓解家庭事宜带给员工的压力有很大的助益。

员工假期和女性员工特别保障：有的企业强制员工休年假，并给予一定的旅游补助；有的企业结合女员工特点，邀请专家就女性健康、女性形象等问题进行专题讲座；有的企业还开展女员工之间的交流活动，通过分享对女性员工关注的家庭、育儿和职业发展问题进行交流；当然还有企业为女性量身打造职业发展规划等。

还有包括交通补助（提供班车或者停车费用的报销）、办公环境改善（液晶显示屏、洁净空气）等许多方面的内容。

而自助福利菜单更增加了员工的选择和控制权力，员工可以根据自己的需要选择适合自己的项目。

所有这些福利措施，都体现了对员工的人性关怀，也有利于员工长期高效地为组织服务，也就可以保障组织人力资源的可持续发展。福利手段成为许多人力资源竞争中采用差异化战略企业主打的王牌，如果从战略人力资源管理的角度去认识它，企业管理者就不会仅仅从财务成本和管理成本的角度衡量得失，而会将企业可持续发展的目标与之联系起来。

人力资源要可持续发展，组织能力也要可持续发展，随着组织的成长，组织中会积累和沉淀下许多与组织经营和管理相关的知识与经验，公司员工在业务中积累的大量知识和经验，通常都变成了个人财富而非公司财富，如果企业人员流动率较高，还缺乏有效的知识贡献激励机制，那么公司的知识和经验大量流失，未得到有效传承。这大大提高了公司运营成本，降低了效率，很不利于公司的快速发展。

如果组织对这些知识和经验不及时加以挖掘、积累、分享和传承，那么组织能力只能在原地踏步，不可能得到提升，对于组织内部后加入者，学习曲线没有得到缩短，学习成本没有得到减少。因此，知识的分享与传承对于企业规模在扩大中的企业尤其重要。

案例 B公司的知识传承

经过多年的发展，B软件公司已经发展成为国内较大的独立软件厂商，有着数十万用户，公司产品也由原先单一的财务软件发展成为全面的ERP管理软件，并且针对高、中、低端用户有不同的适用产品；公司产品已深入到企业管理的方方面面，涉及供应链、财务、制造、人力资源等多方面，业务层次已涵盖了企业操作层、控制层、分析决策层等各层面。在“财务软件时代”，公司业务相对简单，产品研发只需要“会计＋程序员”就可以了；产品销售只需要产品演示即可，有的客户连培训都不需要，拿着操作手册就可以使用。因此，财务软件时代的B公司不需要考虑什么知识传承，因为不需要太多“知识”。

但随着公司进入到管理软件时代，原先简单的业务变得复杂了，“知识”变得越来越重要，尤其是针对高端企业的大型管理软件，“知识”已经是成败的关键。比如，在产品研发阶段，需要进行各类企业管理模式的研究与分析；在产品销售阶段，需要进行企业业务的调研与分析、咨询；在产品实施阶段，需要进行管理流程的分析重组。总之，业务的知识含量越来越高，对公司各环节的要求越来越高。

公司老员工随着业务的发展积累了大量的知识和经验，对快速成长且规模快速发展的用友公司而言，这些业务知识和技能，对后加入的员工快速成长非常重要。因为中国企业管理发展变化快，企业业务管理实践和经验很难从书本上学到，也很难通过外部通用的学习获得，只能来自于亲身实践或者公司内部传承。由于不可能总招聘有实践经验的员工，新员工能否得到这些知识技能的传承就显得很重要了。

知识传承的重要性在很多环节都有体现。在财务软件时代，新进入的员工比较容易上手，只要能得到试用，基本都能转正。但现在，试用后转正答辩被淘汰的很多，连学历比较高的硕士、博士，也有不少未能通过转正答辩。即使通过了转正答辩的员工，若在相关领域没有丰富的知识和经验，又未得到相应培训，要想做好各项业务也很难。因此不少人进入公司已经一两年，业务技能却仍然有限，不能很好发挥作用。

B公司目前主要通过如下三种途径进行知识和技能的传承。

途径一是通过公司的知识平台。B公司建立了网络知识平台，可供公司员工上传、下载和阅读各类文档资料。但事实上，在知识平台中流转的多数是比较浅显的普通资料，重要而宝贵的企业项目调研报告、项目实施和研究分析等资料很少有人主动提交。

途径二是公司的内部培训课程。公司设置了内部课堂，允许员工选择课程学习，有什么课程主要是看能找到什么讲师，因此课程不系统。目前所能开设的主要是会计原理、管理概念和一些技术性课程，缺乏有针对性的理论结合实践的课程，比如对某个行业管理模式的研究与公司产品应用的结合等。内部高水平员工愿意主动教授的并不多，很少有人会主动将自己积累的知识经验培训他人，因为要避免“教会徒弟，饿死师傅”；再加上讲课要耗费不少时间精力，又没有什么实质性的好处，讲不好还要受到贬损，因此愿意讲课的人也越来越少。

途径三是公司内部非正式的沟通渠道。员工需要通过自己想办法熟悉公司各种专业人士，了解公司的项目情况，然后自己联系找到这个渠道求取资料或寻求帮助。如果沟通能力弱或者不够主动灵活，是很难获得这些关键资料和知识的。

在途径一、途径二不畅通的情况下，途径三成了获得公司核心资料和知识的主要途径。

——根据清华大学MBA彭苏南的报告改编。

在类似B公司这样的知识型企业，掌握多少知识资源对工作业绩的好坏至关重要，因为无论研发、销售、售前、实施都需要有以前项目和企业管理知识的积累。正因为知识资源的重要性，再加上内部竞争，大部分人不会轻易献出这些资源。虽然这些知识资源很有价值，但公司并没有相应的制度确保资源的汇集和共享，既没有强制规定要求必须提交项目资料，也没有激励措施鼓励提交资料和培训别人。长久之后，公司的宝贵知识资源只能属于个人。

在B公司中，知识传承主要涉及两方面内容，一是项目资料的汇集、积累和共享，二是项目和业务经验的传授。因此，要改善现有的知识传承不畅状况，也要从这两方面着手，即强制性措施保证项目资料的提交汇总，激励性措施鼓励业务知识的培训传授。这方面，众多管理咨询公司的经验可以借鉴和效仿。

在强制性措施保证项目资料的提交汇总方面，有的公司因为员工参与任何项目都会涉及项目差旅费等的报销，因此就在报销环节强制要求提交项目资料。包括公司知识管理平台的知识管理员负责收集项目资料；各业务人员报销费用前必须提交资料给资料管理员，提交资料后资料管理员在费用报销单上签字；财务在支付报销款前进行审核，只有有了知识管理员签字，费用才能报销，如此可确保项目资料可收集起来。

而在激励性措施鼓励知识的培训传授方面则更重要。因为项目资料可通过报销制度收集汇总，但业务人员的经验却不能通过这种强制措施，只能是通过鼓励措施让他们自愿贡献出自己的知识。可以通过鼓励他们参与内部授课的方式进行。具体可以通过定期评选优秀课件，定期评选优秀讲师，同时获优秀课件和优秀讲师的授课人员将有机会参与领域专家评选，参与过授课经历作为升迁或提薪的参考，等等。这样一来，一方面鼓励更多的人参与授课传授知识，另一方面通过总裁会的领域专家评选给优秀的授课人员提供接触公司核心层的机会，以工作认可的隐性方式鼓励其分享知识。

案例 白沙管理发展学院

1. 白沙管理发展学院的定位

白沙集团的前身是长沙卷烟厂，始建于1947年，经过半个多世纪的起起伏伏，1984年时成为一家濒临破产的企业，此时厂长肖寿松临危受命，将长烟带出崩溃边缘，一路走高，1999年功成身退，已经在长烟工作20多年的卢平上任。老厂长所拥有的巨大的个人威望给卢平带来了很大的压力，大家都拭目以待，期待这位精明强干的女厂长能带领企业继续走向辉煌。曾长期负责企业宣传工作的她视野显然更加开阔，她深知自己面临的环境正在发生着深刻的变化，有两大变量将对企业发展产生深远影响，这两大变量就是中国加入WTO和烟草控制框架公约WHO。显而易见，面对这两大变量如果不能做出正确的决策，企业就不能实现稳定、健康、持续发展。面对危机，长烟在2000年提出了二次创业的口号，对企业的品牌、技术、人才、管理、渠道等方面都做了重大调整。其中最重大的举措就是推出了“简单管理”的理念，并依此构建了一个简约而高效的企业管理新体系。

在企业的经营发展理念上，确立了“3A”、“HOT”的企业核心价值观。所谓“3A”，是指学习、凝聚和创新这三种能力；“HOT”，是人性化设计、有竞争力的组织和企业目标的英文缩写，它代表追求“有质量的热诚”的心态。三种能力和一种心态，构成了简单管理的两个最核心的要素。在企业的组织设计上，构建了“宽道窄距”的扁平化企业组织结构。所谓“宽道窄距”的扁平化组织有两层含义：一是组织内要有充分的授权，二是组织内要有通达的预警系统。在企业的运行流程上，建立了“以此为生、精于此道”的职业化机制。在企业的实际操作中，确立了“系统思考、大胆设计、小心求证、柔性操作、风险防范”的管理原则。在员工的思维方式上，要求形成“责任、学习、思考、沟通、计划”的简单思维习惯。

而在人才领域的重大举措就是提高培训的地位，并于2002年1月建立了白沙管理发展学院。学院荣誉院长由白沙集团总裁卢平担任。学院现有包括院长在内的8名员工，兼职教师19人，客座教授8名，并且拥有集团实力雄厚的中高层教练队伍。

白沙的战略调整和管理学院的成立与现任集团总裁卢平的努力是分不开的，她对学院的投入热情和支持可以从她在学院成立时的致辞看出：

我一直有一个梦想，就是将白沙变成一所学校，在这个学校里，每个员工既是学生，又是老师，既是学徒，又是教练，一起学习和工作，彼此分享和体验。他们知道怎么向实践学习，怎么向合作伙伴学习，怎么向竞争对手学习，像海绵一样不断地吸纳知识，又将学到的知识变成贡献给社会的物质财富和精神财富。

根据企业的发展趋势，白沙对未来人才的要求将是：具备精深的专业造诣，具备国际化的对话能力。未来三年白沙的人才发展战略将是：人员总量控制，结构调整，人员向主价值链倾斜，储备一批符合战略要求的专业人员。同时集团要求各部门都要实现A、B岗配备，部门内强调积极推行教练制，每个部门要能承担将工作经验转化为培训教材的责任；一些专业技术领域要增强综合管理、品质控制、生产管理协调、谈判四种能力；各部门要加强储备人员培训；结合以上特点，白沙管理发展学院的培训工作确定了未来几年的发展方向：以能工巧匠培训为载体，坚持不懈培养企业高级蓝领，扩充专业技能培训，根据未来人员布局的展望，价值链上人员需求的增加，集团化的逐步落实，国际合作的开展，结合目前现有人员资源盘点而逐步开展。

白沙管理发展学院的校训是“终身学习，以此为生，精于此道，越飞越高”，恰恰承担了飞翔的源泉和使命，并提出了“提供知识服务，做教育品牌”的目标。学院开发建立“管理、营销、技术和能工巧匠”四条教育生产线（图7.2），从知识（knowledge）、态度（Attitude）、技能（Skill）和习惯（Habit）四方面对员工进行持续不断的培训，实现由“KASH”到“CASH”的升值转化（图7.3）。

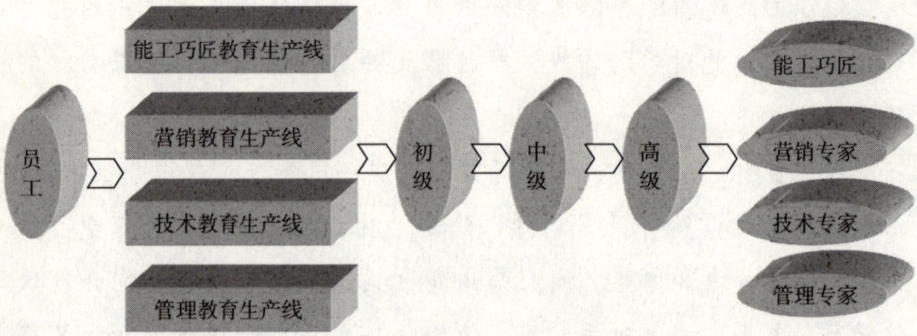

图7.2 白沙管理发展学院的四条教育生产线

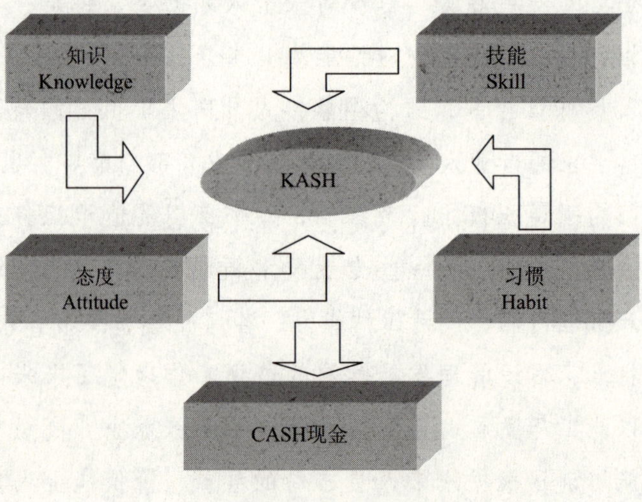

图7.3 由“KASH”到“CASH”的转化

除了企业内部培训外，白沙管理发展学院还承担了企业战略层面的一些任务，培训成为白沙获取和整合市场资源的一个有力工具，如下：

①高端培训，主要是指为战略合作伙伴的决策人员提供的高端培训。

②服务中端，包括对各烟草公司客户经理、大型烟草专卖店管理人员以及市场服务员的培训。

③成为企业文化的突破口，包括分厂和母子公司的文化融合培训。

④把培训向价值链的其他环节延伸，对外为合作伙伴提供知识服务，增强与合作伙伴的共识，传播企业文化与绿色烟草理念。

在培训过程中，学院坚持“课堂授课与现场体验相结合，理论学习与案例研讨相结合，课题攻关与专家点评相结合，技术改造与成果发布相结合”的四项原则，将课堂搬到现场，把企业实际问题作为案例研讨，并将学习成果直接应用到实践工作中，为企业生产经营服务。此外，学院聘请了来自和咨询公司以及烟草行业的管理和技术专家作为客座教授，参与课程的讲授。

从建立之初，学院就获得了充足的财力支持，拥有了一流的培训教室，同时由学院负责对各部门培训工作进行监督和考核，并根据考核结果决定各部门第二年的培训经费数额，这一举措更加强了学院的影响力。集团对学院唯一的评价指标就是培训学员的满意度调查。应该说学院的工作是出色的，2003 年学院的平均得分是4.25，2004 年是4.52，但集团对管理学院显然有着更高的期望，现在每年的培训经费占到了工资总额的1.5% ~2.5%，2005 年还额外拨出 1000 万元给学院。

2. 白沙管理发展学院的内部讲师五星团队建设

2002年初，刚刚成立的白沙管理发展学院在全厂公开招聘讲师，在集团内掀起了巨大的波澜，长沙拥有古老的岳麓书院，湖南历来有尊师重教的传统，果然职工对此反应热烈，报名人数众多，经过层层选拔，15名兼职讲师脱颖而出。与此同时，与任职资格相配套的课程体系以及师资管理制度也开始着手构建。在竞聘过程中发生了许多感人的故事。兼职讲师胡旭明一直都无法忘记自己的竞聘过程。他回忆，当时自己没胆量也没自信报名，还是几个同事一直给他打气，才报名参加。但自己的普通话还不好，真是着急，但他始终坚信“用心，就会做得更好”，没有放弃。为了20分钟的试讲，他在家里对着镜子操练了不少于50个小时，为了授课方式的新颖，他几经周折找到湖南师大美术系的教授为授课画5幅漫画，8次上门，6次修改，最后，他的精神感动了那位教授，竟分文不取。成为讲师后，胡旭明更是认真准备，为了班组长两天的培训课程，准备了三个月，跑遍书店，买回参考书，一本《现场管理实务》都快背下来了，教学中的每个手势也经过几十次练习，后面的授课才取得良好的效果。2003年，为了适应员工个性和企业共性双重要求，同时为兼职讲师设计职业化道路的双轨课程体系逐步形成，兼职讲师管理引入星级晋升的机制，讲师可以获得从没有星到五星讲师称号。卷包车间的大班长袁喜就是目前级别最高的二星讲师，他在综合评定中以绝对高票名列榜首，获得最佳讲师的荣誉，学院陈院长这样评价袁喜：“他以严谨科学的教案编排，独特的表现技巧，上课的生动性，深深吸引了学员，并大大调动了他们的积极性，赢得了合作企业学员和领导的高度评价和肯定。”袁喜自己则说，“刚开始时我也困惑，不知怎么使课程更生动，更容易被学员接受?”他参加了学院提供的“Train The Trainer”培训课程，明白了如何担当一名培训者，他认真研究课程特点，将教案做得完整、简单、实用，而且采取互动提问的方式，使学员更主动地参与其中，终于获得了大家的认可。

兼职培训师也在不断提高自己，争取有能力讲授更多课程，比如来自营销中心的一个兼职培训师A，在部门层面，她要负责营销中心的培训，把自己的经验与同事分享，在集团层面，她要讲授团队建设课程、真假烟鉴别课程；对外时要讲授白沙的成功案例，对公司内部则要讲授其他企业的案例。

事实证明，白沙的内部讲师星级晋升制度非常成功，目前学院的兼职教师队伍已经扩大到49人。2004年9月7日，在白沙集团的厂政工例会上，白沙管理学院的兼职讲师享受了来自与会者热烈的教师节问候，也分别获得了白沙管理发展学院颁发的优秀讲师和优秀教材（案）的荣誉。在优秀教材的介绍中，来自科研所的兼职讲师黄振军编写的《打叶复烤工艺及设备》引起了白沙管理发展学院名誉院长、也是厂长卢平的浓厚兴趣，她当场询问了几个打叶复烤的问题，黄振军对答如流，卢厂长又给他出了一个补充课题，两天后，黄振军配合原烟部所做的补充研究报告就放到了厂长的桌上。报告的质量和完成的速度都令人满意。2004年，学院开发讲师进阶训练课程，开始为兼职讲师提供具有挑战性的课题题目锻炼。黄振军的课题就是其中之一。

对于兼职讲师这个团队，卢厂长多次讲："真正的英雄是群众，兼职讲师毫无保留地贡献自己的知识，是一笔不可多得的宝贵财富，兼职讲师所编写的教材（案），来自实践，他们在管理技术输出、培训员工的工作上起到了重要作用。管理者要深入现场，摸爬滚打，要多接触一线专家，尊重和听取一线专家的意见，发现人才，同时管理者也要争做教练，积极开发教材。"现在，学院已经拥有内部培养的兼职讲师分布在技术、营销、管理、能工巧匠四条线上，有着丰富的实践经验，同时投入了大量的时间和精力，能把企业需要和研究课题相结合，对企业的发展做出了突出贡献，同时也实现了个人和企业双赢的目标。本次最佳教材《卷包设备标准操作法》的获得部门卷包车间支部书记贺薇储说，“教材编写过程是十分艰苦的，小董、小喻几个兼职讲师，为编写教材连续四个月利用业余时间工作，他们是非常刻苦的一班人。他们的付出和成绩大家看在眼里，体会在心里”。

白沙的案例是组织内部知识传承和分享的一个好例证。在无论企业外部还是内部，竞争都愈发激烈的环境中，企业对组织内部知识的传承战略性的规划，有措施保障的执行，有分享文化的塑造，建立起知识与经验分享和传承的平台，才能实现组织能力的形成和巩固，也才能为组织能力的可持续发展提供保证。

——根据作者收入中国工商管理案例库案例改编。

第 4 节　VUCA 时代的人才开发与组织学习

不是我不明白，这世界变化快，用这句话描述笔者看到“VUCA 时代”这个词语时候的心情再恰当不过了。管理观察与研究的世界真的是愈发时尚了，大量英文缩写的词汇层出不穷。在听过众多炫酷的表述当下商业环境特征的词汇后，不稳定（Volatile）、不确定（Uncertain）、复杂（Complex）、模糊（Ambiguous）倒也算是贴切具体地描述了当下世界特点。而在这样一个世界中，讨论人——最具有不稳定、不确定、复杂和模糊特征的资源的培养问题，则更难有明确清晰、简单明了的解决之道。

在 VUCA 的环境下，人才培养的传统方式日益受到挑战，无论是以职业生涯通道的纵向发展（晋升晋级）为主的认可机制，还是上岗前的规范教导和流程学习，抑或是传统的师带徒模式，都在当下的环境中显得力不从心。非常规的人才培养模式正在逐步成形，并呈燎原之势。

1 职业机会池取代职业生涯通道

在扁平化组织结构已经不再是趋势而是现实的今天，职业生涯通道（不管是单通道和多通道）都无法提供满足企业人才对成长的心理诉求，更何况许多组织在应对外部不稳定不确定和模糊环境中的一个直接策略就是模糊工作职责边界，这也使得岗位工作内容无法准确地预测和设定（甚至有人预测，人岗匹配将不再出现），因此适应成熟稳定组织的职业生涯通道就变得角色尴尬，颇有鸡肋之嫌。而职业机会池则是将组织中存在的职业机会按照一定的标准分类，组织成员可以在不同的职业机会池中选择与自己兴趣相投的机会来加以尝试，对于表现优异的人才，还可以在职业机会的选择自由度上赋予更多的权力，为企业人才提供尝试不同职业机会的可能，这也是扁平化甚至去中心化后组织得以维护组织存在价值的重要方式。

2 任务或者游戏式工作学习/分配与管理取代常规的工作分工与绩效管理

进入组织，先学习掌握组织内完成工作的方式方法，包括制度、流程、规范等，这是入职培训和在岗学习的主要内容。不过，在 VUCA 的环境下，OLD WAY 并不一定是完成工作的最好办法，因此，组织成员要习惯自己去寻找解决方案，而不仅仅是执行方案，要拥有面对问题和挑战时的不畏难心态，因为在当下竞争中，无法预估哪些困难和问题会突然出现在面前。因此，有的企业更改了入职培训的内容和方式，将新员工分成小组，解决一个一个关口的问题，通过解决问题的过程来熟悉企业，融入企业。有的企业开始采用游戏化管理，在工作分配上根据员工的能力/经验等级来分配不同难度（复杂度）等级的工作（甚至有的企业用不同颜色来更直观体现工作难度等级），员工通过累计完成低等级的任务，来获得完成高等级工作的机会，这种类似游戏中的打怪升级的任务（工作）管理体系和绩效管理系统，带给当下员工更多的刺激感和成就感。

3 社群替代传统的师带徒模式

师带徒模式中，师的权威来自于或者法定权，或者是个人的专长（经验）权；师带徒中，一对一（或最多一对多）的互动方式，使得徒的成长与师关联度更紧密。但是在今天的组织环境中，模范权已经与传统的定义不同，今天的模范权更像是魅力权，认可某种魅力，欣赏某种魅力的人员会更愿意在一起沟通交流，因为社群的偏好取向一致性，社群的隐性规范更易形成并得到遵守和维护，这使得内部的管理成本和冲突都很低，这也是粉丝经济在组织内部管理的体现。于管理者而言，自己成为这样的人，或者发掘这样的人成为团队领导者，都能够提升管理的效果。所以，今天团队依然重要，依然是人员成长的重要平台，不过团队组成的基础以及团队机制都与传统方式发生了极大的改变，这种社群多对一以及多对多的影响机制特点弥补了一对一或者一对多的局限，这也驱动组织管理者要比以往更要关注组织内部的社会网络，尤其是非正式的社会网络的作用。

在VUCA的环境中，基于经验主义的组织学习也将遇到严峻的挑战，过去经验产生的土壤已经发生变化，正在形成的经验也不确定是否是真的经验，又是否能在不稳定、不确定、复杂和模糊的环境中持续有效。而如果企业固守自己的“既得经验”和“竞争优势”，结果往往是“成功是成功者的墓志铭”，在路径依赖的思维模式下无法突破自我，更谈不上挑战自我了。基于此，在新环境中，基于CONTEXT（场景）的组织学习，无论在方式和内容上都有助于企业在变幻莫测的环境中聚焦经验或者教训产生的场景，通过对于场景的条件变量保持敏感的认知和理性的分析，来获得与时俱进的开放态度。具体来说，下列这些方式方法会逐渐在组织学习中得到更广泛应用。

4 案例学习（Case study）

案例学习，是在商学院广泛使用的一种教学方式，就是基于场景的经典教学素材，对于企业来说，将企业日常经营活动中真实发生的事件整理成案例的形式，通过组织案例学习和研讨来分析案例决策情境中当事人的选择，或者作为案例决策当事人来模拟决策，对于企业人才的思维能力和场景敏感性都是易代入、易转换、可直接应用的训练方式。无论在企业人才招聘甄选、晋升、培训中，基于本组织实景的案例分析都是非常有效的手段。许多企业大学已经开始有规划成体系地研发本企业的案例，案例不仅仅是实景再现的事件总结，也不是拔高提炼的经验汇报，在写作案例过程中，需要将案例的逻辑线和教学线进行精密的布局，激发分析和讨论，激荡思维，才是案例学习的本意。

5 行动学习（Action learning）

行动学习，顾名思义，就是通过行动来学习，让组织成员参与企业经营中一些实际的工作项目或发展中急需解决的一些实际问题，来实现个人能力和组织能力的双重提升。行动学习与案例学习最大的不同在于行动学习更基于现实场景，从组织当下需要出发，并强调解决方案的可操作性。在行动学习的组织中，如果能够跨职能跨领域组成学习小组，会为行动学习的效果锦上添花，在分析和解决实际问题之外，还能使参与者理解不同思维视角的观点，并体会到换位思考的重要性，这对个人情商和组织协同的提高都是一种熔炼。行动学习的采用也对组织内培养胜任的行动学习催化师提出了要求。

6 另一种复盘：经验挑战（Experience challenge）

联想的复盘四步法，是近几年在企业界被传为最佳实践的管理方法论，通过回顾目标、评估结果、分析原因和总结经验四个步骤，来对做过的事情进行回顾和总结，其目的是为了传承经验和提升能力，为了总结规律和固化流程，当然，也是对过程中的错误进行梳理，不致再犯。在联想的实践中，小事情及时复盘，大事情阶段复盘，事件结束后完整复盘，这样的节奏使得复盘的习惯在组织内得到养成。而我们说的另一种复盘是建立在这种复盘的基础上的，不过目标不仅仅是总结和传承经验，而更立足于挑战经验，这些经验获得的场景是怎样的，哪些关键要素组成了这个场景，这样的场景还会再次出现吗？当下环境中哪些关键要素已经发生了变化，哪些新要素第一次出现，会如何影响企业的运营和发展？对于这些问题的思考，才能在 VUCA 环境中厘清各种蛛丝马迹，不至于陷入混沌和不可知的认知模式中。敢于并擅于挑战经验，可以帮助企业摆脱成功者的诅咒（成功是成功者的墓志铭），冷静清醒地前行。

持续变化的环境在不断地削弱组织在稳定环境中通过规模经济和规模组织所形成的权威与权力，在人才培养和组织学习方面，组织的角色也随之悄悄发生着改变。从“要你学”到“我要学”，不仅仅是所谓学习的内容更符合学习者的兴趣爱好，而且是学习的选择权和控制权回归到组织成员手中，Autonomous 是组织学习和人才培养的新特征。这直接带来企业在组织学习中的功能定位的三个变化：从学习规划的制定者变成学习平台的搭建者，从学习内容的设计者变成学习资源的提供者，从学习效果的评估者变成学习社区和学习文化的建设者与强化者。这样，组织成员就可以根据自己的兴趣爱好，以及在人生和事业发展不同阶段的意愿，来选择自己希望学习的内容。定位于中产阶级女性消费社区的秀域美容建立的秀域大学，与一般的企业大学不同，这里的课程设计涵盖来医学、营养学、法律、人文等许多内容，提供给相对受教育程度不高的美容师来自主选择学习，通过将课程分成三个不同层级，每当员工参加某一层级课程考试，全部通过后，在员工月收入中就有 100～300 元不等的津贴。从公司本意来说，希望员工在秀域能获得不断成长，而从实际效果来说，美容师也反馈这些学习帮助她们更好地与秀域的顾客沟通，因为比以前更有共同语言，半年一次的秀域大学开学典礼，公司提供的课程考前辅导等这些支持举措，使得员工主动学习的动力更强。有些企业则通过学习积分制的制度设计来鼓励员工在公司的 E－LEARNING 平台选择自己需要的内容，并通过奖励排名在前的组织成员强化学习文化。

在人才培养方面，企业同样要改变按照自己的人才蓝图来刻画塑造组织成员的习惯，更多地赋予员工自我选择、自我呈现的权利来识别和发现所需人才。按照组织的想法和规划来分配和安排成员的工作，面临着来自工作本身和组织成员价值偏好变化的双重挑战，因此，某些企业通过工作招标/张榜/悬赏等新颖的工作分配方式，将工作和任务的选择权交还给员工手中，这既帮助组织解决来工作与能力匹配的难题，也使得工作分配有更强的仪式感，可以大大增强任务担当者实现目标的成就感。还有的企业在招募区域管理经理时直接打出招聘城市特战队的招牌，要求必须三人组成团队，一起应聘，参与甄选，如果通过甄选环节，则将某一区域的经营交予这个团队负责，这种快速的赋予组织成员责任的方式，可以突破成熟企业层级滞化、员工缺乏晋升机会而造成的激励不足的困局，当然，企业也需要有经营辅导和强大的后台团队来支撑这种特战队似的业务拓展。

自主性的组织学习和人才培养模式对于管理者的领导风格也提出了转变的要求，管理者不再是可以解决任何问题的万能者，也不再具有完全的教练式的权威，教练与陪练的组合体可能更适合当下的这种模式。

无论用什么新的人才培养和组织学习的方式来应对 VUCA 环境提出

的挑战，核心目标都是在企业使命的驱动下，增强组织的自适力和灵活性（adaptability and flexibility）。

从第五章到第七章，我们重点讨论的是人力资源管理体系中的各个职能的战略决策点（关于决策点的清单参见表 7.1）。这些决策点的选择，无一例外都要与企业的战略、文化、生命周期、领导风格和组织架构有密切的关系，对于这些决策点的最终决策，也会受到上述因素的影响。同时，在对这些决策点的讨论中，也可以看到人力资源管理各个职能之间的一致性要求，在不一致的情况下，职能管理中出发点好的制度实施的结果却不容乐观。对于企业的高层管理者来讲，做好上述战略决策点的决策，有利于具体制度和手段方式选择的针对性和有效性，既给人力资源部门的工作人员明确了指导方向，避免无效劳动，也不至于迷失在众多人力资源管理工具的海洋里，从另一个方面，做好战略决策点的决策，也有利于保持整个人力资源管理体系的一致性，并从战略人力资源管理的角度保障公司战略的执行。

表 7.1　　人力资源职能中的战略决策点清单

职能	战略决策点
招聘	对招聘岗位所需人员的用人理念是培养还是购买
	两个匹配的选择：人与岗位的匹配、人与组织的匹配
	对招聘成本收益的分析，对于招聘成功率（招聘到“正确的人”）的重视
	对招聘中传递的企业文化信息如何进行有效管理
	如何处理“人才回流”的两难困境
晋升	强化晋升与企业文化价值导向之间的关系
	内部晋升与外部空降之间的选择
绩效管理	对绩效考核制度使用目的的判定
	对考核主体的抉择
	绩效考核的内容确定
	对工具论和技术论陷阱的事先防范
	绩效管理与文化变革之间的关系

续表

职能	战略决策点
薪酬管理	薪酬水平的决定
	薪酬结构的决策
	不同岗位之间薪资的差异水平
	薪酬基础的决定
	对员工所有权政策的选择
培训	培训与否的选择
	对培训投资的风险管理
	对培训内容的选择上
职业生涯管理	企业在员工职业生涯规划中的定位
	组织内员工职业发展的通道设计
	职业生涯管理与人力资源其他制度之间的匹配
	组织对职业生涯高原期的预先准备
人力资源的可持续发展	福利与人文关怀
组织能力的可持续发展	知识分享与传承

CHAPTER

第八章
实施战略人力资源管理

第1节 人力资源管理职能的新定位

在许多企业已经认识到人力资源是最具有竞争优势的资源的今天，随着外部环境的不断变化，企业意识到，要想取得可持续竞争优势，就不能仅仅依靠传统金融资本的运营，还必须靠人力资源优势来维持和培育竞争力。这种变化对人力资源管理部门的职能转型提出了迫切的要求，也要求相应的人力资源部门能够为促进人力资源竞争优势发挥作用。

对于促进人力资源管理职能转型的主要因素的一些研究，揭示了传统人力资源管理所面临的具体挑战。马托森、杰克逊（Mathis & Jackson，1999）等人侧重于人力资源管理对产业转型和组织重组的适应性方面加以论述。他们认为最主要的挑战来自于：经济和技术的变化与发展；劳动力的可用性和质量问题；人口多样性问题；组织重组问题。Dave Urich 等基于组织面临全球经济、如何维持自身优势的角度加以描述。他们认为，要想在激烈的全球经济竞争中保持优势，人力资源管理就必须要克服来自8个方面的挑战：全球化、价值链重组、创造利润增长途径的变化、以能力为本、组织竞争力模式的变化、技术创新和进步、教育创新、组织再造和重组。

强调人力资源部门的角色向战略性定位转变，马托森认为当代人力资源管理是组织的“战略贡献者”：提高企业的资本运营绩效提高企业的资本运营绩效；扩展人力资本；保证有效的成本系统。Schuler 则从组织战略目标实现方面论述战略人力管理职能，他们认为战略人力资源管理是统一性和适应性相结合的人力资源管理，必须和“组织的战略”及

“战略需求”相统一。他们将战略人力资源管理分成几个不同的部分：人力资源管理哲学、政策、项目、实践和过程，认为每个部分都是一种“战略性的人力资源管理活动”，同时又是企业发展的战略目标。Urich则提出人力资源管理“战略性角色”的概念，认为当代人力资源管理已经从传统的“成本中心”变成企业的“利润中心”。在这种转变过程中，人力资源管理的角色也处于不断的转型中，正经历由传统的“职能事务性”向“职能战略性”的转变。他描述了四种主要的角色：管理战略性人力资源，管理组织的结构，管理员工的贡献程度，管理企业或组织正在经历的各种转型与变化。

Urich认为，人力资源管理若要能够有效担当这四种基本角色必须掌握四类基本技能：①掌握业务（Business Mastery）：要求人力资源管理成为核心经营管理的有机组成部分，了解并参与企业基本的业务活动，具有强烈的战略业务导向。②掌握人力资源（HR Mastery）：确保基本的管理和实践相互协调，并担当起一定意义的行政职能。③人力资源信誉（HR Credibility）：人力资源管理部门及其管理人员必须具有良好的信誉体系，具备广泛的人际关系能力、问题解决能力和创新能力。④掌握变革（Change Mastery）：积极参与推动企业的变革，并提供有效的决策信息依据。

劳伦斯·S. 克雷曼（美）、乔森纳·斯迈兰斯基（英）等人则侧重于从企业人力资源管理对企业价值链的重构、人力资源管理实践边界的扩展等角度，阐述人力资源管理职能的战略性定位。他们认为当代人力资源管理正日益突显其在企业价值链中的重要作用，这种作用就在于它能够为企业内部的各个部门提供“附加价值”（added value）。因此，人力资源管理部门必须积极加强与企业各业务部门的密切联系，支持配合企业的长期发展战略。为此，人力资源管理部门必须从过去传统的“权力中心”（power center）的地位转变为“服务中心”（service center）的地位；由于企业组织结构的创新和变革，必然引起人力资源管理职能的变化和扩展人力资源管理将越来越多地参与企业战略制定、业务经营、技术创新、员工精神培育等战略性活动。

因此在管理实践中，人力资源管理在组织管理体系中的位置也发生了一些变化。

①人力资源管理在从后台移到前台，对客户、业务和市场有必要的深入接触和了解，在此基础之上把握整个公司走向的洞察力和对整个行业走势的前瞻性预测。

②人力资源管理的模式的动态性和实时性加强。从事人力资源的管理人员，也可以是经过岗位调换的，有其他部门工作经历的人员。其办公也可以是流动的，而不一定静止地固定在办公室。

③在整个公司中，人力资源部门与其他部门相比应处于中心的地位，像一个机器中的轴心。人力资源管理工作不仅仅是人力资源部门的工作，它应该是每个部门经理工作的组成部分。已有不少大中型企业在组织结构中设立副总裁级的人力资源总监职务（CHO，Chief HR Officer），并在其他部门建立人力资源岗位。

正因为这样变化，许多新的决策方式和管理方式体现在企业组织和部门的不同层次上。在企业层次上，人力资源管理“一把手”更多地亲自参与，尤其对于人力资源规划与人力资源开发；而在部门层次上，作为轴心的人力资源管理是提升整个公司管理水平的关键。人力资源部门要担任“导师”的角色。人力资源部门的员工要做人力资源专家、培训导师。人力资源部门不但应该有意识地通过岗位调换和培训，帮助非市场部门的员工了解客户、市场的走向；更重要的是，人力资源部作为人力资源规划、招聘政策、培训计划、薪金制度的制定者和执行者，只有对企业、市场和行业发展的全局性的把握，才能真正实现人力资源管理上的各项功能。因此人力资源部不应该仅仅埋头于内部事务，而应该了解业务和市场。并从外部来确立对人力资源部门的业绩评估标准，也就是让其他部门、顾客来评估人力资源部门的工作，并挖掘对人力资源部门的未表明的期望。而且把公司的外部顾客也作为企业的人力资源，他们同样是企业技术、产品创新的资源。在对其他业务部门而言，人力资源管理工作是每个直线经理的职责的观念基本树立起来。当然，许多直线经理是由业务人员提拔的，对于管理和人力资源管理没有经验，甚至没有必要的认识。对于新提拔的直线经理，人力资源部门通过培训，并把人力资源管理作为经理业绩考核的重要内容之一的方式引导直线经理对人力资源管理的重视和技能提升，改变了过去仅仅在需要招人或辞退员工时，才想到人力资源部的现象。

人力资源部门无论从成本中心转为利润中心，还是从权力中心转向服务中心，都是为了适应外部环境对人力资源管理职能提出的挑战，而其中在战略性角色定位中，发动并引导企业实施战略人力资源管理，是履行战略性角色要求的重要内容。

从战略人力资源管理的角度看，管理者的重要责任除了考核监管外，她更要从人本管理的角度去珍重每一位员工，从专业专家的角度去审视每一名职员，肩负起人本开发的重担。管理层是企业人力资源开发的中坚力量，其一是，管理者本身就应该是人力资源开发的受益者，其二是，管理层应该成为战略人力资源开发的推动者，包括把为企业培养人才视为己任，把员工在职业生涯中的健康成长融入自己的工作生活中去；还要深刻理解企业的制度和文化，在坚持原则的基础上，根据下属的特点，能够因材施教，因才设岗，与人方便，巧妙变通。能够“转人为才，转才为贤，转贤为圣”才是真正的人力资源管理。因此，直线管理者在组织的战略人力资源管理实施中是位居一线当仁不让的先锋。

第2节　结合公司战略的战略人力资源管理实施

按照前面的定义，战略人力资源管理必然要结合公司的战略。实施战略人力资源管理的前提就是公司有明确的战略。明确的战略不是指公司有一套战略规划书，而是公司对竞争策略和组织关键成功要素的判断非常清楚。在这个基础上，我们可以按照下列步骤进行战略人力资源管理的实施，这种方式是对组织的一次全身体检，适合组织在战略调整时期，企业发展生命周期的关键阶段，来进行这样的战略人力资源盘点，通过实施战略人力资源管理来为组织的战略目标执行找准方向。

第一步：组成战略人力资源管理实施任务团队对公司进行系统深入全面的调研。SHRM是一个融合了组织结构的诊断和再设计以及组织的人力资源政策和实践等内容的不断变化的过程；没有调查就没有发言权，通过调研，对组织管理体系方方面面的目前现状进行整理总结提炼，任务团队的组成包括组织的高层管理者（从操作便利来讲，至少包括主管人力资源和主管战略方面的高层管理者）、人力资源部门的管理者和员工、直线经理（如果组织层级很多，直线经理也应该涵盖不同组织层级）、有潜力的管理者（从可行性来说，一些进行组织人才库的后备干部，或者业绩突出的优秀员工都是合适的人选），这是个典型的任务团队，因此，团队的沟通形式、工作方式和项目计划都应该在团队组成后尽快地明确下来，按照项目管理的方式对这个任务团队进行管理被证明是行之有效的方法。对组织管理体系的全面调研还需要企业高层在组织内部调配资源，给予足够的配合，以方便任务团队获取相应的信息和数据。调研的方法包括直接信息索取（从相关部门索要关键数据和信息），调查问卷法、焦点小组访谈法（根据对不同问题分析的需要，对相关人员进行结构化的访谈）以及关键事件观察法，等等。所有调研获得的资料数据信息都要进行分类整理和核实。一般来说，这个阶段是整个任务团队花费时间最多的阶段。

第二步：按照一定的分析框架对调研结果分析。这里提到的分析框架可以有很多种选择，在第二章中我们介绍了一些，按照企业生命周期/企业战略/5P模型的结合进行分析，按照企业关键成功要素与组织文化、结构、人力资源管理各个手段方式、运营等方面匹配和一致来进行分析，包括如图8.1所示的按照麦肯锡的7S框架进行的分析都是可以的。企业要选择与自己的战略密切联系的要素，结构化地加以分析，这样才方便清晰地发现存在的问题。

表8.1　　按照7S框架进行的战略人力资源管理分析

业务目标	结构	系统	人员	技能	领导能力	价值观
全面质量的产品和服务						
财务业绩						
创新/技术领导者						
新业务开发						
客户、消费者和员工满意度						

第三步：在对公司目前的战略人力资源管理现状进行结构化分析的基础上，任务团队要结合公司的战略，决定问题优先级的判断标准。有的企业按照重要性/紧迫性对所发现的问题进行归类，有的企业按照顾客满意度/员工满意度两个方面进行决策，明确了判断标准，对于所发现的问题就有了解决的先后顺序。

第四步：按照确定的问题的优先级，制定相应的行动方案，并向高管团队汇报。任务团队在制定这个行动方案中，特别需要注意的是结合企业实际，行动方案要可行具体。有些任务团队将自己等同于咨询公司，提供概念性或者框架性的解决方案，那么在向高管团队汇报时，往往因为不具备实操性而无法获得认同。任务团队的组成绝大多数是企业内部成员（也有任务团队有外部专家参与的情况，但一般所占比例不大），正是这样的内部视角才使解决方案要立足企业实际。在向高管团队汇报中，一般情况下，所有高管团队成员都要参与讨论和反馈，只有获得了高管团队对行动方案的认同，才能真正在企业中落实这些解决对策。

第五步：系统地对组织管理体系进行调整。因为许多问题的解决方案不能保证执行节奏是一样的，因此，要对组织管理体系的修正过程进行定期的监控和评估，对管理体系中各个部分之间的关系尤其要进行评估，在每个问题的行动方案实施完毕后，都要对实际产生的变化和可能对管理体系其他部分的影响进行衡量，这样才能使战略人力资源管理保持分析和行动阶段的一致性。

第六步：持续的改进。组织在完成一个战略人力资源管理的系统体检后，仍要对内外部环境的变化保持开放和敏感的态度，在组织成员的特质发生重大变化，组织外部环境因素发生重大变化的时候，类似的战略人力资源管理分析要进行，从而保持企业一个持续改进的自发展机制的运行，这样才能持续地推动公司战略目标的实现。

在上述战略人力资源管理的实施步骤中，可以看到，关键要素是获得高层管理者的支持、投入和认同，这恰恰是区分战略人力资源管理和人力资源管理改善项目的关键。如果没有高层管理者的支持和投入，许多战略人力资源管理实施中的内容不是人力资源部门管理者可以决策的。而没有获得高层管理团队的认同，变革的方案也基本上是执行不了的，结果最终只能是人力资源管理体系的完善，而很难形成对组织整个管理体系的影响力。通过实施战略人力资源管理，企业还可以使组织成员更明确企业的战略目标和方向，而不是仅仅停留在高层管理团队的意识中，也可以使直线经理更真切地理解人力资源与组织业绩之间的关系，从而更关注“带队伍”的问题。即使受各种因素影响，有些行动方案可能并没有执行，但是搜集信息资料数据和分析过程本身对于组织来说就是一件有意义的事情。“只缘身在此山中”的管理迷雾往往在这个过程中可以散去，对于组织管理现实和人力资源现状的认识也将更加深刻。

而对于变革过程的把握也是成功实施战略人力资源管理的另一个关键要素。按照哈佛商学院迈克尔·比尔教授的观点，变化的程度是人们不满意的程度与变革模型与过程的乘积，再减去变革的成本。从这个公式中，可以看到人们对于现状的不满意程度越高，人们对变革的意愿就会提高，然后企业再选择合适的变革模式，谨慎地管理变革的实施过程这些都会直接影响到企业变革的效果，最终，还要去衡量变革的成本，包括物质成本和心理成本，而对这些问题的考量，恰恰是在制定行动方案和获得高层管理者认同过程中最需要关注的因素。

第3节 结合人力资源行为特征的战略人力资源管理实施

在中国企业的管理实践中，将企业对人力资源行为特征作为战略人力资源管理的出发点的情况更多，这和认识上仍然将战略人力资源管理与人力资源战略比较混同有一定的关系。不过，这种思路也提供了一种实施战略人力资源管理的视角，而且从实际操作来说，比较适合发展初期或者创业期的企业。按照这样的思路，实施战略人力资源管理一般经过下列步骤。

第一步：结合公司的战略或者价值观（对于许多创业型企业来说，

企业战略也许尚不明确，但是创业者的价值导向可以成为参照），明确企业对人力资源的行为特征的要求。

第二步：以这样的行为特征为中心，分别设计相应的组织结构和人力资源管理的制度体系，组织结构包括组织结构形式的选择，组织工作流程的方式等，而人力资源管理的制度体系则结合人力资源管理的各个职能，分别从招聘什么样的人、如何考核绩效、如何分配奖酬、如何设计职业发展通道、是否提供培训等内容。

第三步：实施上述制度体系，在运行中注意周期性的监控，以保证人力资源管理制度体系的内部一致性，以及与管理体系其他部分之间的匹配协调。

第四步：持续改进。在组织规模变化、战略明确或者发生变化的时候，对组织的管理体系进行相应的调整与完善。

上述步骤，对于非发展初期的企业来说，也可以用来检视自身制度体系的问题，用第二步中得到的结果与组织目前管理现状进行对比，对于那些存在差异的地方就可以着力进行调整，以改变不一致、不匹配的地方。

以白沙集团为例，在白沙 2002 年的职代会上，卢平厂长提出了要“以此为主，精于此道，以职业化精神打造企业的核心竞争力”，结果在 2003 年初的评选中，“职业化”被列为 2002 年白沙十大关键词之首，更由一个词汇迅速成为白沙人思想和行动的一部分。职业化是什么？白沙集团卢平总裁给了一个很好的诠释：职业化就是以此为生，精于此道，在工作中有广博的知识、专深的技能和良好的习惯的知识、专深的技能和良好的习惯。卢平总裁在 2002 年 1 月的《白沙报》观点栏目写道：职业化是我们生存的价值与理由，是企业生存与发展的希望所在。每个人都要明白，要做一行，专一行。精于此道是以此为生的基点。对待我们的事业，高层要有使命感，知道你将把企业带向何方，中层要有责任感，只能作对的事情，把事情作对，基层要有成就感，把平凡的事一千遍一万遍做好。因此，职业化成为白沙对员工行为的最高要求。

对此，白沙的员工是如何理解的呢？答案多种多样，有人说，职业化就是一个不断找出短板，不断修炼的过程。技术中心总监尹滨有一句评价："关于卷接包方面的知识，随便问什么，都问不倒。"我想，这就是职业化吧。厨师说，职业化的厨师有两个必备条件，一是 HOT 的工作热情；二是手上要有"绝活"，有过硬的手艺。不仅做出的菜色、香、味、型俱全，还要能为员工提供惊喜服务。还有员工讲，职业化就是忘我、就是"疯狂"地投入，让自己的潜能最大限度爆发、热情最高极限膨胀、情绪最高度饱满。而管理人员的职业化，就是把职业化的精神深入传递给每位员工，并带领他们一起用心、用命地为企业做出自己的贡献。而中国人民大学彭剑锋教授认为，职业化包括三个层面的涵义。第一个层面是每个人要具有专门的知识和专门的技能；第二个层面就是职业精神，它包含敬业、责任、团队、创新、学习五个方面；第三个层面就是职业规则。

如果我们以职业化作为员工的行为特征，白沙集团的人力资源管理体系应该如何设计呢？

不难想到，在招聘中，白沙应该招聘那些有专业和钻研精神的人，招聘那些不以晋升作为工作价值认可唯一标准的人，要寻找那些与白沙文化匹配的人；在绩效考核中，白沙应该明确岗位的关键绩效指标，对于岗位技能的考察应该在考核内容中，在薪酬中，技能应该对薪酬有决定影响，同时宽带薪酬广泛使用，而在培训中，白沙应该提供大量的培训，以方便员工的技能提升，在职业生涯通道上，白沙应该是多职业通道的设计，行行有发展，道道有进步才能保证员工干一行，爱一行，钻一行。

白沙的文化价值导向不会奖励那些在不同岗位上跳来跳去的人，也不会只鼓励某一层次以上的人。

上面简单分析出来的制度体系，在实践中到底是怎样的呢？

白沙集团总裁卢平曾经说过："我认为一个很平庸的人，只要他工作热忱，对人充满融融关怀，和他一起工作的人都会感到舒畅，那他一样可以取得成功。但是一个很有才华的人如果心态不是很健康，他一样不会成功，企业同样如此。良好的思维方式+健康的心态+行动+毅力，就是我们成功的保证。我认为一个企业就要像'3A·HOT'一样。"白沙文化（见第七章案例）就是这样定义成功的。

在白沙，有这样一个故事，1996年，白沙集团长烟制丝车间新增了一套烘丝杨硫化床设备，投入使用后，烟丝膨化效果却与工艺要求相差较远。技术人员在意大利工程师的指导下，前前后后一共做过十多次改进，但效果仍然不理想，调试工作一度停顿下来，两位意大利工程师也在尴尬中不知所措。

眼看合同计划中的安装调试期限就要到了，大家非常着急。这时制丝车间的陈彤新，这位"全国劳动模范"决定自己试试看。他每天搭个梯子上上下下，仔细观察硫化床各个部分的生产流程，并把得到的数据详细地记录在经常随身携带的一个小本子上。经过多次写实和对比思考，他发现设备内有个蒸汽喷嘴孔径太小，如果加大蒸汽量，就会产生很大阻力，造成烟丝堵塞；如果减小蒸汽量，又不能保证烟丝的温度。他想，要是能把喷嘴孔径加大一点，同时加大蒸汽量，不是就能两全其美了吗？

他的大胆设想得到了车间的支持，按照陈彤新巧妙设想加工的蒸汽喷嘴重新装上设备，开机运行，不但烟丝堵塞的现象没有了，烟丝膨化效果也明显好转，填充值提高了0.22%。意大利工程师惊奇地瞪大了眼睛，由衷地竖起了大拇指："You are professional（你很职业）。"

白沙认为，这个时候的陈彤新，是一个职业化的技术专家，是一个白沙人的典型代表。在回答"白沙的优秀员工表现在什么方面"时，绝大部分员工的回答是德才兼备，有高尚的职业道德和精深的职业技能。

白沙的确有大量的员工培训，在白沙管理发展学院的案例中已经可见其力度、广度和深度了。白沙的员工职业生涯的确是多通道的，有“四类专家，五条跑道”的说法，“四类专家”是将企业的员工分为技术、管理、营销以及能工巧匠四大类型；“五条跑道”则是为这四类人员和“行政管理”人员量身订造的五条晋升通道。因此，在白沙内部的一次调查中，86 名白沙人表达了员工最向往的白沙岗位（车间操作工 39 人，维修工 8 人，部室管理人员 39 人），最后统计十大岗位如表 8.2 所示。

表 8.2　白沙员工最向往的十大岗位　单位：次

部室类	提及次数	车间类	提及次数
营销业务类	35	技术员	24
科研开发类	27	生产大班长	19
战略规划类	22	维修工	18
工程技术类	25	质管员	16
人资管理类	23	生产小班长	15
CI 策划类	19	工艺员	15
记者编辑类	17	物检员	12
工团干事类	14	工团专干	11
幼师类	11	统会核人员	9
财务会计类	11	班组核算员	5

这个结果与多数企业的一条通道是非常不一样的，岗位成材、多样选择是白沙职业化推行的直接结果。

正因为如此，在许多企业流于形式的员工职业规划，在白沙的员工心里是实实在在的，动力车间的杨伟为自己的未来五年做了这样清晰的规则：第一年，更好地学习空调技术，学习空调操作系统；第二年，熟练操作空压系统，并通过空压初级工考试；第三年：通过空压中级工考试；第四年：学习空调、空压的维修；第五年：让自己成为一个问不倒、难不倒、工作出色的能工巧匠。而技改办的技术员喻建农为自己定下的努力方向则是：拥有高级技术职称；成为全国注册监理师；成为全国注册工程师；在全国性的专业技术杂志上发表五篇以上的论文，有成果，在行业有一定影响。

将白沙的做法与前面的分析对照，白沙文化和白沙的人力资源管理体系很好地支撑了职业化行为特征的要求，才能使组织成员的行为呈现出组织要求的特点来，而如果这种行为特征又是企业战略实现的必要基础的话，我们相信，组织的战略也一定可以得到实现。

第4节 结合文化情境的战略人力资源管理实施

结合文化情境的战略人力资源管理实施是针对那些面临跨国界经营和跨文化管理的跨国公司提出的。这里既包括在中国经营的总部在国外的跨国公司，也包括中国企业走出国门，在海外拓展经营中。

在全球化浪潮的影响下，不同国家的经济法律环境有趋同的趋势，但是社会文化环境往往差异仍然很大，因此，如何在文化差异的环境中，面对本土员工，沟通组织的文化价值观，落实人力资源管理体系的各项制度，就成为一个关键问题。许多企业在中国的经营过程中，为推进本土化进程或者实现企业文化的有效推广，往往会选择许多相同或者相似的行为方式；同时根据企业自身经营环境、自身条件又会采取各种各样不尽相同具有自身特色的做法。

首先，为了实现在经营所在地的企业文化推广，首先做的是在自身企业文化中，添加经营所在地的文化元素，实现企业文化的“软移植”。西门子要在中国建立中德“混合企业文化”；松下将自己的“七精神”改为“十精神”，添加“实事求是之精神”，“改革发展之精神”，“友好合作之精神”。从一些跨国公司在中国的文化建设来看，在企业文化的传承和吸收上，并非生搬硬套，全盘接收，而是结合中国的具体国情，对其进行充实和发展。GE 医疗的管理层在与员工沟通 GE 文化时，讲 GE 也有“一个中心，两个基本点”。“一个中心”是 GE 作为一家企业，追求利润是中心目标；“两个基本点”是要追求员工满意度、客户满意度。管理层认为，GE 强调的核心价值观，就像毛泽东所说的“全心全意为人民服务”。“邓小平说步子再快一点，GE 说要讲速度；邓小平说思想再解放一点，GE 说要少一些繁文缛节，少一些官僚主义；邓小平说胆子再大一点，GE 说要自信。”这是跨国公司管理层摒弃意识形态和文化的差别，把 GE 价值观与中国特有的历史文化结合起来进行管理的有效例证。

人才本土化有助于减少因文化差异所造成的经营管理上的矛盾和低效率，因此，一些跨国公司采用增加中国人担任管理职责的机会，因为他们精通中国国情，有助于形成适应中国实际情况的跨国企业经营管理模式，可消除语言、习俗、文化等障碍，为跨国公司在中国发展提供很好的环境。与此同时，也可以提高对公司的信任感。

同时，也有跨国公司增加其外派人员对经营所在地的深入了解。三星集团为了强化管理干部的国际意识和经验，实行了“地区专家制度”，计划每年选派 400 名具有发展潜力的、已在公司干满 3 年的员工出国观光，给他们一年的经费，让他们走出国门，到异国他乡去体验生活。他们在国外 12 个月，没有具体任务，完全自由自在，干什么都行，没有人干涉他们的活动，目的是让他们对当地文化、历史、地理、经济、风土人情等有一个广泛的接触与了解，最终成为该地区的专家。这些人回到韩国干上几年之后，就可以返回他们当初体验的国家，推销三星集团的产品。目前，三星集团已经培养了 2500 名出色的“地区专家”。

海尔在美国建厂初期，很少有美国员工主动加班，不过，海尔坚持将文化价值导向中的OEC管理模式推行，经过一段时间的坚持与认同，现在美国海尔员工都知道“当日事，当日毕”。有时晚上很晚，车间内还可见美国管理人员忙碌的身影，而这在美国其他企业是不可能发生的。同样是海尔，在美国的厂子里使用了一种“漫画”的手法取得对母体公司文化的认同：比如海尔有名的“6S”大脚印，在国内要求做得不好的员工站在脚印上总结当日的失误，但在美国只能正面激励，不能批评，于是海尔就让做得好的员工站到“脚印”上去讲。这也是对当地文化环境的适应。

只有在企业文化的落地和人力资源上做好准备，跨国公司才能够将其人力资源管理的制度与在经营地的发展战略有力结合起来。

案例　某韩资银行的团队建设（TEAM BUILDING）活动

某韩资银行有着典型的韩国风格，内部管理有浓厚的人治特色，等级分别严格鲜明。作为建设其独特企业文化的一部分，Team building是公司人力资源工作的主要部分，包括以下活动：①员工拓展活动，定期开展。该活动受行长的高度重视，公司所有员工，包括行长、部长、经理、一般行员均得参加。比如，某次在北京近郊的拓展活动，包括行长在内的所有在京员工及各地分行行长均参加。行长和各部部长和员工同坐一车，同食一餐，在各个娱乐比赛活动中身先士卒。②员工聚餐，一般定期举行或在重大节假日、公司的纪念日举行，包括全行聚餐、行长和某部的会餐、部门之间的聚餐、部门内部聚餐，等等；行长、部长等均会亲自参加这些聚餐。聚餐过程中，各部门或各餐桌都有特殊的口号，比如“××银行，中国”，等等，在喝酒碰杯前一齐呼喊口号。③定期例会制度，各部门每天均安排30分钟的例会时间，会议内容不限，可以是工作讨论，也可以是生活、思想、中韩文化等方面的交流，部长会亲自参加，会议安排及内容向行长汇报。④培训活动，包括公司文化理念、各部门的业务知识和业务流程培训，重要的培训活动要求员工写出几千字的感想，向培训经理汇报。⑤不定期的早餐会，在京员工参加，由行长训话、有拍照留念、呼喊口号、用餐和相互交流等。

——根据清华大学 MBA 喻建报告改编。

从案例中，可以看出该韩资中国银行的 Team building 活动具有特色，也明显受到公司高层的高度重视，是与其母公司文化、组织结构、韩资背景、公司在华战略等有紧密关系的。

该公司在华战略，简言之就是成为“中国最佳外资银行”，而这一战略要得以实现，该银行必须保持其母公司业务快速发展、高效率的特色，而这得通过使其母公司文化、组织结构、业务流程等方面的优点快速地融入中国法人银行。另外，还需要在较短的时间内形成中国法人银行自己的企业文化。中国法人银行大部分员工为中国籍员工，其业务在中国开展，其服务对象也包括中国客户。因此，适应中国国情和遵从中国各项法律法规，在较短的时间内完成内部团队的融合，对于业务的开展至关重要。保持员工的稳定性对于商业银行而言至关重要。这是由其风险管理、客户维护、业务长期稳定发展等方面的需求所决定的。

而该银行的 Team building 活动对上面几个要求的实现起到了重要的作用。其一，通过 Team building 活动，银行快速地将母公司具有特色的公司文化、服务理念等传递给了中国法人银行的新入员工。通过对公司文化的介绍、培训，去韩国母公司的参观、学习，以及行长、部长等韩方管理员工与新入员工频繁、近距离的沟通交流，使得新入员工对公司文化、理念有一个全方位的、感性的认识，并通过员工之间的思想交流、沟通，使得这种文化进一步为员工所认同。其二，通过 Team building 活动，强化了员工对公司的认同。韩国企业的一个重要特色，就是将工作生活融为一体，员工不仅仅作为工作上的一名成员，同时在个人生活、职业生涯，甚至是命运都与公司结成一体。在这样的公司文化当中，员工对公司的认同不断得到强化，使得员工将自我与公司融合起来，与公司形成命运共同体。其三，强化了公司的等级结构。韩国企业受典型的韩国文化影响，上下级之间等级森严，甚至不同年龄层次之间也有等级之分，上下级之间和平级之间所用的礼仪、用语都不相同；在公司所享受的待遇方面，不同级别之间也有区别。通过这种等级制度，一方面加强了控制，另一方面也为员工创造了上升空间，即通过这种等级和待遇地位的结合，鼓励员工在公司的长期发展，以求谋得更高的地位。其四，通过 Team building 活动，促进了韩籍员工与中方员工之间的交流。虽然同受儒家文化影响，但在思想文化、行为方式、日常礼仪等方面，中韩之间确实存在差异。通过 Team building 活动中频繁的沟通、交流与互动，避免了一些因文化差异造成的误解，加深了双方的了解，加快了公司文化的融合和形成。

由此可见，该韩资中国法人银行的 Team building 活动，在建设公司文化、强化公司组织结构、维护员工队伍稳定性、加强内部沟通互动等环节中起到了重要作用，从而为其在华战略提供了保障。

从前面的论述和这个案例分析中就可以看出，结合文化情境的战略人力资源管理实施，与前两种模式不同的是，它本身并不一定需要一个成体系的流程，但是对关键事件和关键环节的强化则是主要方式。一般来说，组织文化的传播与本土化、人力资源的本土化是关键环节，通过这些关键环节的融合，逐步将组织的管理制度体系和工作流程逐步植入，从而在异文化情境下实现对其人力资源的战略管理，实现其战略目标。

前面三种不同的企业实施战略人力资源管理的模式，出发点不同，适用条件不同，但是目标是一致的，即实现组织战略目标，虽然步骤不尽相同，但是都通过对组织管理体系的全方位检视和调研，来寻求与组织战略和组织外部环境适应，而人力资源管理制度与组织管理体系的其他部分匹配，人力资源管理制度自身又保持良好一致性的结果，因为只有这样，组织管理系统才能真正支持组织的关键成功要素，实现组织发展的战略目标。

第5节　转型环境中战略人力资源管理的新思考

1　转型环境中的人力资源开发范式的变化

随着新技术变革的深化和经济增长速度的持续变缓，中国经济结构正在经历一个持续的深层次调整过程。对于中国企业来说，这不仅意味着产品的更新换代、市场的此消彼长、资源的重建与整合，还意味着管理方式、行业成功因素和游戏规则的剧变。

而这些剧变，无疑都围绕着一个鲜明的主题：一切以顾客为核心。

以前，企业之间的竞争，更多的是在相同的业务模式下的效率的竞争。而如今的商业社会，竞争已经跨越了产品、行业和区域：传统通信运营商最大的竞争对手竟然是一个互联网企业，传统餐饮企业纷纷被一个做快销产品出身的老板震的瞠目结舌，拥有百年历史的汽车豪门们无论如何也不能接受自己正在被一个2003年才入行的门外汉威胁……

这些被广为传播的故事，都说明一个道理：经济结构调整的深层动力，是顾客需求的深刻变化，这种变化不仅表现在需求的多样化、个性化、时尚化，还表现在顾客群体的持续分化和小众化，顾客要求越来越高，越来越看重自己的消费权力，消费意志快速觉醒。顾客不在意你的模式和成本，顾客只在意自己的需求。

其实查尔斯·汉迪和彼得·德鲁克早已预言，未来的组织是社区化的，个体的价值将会挑战组织的力量，这些预言在以顾客为核心的今天迅速得以实现，这些“异军突起”的企业从观念、战略到组织无不体现着对顾客意志的强烈追求。这种追求直接体现为人力资源开发（HRD）的过程发生了根本的改变（如图 8.1 所示），过程的起点从顾客开始，围绕顾客重新定义产品和服务，由此产生的工作任务和相应完成这些工作任务所需要的团队，是 HRD 要投入资源进行的全过程支撑。

对于处于转型时期的企业来说，人才，特别是能引领和适应转型需要的人才的作用正在凸显，这就要求组织人力资源管理和开发的目标和方式都要发生相应的变革，才能真正驱动转型。

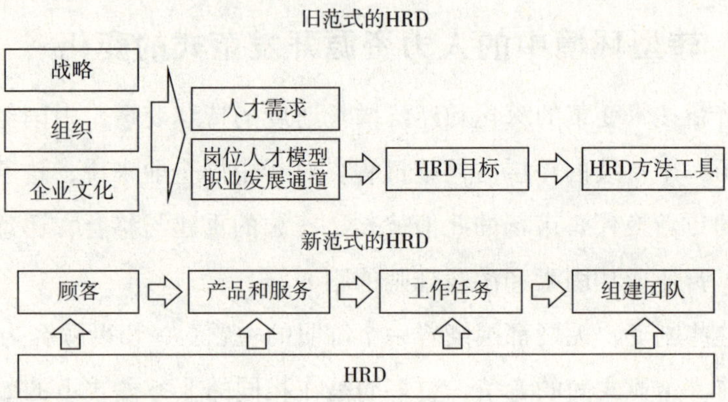

图 8.1 新旧范式的人力资源开发（HRD）对比

组织为了在竞争中快速响应市场的需要，自然会向扁平化、社区化的方向发展，而传统中为了解决“管理跨度”问题而设立的节点岗位，必然在信息科技进步的今天面临越来越尴尬的处境。以前，企业为了获得效率的优势，倾向于对整个产业链和各个业务环节都尽量去掌控，成员的数量必然是庞大的，对“进行纯粹的管理工作”的岗位自然也有强烈的需求。

但是，当组织的设计从效率和管控的考虑转向以顾客为核心，对岗位的要求都围绕着业务展开。同时尽量减少中间层级、尽量外包非核心环节，只做对顾客有价值的事。这就直接使中层管理者，尤其是精于计划与控制但缺乏顾客意识的中层管理者，陷入数量减少、角色尴尬的境地，这类中层管理者的角色转型对于组织和个体都非常关键。于组织而言，这是真正激发组织机体活力，增加转型成功概率的基础（想想多少好的产品或服务的创意扼杀在组织的行政官僚流程里）；于个体而言，也是管理者重新定位自己，增强职业竞争能力的必然。如何从管理控制者转变为支持性教练，能够整合组织内的知识、技能和经验，能够擅长横的协调（以前是纵的管理），通过支持和协调使大公司的优势体现到独立的一线部门中，将成为这个时期管理者的角色定位。

同时，在转型中，企业对两种人才需求更加强烈。第一种就是深度理解顾客和业务模式的领导型人才，能为企业确定方向、整合资源，并以狂热的信念鼓舞组织或团队成员去实现目标，或者能够创造一种真正授权赋能的环境，激发、鼓励重新定义顾客服务和业务模式的新想法，并给予相应的资源进行尝试。这类领导型人才，既可以位于组织的高层，也可能位于组织的基层，包括那些有远见卓识并富有激情的团队领导者。

第二种人才就是精通某一领域并能快速实现顾客需求的专业型人才，他们能帮助企业创造独一无二的产品和服务。对于产品和服务品质的极致追求都对专业型人才提出更高要求，广义的极客（GEEK）精神应该是这类人才的特征：对探索和创造高度热爱投入，对跟随和人云亦云深恶痛绝；在工作中推崇化繁为简，相信设计的力量并追求产品美学和极致服务体验，因为光是提供实用的产品、服务、体验或生活形态，已经不够了，必须创作出好看、独特，或令人感动的东西才能成功。不疯魔不成活，恐怕是这类人才的个性标签，只有这样的专业型人才，才能视高压力的工作任务为激励，并在创造独一无二产品和服务中体验成就与价值。

业务转型之难，毋庸置疑。关键时期，组织转型、管理转型、人才转型乃至人力资源管理的转型也是重中之重。在剧变的时期，企业的人才需求来的既迫切又变化多端，在奋力引进人才之外，企业原有的人才开发职能如何支撑业务转型的需要，既是组织管理者和人力资源管理者不能回避的问题，更是人力资源管理凸显“战略合作伙伴”地位的真正价值所在。

2 转型环境中价值观的作用

人人说，唯一不变的就是变化，眼花缭乱的变化使得基于理性主义，基于成熟稳定发展预期的战略分析与制定变得不确定不稳定起来。作为企业，是试图不断地根据变化调整战略，还是如夸父追日般执着于既定目标，这是个令人纠结的决策困境。不断调整战略，战略就日渐沦为战术，而且能否及时调整，对于组织的执行系统是巨大的考验；执着于既定目标，又担心走到跟前发现，即使实现了既定目标，依然难脱离失败的厄运。这种纠结，让整个企业焦虑，结果自然是身在其中的人也惶惶而不知所往。

与其这样，组织不如跳出变化的漩涡，思考一下持续变化中相对稳定的是什么？对于企业来说，清晰的价值观（VALUE）体系、强大的价值观支撑体系，就需要在这变革大潮中发挥定海神针的作用。价值观中中对于企业经营哲学和理念的判定，能够指导企业在两难困境中做出抉择。正因为此，在 VUCA 时代，人才培养的核心不再是某种具体胜任能力的提升，而应该围绕对组织价值观认知、认同到内化的路径来设计，以提升组织成员的人与组织的匹配度，当然这种培养体系的前提是组织的价值观是明晰的。

具体来说，组织价值观的认知就是 know - what，对于第一次进入组织的成员来说，要知道组织的核心价值观是如何表述的，是怎样得来的，对于企业管理来说，价值观是如何发挥作用的。无论是青涩新人还是职场老将，与这个企业的第一次亲密接触，就应该从这里开始；对组织价值观的认同，则是 know - how 的过程，在人才培养的过程中，通过特色制度和活动，使得组织成员愈发认识价值观在组织管理与决策中的重要作用，才能形成一致的价值观氛围，才能使得价值观得以强化和践行，阿芙的价值观卡制度和每天下午创意十足的“正能量”活动就具有这样的特点。经过严格审核的持有价值观卡的员工可以得到更多的福利和认可，而每天下午的正能量活动则通过创意游戏、主题活动、齐唱城堡之歌等短小精悍的环节既激发了员工的工作热情，也传递了组织认可鼓励的价值观内容，还形成了强大的社群效应。GE 被广为赞赏的群策群力活动，则将 GE 打破官僚程序，全员参与创新和问题解决的价值观导向展现得淋漓尽致。最后一个阶段，对于组织价值观的内化，则是 know - why 的过程，组织成员在成长过程中，逐步发现了企业价值股与自身价值观的相似之处，因此将企业价值观部分（甚至全部）内化为个人价值体系，这时候，就真正实现了人与组织的匹配。组织成员的人与组织匹配度越高，那么面对变革环境时，协同作用更容易发挥出来，众志成城，聚力合心，这样企业价值观的定海神针作用就越显著。

如果说本书前面各章节的讨论是基于与战略相适应的“战略人力资源管理”视角的话，那么正在形成并不断强化的新视角是“基于价值观匹配的人力资源管理模式”。在组织明确自身价值观的前提下，建立与价值观相适应、匹配、一致的管理系统，从而获得一种组织能力，可以使得企业在变化的环境中积极适应，重新定义企业所参与竞争的游戏规则，重塑能力。虽然基于价值观匹配的管理系统需要花费更长的时间来建立、磨合、强化和维护，但是这种管理系统的抗干扰和噪音的能力也被许多企业的实践所证明。在许多中国企业的转型过程中，所在行业周期正在谷底，但是文化的强有力作用使得某些企业“凸显优秀”或者“被第一”。在行业周期上行时，也许这些企业发展速度不是最快的，但是到低谷时，往往他们反倒是活得更好的，重视企业文化建设，重视与价值观匹配的管理系统打造，所带来的这种“逆周期”的价值值得企业决策者深入思考。

参考文献

英文文献

[1] Abraham, KG. Flexible staffing arrangements and employers ' short – term adjustment strategies. Employment, Unemployment and Labor Utilization, 1988: 288 – 311

[2] Ang, S. and S. A. Slaughter. Work Outcomes and Job Design for Contract Versus Permanent Information Systems Professionals on Software Development Teams. MIS Quarterly, 2001 (25): 321 – 350

[3] Barling, J. and D. G. Gallagher. Part – Time Employment. International Review of Industrial and Organizational Psychology, 1996 (11)

[4] Barnett, W. P. , & Miner, A. S. 1992. Standing on the shoulders of others: Career interdependence in job mobility. Administrative Science Quarterly, 37: 262 – 281.

[5] Bass, B. M. , B. J. Avolio. Multifactor Leadership Questionnaire. CA: Consulting Psychologists Press, 1993: 3 – 186

[6] Bass, B. M. . Leadership and performance beyond expectations. New York: Free Press, 1985: 3 – 242

[7] Belous, R. S. . The Contingent Economy: The Growth of the Temporary, Part – Time and Subcontracted Workforce, 1996

[8] Bergman, M. E. 2002, August. Psychological and objective contingency as predictors of work attitudes and behavior. Paper presented at the Academy of Management Meeting, Denver, Colorado.

[9] Brewster, C. , Mayne, L. and Tregaskis, O. . Flexible staffing in Europe. J. World Bus, 1997 (2): 133 – 51

[10] Bronstein, A. S. . Temporary work inWestern Europe: threat or complement to permanent employment. Int. Labor Review, 1991 (3): 291 – 310

[11] Butler, J. E. , Ferris, G. R. & Napier, N. K. 1991. Strategy and human resources management, Cincinnati: South – Western Publishing.

[12] Cameron, K. S. , D. O. Ulrich. Transformational leadership in colleges and universities. New York: Agathon Press, 1986: 31 – 59

[13] Carnoy, M. , M. Castells and C. Benner. Labour Markets and Employment Practices in the Age of Flexibility: A Case Study of Silicon Valley. International Labour Review, 1997, 136: 27 – 48.

[14] Cordova E. From full – time employment to atypical employment: a major shift in the evolution oflabour relations. Int. Labour Rev, 1986, 125 (6): 641 – 57

[15] Daniel G. Gallagher, Magnus Sverke, Contingent Employment Contracts: Are Existing Employment Theories Still Relevant? Economic and Industrial Democracy, 2005, Vol. 26 (2), 181 – 203

[16] Daniel goleman, 2000. Leadership that Gets Results Harvard Business Review 2000 (3), 2 – 17

[17] David P. Lepak, Scott A. Snell, The Human Resource Architecture; Toward a Theory of Human Capital Allocation and Development, Academy of Management Review, 1999, 24 (1), 31 – 48;

[18] Davis – Blake, A., & Uzzi, B. 1993. Determinants of nonstandard work: A study of temporary workers and independent contractors. Administrative Science Quarterly, 38: 195 – 223.

[19] De Witte, H., & Naswall, K. 2003, 'Objective' vs 'subjective' job insecurity: Consequences of temporary work for job satisfaction and organizational commitment in four European countries. Economic and Industrial Democracy, 24: 149 – 188.

[20] Delery, J. E. & D. H. Doty. 1996. Modes of theorizing in strategic human resource management: Tests of universalistic, contingency, and configurational performance predictions. Academy of Management Journal, 39 (4): 802 – 835

[21] Delsen, L.. Atypical Employment: An International Perspective – Causes. Consequences, and Policy. Groningen: Wolters – Noordhoff, 1995.

[22] DeVries, R. E., R. A. Roe, T. C. B. Taillieu. Need for leadership as a moderator of the relationships between leadership and individualoutcomes. The Leadership Quarterly, 2002, 13: 121 – 137

[23] DJ McDonald, PJ Makin, the psychological contract, organizational commitment and job satisfaction of temporary staff – Leadership & Organization Development Journal, 2000

[24] Ellignson, J. E., Gruys, M. L., & Sackett, P. R. 1998. Factors related to the satisfaction and performance of temporary employees. Journal of Applied Psychology, 83: 913 – 921.

[25] Feldman, D. C.. Managing Part – time and Temporary Employment Relationships: Individual Houseman SN. Part – time employment in Europe and Japan. J. Labor Res, 1995, 16 (3): 249 – 62

[26] Ferber, M andWaldfogel, J.. The long – term consequences of nontraditional employment. Monthly Labor Rev, 1998, 121 (5): 3 – 12

[27] Galup, S., Saunders, C., Nelson, R. E., & Cerveny, R. 1997. The use of temporary staff and managers in a local government environment. Communication Research, 24: 698 – 730.

[28] Geary, J. F. 1992. Employment flexibility and human resource management: The case of three American electronics plants. Work, Employment & Society, 6: 251 – 270

[29] Gerhart, B., Trevor, C, & Graham, M. 1996. New directions in employee compensation research. In

G. R. Ferris (Ed.) . Research in personnel and human resource management, vol. 14: 143 - 203. Greenwich, CT: JAI press

[30] Gordon, D. M. . Fat and Mean: The Corporate Squeeze of Working Americans and the Myth of Managerial 'Downsizing' . New York: Kessler Books/Free Press, 1996

[31] Greer, C. R. , S. A. Youngblood and D. A. Gray. Human Resource Management Outsourcing: The Make or Buy Decision. Academy of Management Executive, 1999, 13: 85 - 96

[32] Grip, A, Hoevenberg, J and Willems, E. . Atypical employment in the European Union. Int. Labour Rev, 1997, 136 (1): 49 - 71

[33] Hater, J. J. , B. M. Bass, 1988, Superiors' evaluations and subordinates' perceptions of transformational and transactional leadership. Journal of Applied Psychology, 73 (4): 695 - 702

[34] Houseman, S. N. . Temporary, part - time, and contract employment in theUnited States: new evidence from an employer survey. Manuscript, WE Upjohn Inst. Employ. Res. , Kalamazoo, MI, 1997

[35] Hunter, Philip Edward, Viability of the job characteristics model in a team environment: Prediction of job satisfaction and potential moderators. 2008

[36] Janice Johnson, 2004. Flexible working: changing the manager's role. Management Decision. London:, Vol. 42, Iss. 5/6; p. 721。

[37] Jeffrey A Mello. 2004. StrategicHumanResource anagement: 22 - 29, 59 - 78, 94 - 100, 124 - 135

[38] Kahne, H. Part - time work: a hope and a peril. In Working Part - time: Risks and Opportunities, ed. BD Warme, KP Lundy, LA Lundy, 1992, 295 - 309

[39] Kalleberg, A. L. , & Schmidt, K. 1996. Contingent employment in organizations: Part - time, temporary, and subcontracting relations. In A. L. Kalleberg, D. Knoke, P. V. Marsden, & J. L. Spaeth (Eds.), Organizations in America: Anal yzing their structures and human resource practices: 253 - 275. Thousand Oaks, CA: Sage

[40] Kalleberg, A. L. , Reskin, B. , & Hudson, K. 2000. Bad jobs in America: Standard and nonstandard employment relations and job quality in the United States. American Sociological Review, 65: 256 - 278.

[41] Krausz, M. , Brandwein, T. , & Fox, S. 1995. Work attitudes and emotional responses of permanent, voluntary, and involuntary temporary - help employees: An exploratory study. Applied Psychology: An International Review, 44: 217 - 232.

[42] MacNamara, D. 2003. August. Understanding boundaryless careers: Independent contractors in high tech sectors. Paper presented at the Academy of Management, Seattle.

[43] Mann, L & N. Gillespie. Transformational leaders of project teams. In: L. Mann. Leadership, manage-

ment, and innovation in R&D, Organization Management, 1997, 22 (4): 460 - 487

[44] Marko Ylitalo, Psychosocial Work Factors, Statistics Finland, 2006

[45] McDonald, D. J., &Makin, P. J. 2000. The psychological contract, organizational commitment and job satisfaction of temporary staff. Leadership& Organizational Development Journal, 21: 84 - 91.

[46] Orton, J. D. & Weick, K. E. 1990. Loosely coupled systems: A reconceptualization. Academy of Management Review, 15: 203 - 233

[47] Parker, S. K. and M. A. Griffin. Effect of Temporary Contracts on Perceived Work Characteristic and Job Strain: A Longitudinal Study. Personnel Psychology, 55: 689 - 719

[48] Patrick M. Wright, Gary C. McMahan. 1992. Theoretical Perspective for Strategic Human Resource Management. Journal of Management, Vol 18, No. 2: 295 - 320.

[49] Pearce, J. L. 1993. Toward an organizational behavior of contract laborers: Their psychological involvement and effects on employee coworkers. Academy of Management Journal, 36: 1082 - 1096.

[50] Pfeffer, J. 1994. Competitive advantage through people: Unleashing the power of workforce. Boston MA: HBS Press

[51] Pfeffer J. The Human Equation: Building Profits by Putting People First \ [M \ ] . Boston: Harvard Business Press, 1998.

[52] Pillai, R., C. A. Schriesheim, E. S. Williams. Fairness perceptions and trust as leadership: a two - sample study. Journal of Management, 1999, 25 (6): 897 - 933

[53] Podsakoff, P. M., S. B. MacKenzie, W. H. Bommer. Transformational leader behaviors and substitutes for leadership as determinants of employee satisfaction, commitment, trust, and organizational citizenship behaviors. Journal of Management, 1996, 22 (2): 259 - 298

[54] Polivka, A. E. and T. Nardone. The definition of contingent work. Monthly Labor Review, 1989, 112: 9 - 16

[55] Purcell, K. and J. Purcell. In - sourcing, Out - Sourcing, and the Growth of ContingentLabour as Evidence of Flexible Employment Strategies. European Journal of Work and Organizational Psychology, 1998, 7: 39 - 59

[56] Randall S. Schuler. 1989. Strategic Human Resources Management and Industrial Relations. *Human Relations*, Vol. 42, No. 2: 157 - 184

[57] Rebitzer, J. B.. Job safety and contract workers in the petrochemical industry. Indust. Relat., 1995, 34 (1): 40 - 57

[58] Regina, E., W. Kathleen, P. Rajnandini. Transformational Change Management, 1999, 12 (2): 80 - 112

[59] Smith, V. 1994. Institutionalizing flexibility in a service firm. Work and Occupations, 21: 284 - 307

[60] Sosik, J. J.. Effect of transformational leadership and anonymity on idea generation in computer - mediated groups. Group and project teams. Westport Conn: Praeger Publishers, 2004: 71 - 91

[61] Su - Fen ChiuHsiao - Lan Chen, Relationship between job characteristics and organizational citizenship behavior: The mediational role of job satisfaction, Social Behavior and Personality, 2005, Volume: 33 Issue: 6, p523 - 540

[62] Summers, C. W.. Contingent employment in theUnited States. Comparative. Labor Law J., 1997, 18 (4): 503 - 22

[63] Thurman, J. E., Trah, G.. Part - time work in international perspective. Int. Labour Rev., 1990, 129 (1): 23 - 40

[64] Tregaskis, O., C. Brewster, L. Mayne and A. Hegewisch. Flexible Working in Europe: The evidence and its implications. Eur. J. Work Org. Psychol, 1998, 7 (1): 61 - 78

[65] Treu, T.. Labour flexibility in Europe. Int. Labour Rev., 1992, 131 (4 - 5): 497 - 512

[66] WangXueli, Ma Lin, Zhang Mian, How Transformational Leadership Influences Agency Workers' Organizational Commitment: the Mediating Effect of Organizational Justice and Job Characteristics Social Behavior and Personality (SSCI), 2014 Vol 42, No. 1, pp25 - 36

[67] Wayne Brockbank. 1999. If HR were really strategically proactive: present and future directions in HR's contribution to competitive advantage. Human Resource Management, Vol. 38, No. 4: 337 - 352

中文文献

[1] 白艳莉. 论当代灵活就业发展的微观基础：组织人力资源雇佣模式的弹性化. 当代财经，2007 (2)：16 - 19

[2] 查尔斯·格里尔. 战略人力资源管理. 孙非等译. 北京：中国财政经济出版社，2004

[3] 陈丽君，沈剑平. 人力资本混合雇佣模式理论述评. 外国经济与管理，2002 (3)：40 - 45

[4] 陈晓波. “内核—外圈”型人力资源管理模式研究. 江海学刊，2003 (6)：188 - 191

[5] 陈文晶，时勘. 变革型领导和交易型领导的回顾与展望. 人力资源管理，2007 (6)

[6] 董延辉. 关于我国人才租赁的理论探讨和发展研究. 华北电力大学硕士研究生论文，2004

[7] 李宝元. 职业生涯管理：原理、方法、实践. 北京：北京师范大学出版社，2007

[8] 李超平，时勘. 变革型领导的结构、测量及其作用机制的研究. 中国科学院心理研究所博士论文，2003

[9] 李强. 管理心理学. 北京：北京工业大学出版社，2002

[10] 琳达·霍尔比契. 转型——与企业战略匹配的人力资源管理. 北京：中国财政经济出版

社，2004

[11] 凌文铨，张治灿，方俐洛. 中国职工组织承诺研究. 中国社会科学，2001（2），90－102

[12] 凌文铨，张治灿，方俐洛. 中国职工组织承诺的结构模型研究. 管理科学学报，2000（2）：77－81

[13] 刘学. "空降兵"与原管理团队的冲突及对企业绩效的影响. 管理世界，2003（6）

[14] 罗伯特. 巴考尔. 绩效管理24准则. 北京：中信出版社，2005

[15] 杰弗里·H. 格林豪斯杰勒德. A. 卡拉南维罗妮卡. M. 戈德谢克著. 职业生涯管理. 王伟译. 北京：清华大学出版社，2006

[16] 杰弗里·梅洛. 战略人力资源管理. 吴雯芳译. 北京：中国财政经济出版社，2004

[17] 乔健. 为弹性就业营造更好的发展环境——以2001年中国辽宁鞍山市弹性就业调查为例. 中国劳动咨询网

[18] 石金涛，陈琦. 基于人力资本特定性的雇佣模式与薪酬制度特点. 中国人力资源开发，2003（10）：10－12

[19] 唐翌，赵曙明. 人力资源类型及其策略选择——基于知识的角度. 中国人力资源开发网

[20] 斯蒂芬·P. 罗宾斯. 组行为学. 孙建敏，李原等译（第10版）. 北京：中国人民大学出版社，2005

[21] 斯蒂芬·P. 罗宾斯. 管人的真理. 北京：中信出版社，2002

[22] 苏珊·杰克逊，兰德尔·舒勒. 管理人力资源：合作伙伴的责任、定位与分工. 北京：中信出版社，2006

[23] 乔龙宝. 企业长寿战略. 北京：中国财政经济出版社，2004

[24] 汪新艳，廖建桥. 组织公平感对员工工作绩效的影响机制研究. 江西社会科学，2007（09）152－156

[25] 王雪莉，马琳. 中国优秀企业高绩效人力资源管理实践模型探究. 管理学报，2015（11）：1598－1606

[26] 王雪莉. 网络时代的组织学习之道. 清华管理评论，2015（9）：28－33

[27] 王雪莉，丁一，马琳. 绩效管理中的八组重要关系. 东岳论丛，2013（4）：126－130. 被中国人民大学书报资料中心2013年7月《管理科学》全文收录

[28] 王雪莉，丁一. "转型期的人力资源开发新范式". 管理学家，2014（11）：26－30. 被中国人民大学书报资料中心2014年5月《管理学文摘》全文收录

[29] 王雪莉. 全面薪酬的全面管理. 清华管理评论，2011（6）：34－40

[30] 吴树明. 国企临时工不可忽视的人力资源. 人力资源，2004（9）：56－56

[31] 肖倩兰. 基于人力资本特性与价值的员工雇佣模型研究. 中国水运，2007（9）：201－202

[32] 徐银平．“空降兵”给企业带来的人才效应．安徽经济报，2006－3－30

[33] 杨宜勇．城市社区就业发展前景巨大．理论与改革，2002（1）：34－39

[34] 姚宇．中国城镇非正轨就业研究．复旦大学博士研究生论文，2005

[35] 伊查克·爱迪斯．企业生命周期．北京：中国社会科学院出版社，1997

[36] 袁铁铮．多种灵活就业方式成因分析．环球劳动，2001（12）：41－42

[37] 袁铁铮．灵活就业方式的种类及其内涵．环球劳动，2001（11）：50－52

[38] 袁铁铮，丁赛尔．保护、促进多种灵活就业方式的措施．环球劳动，2002（2）：54－56

[39] 詹姆斯·W．沃克．人力资源战略．北京：中国人民大学出版社，2001

[40] 詹婧，朱必祥．企业劳动关系差异化管理研究．华东经济管理，2005（2）：76－79

[41] 赵青．我国临时性就业发展现状以及前景预测．首都经贸大学硕士研究论文，2003